[増補改訂版]

山棲みの生き方

木の実食・焼畑・狩猟獣・レジリエンス

岡 惠介

七月社

［装画］「オソウゼンさんの日」（飯坂真紀、二〇一四年）

［増補改訂版］山棲みの生き方――木の実食・焼畑・狩猟獣・レジリエンス＊目次

〔図表目次〕

第Ⅰ章
北上山地山村の暮らしから

◈森にこそ生きてきた人びと

❖冬に備える日々

安家《あっか》の夏は惜しむ間もなく駆けぬけていく。帰省した人びとともにナニャトヤラ[*1]を謡い盆踊りを囲むころは、もう夜もかなり涼しい。八月も二〇日が過ぎ、そろそろお盆気分がぬけてくれば、秋のさまざまな仕事が待ちかまえているのを思いださなければならない。

まずサイロづめがはじまる。牛の飼料用トウモロコシであるデントコーンや採草地の牧草・山野草をカッターで切りこみ、サイロにつめるのだ。農家の一年の労働のなかでも、もっともきびしい労働のひとつである。しかも集落内のユイトリ[*2]（共同労働）でまかなわれるから、一戸ごとにほぼ毎日、一二戸あれば一二日間、厳しい労働の日々がつづく。

しかしいっぽうでユイトリは、集落の人びとにとって楽しい労働としての性格も備えている。数十年に一度のヤドゴ[*3]のユイトリなどはその最たるものである。かなり辛辣な悪口やきわどい冗談・噂話などを飛びかわせながら、ふだんはいつも皆仲が良いというわけでもない集落の人びとがひとつになって働く。安家ではこれを「おもしろくなっている」と表現する。

　サイロづめの場合も、ヤドゴほどではないにしろ、厳しさの上に楽しさが加わった労働であることにちがいはない。サイロづめでは、昼食と一〇時、三時のおやつに加えて夕食まで出すのが決まりである。夕食を出すかどうかは、その労働の厳しさと長さによって決まる。たとえば春のカッパ[*4]（採草地）焼きのユイトリでは夕食は出さない。

写真１　屋根のカヤを下ろして新しくするヤドゴも、ユイトリ（共同労働）で行われてきた

　サイロづめの夕餉には当然、酒がふるまわれ酒宴となる。冗談やむかし話の名手たちが場をもりあげ、見事な美声に手拍子が合い、こっけいな女形まで舞いを披露する。すでに連夜の宴であるから、歌うもの・演じるものと観衆との息もぴったりだ。集落の成員のほかに親類たちも近郊からやってきて、目新しい話題が提供され、宴はさらにもりあがる。

　体に沁みこむ酒が、また明日からの力となる。月夜の帰り道は虫の音が響きわたる。そして山々までも、うちつづく酒宴に酔ったのか、次第に紅く染まっていく。

　岩手県下閉伊郡岩泉町安家は、私にとって、はじめて本格的な住みこみ調査に挑んだ村だった。安家の人口は当時およそ一五〇〇人、昭和三一（一九五六）年、大川・小本・有芸の三村とともに岩泉町に合併、のちに小川村も合併された。私たちは、安家川のいちばん上流にある坂本分校[*5]にお願いして、校庭にテントを張らせてもらい、ひと月半ほどの調査がスタートした。けれど、いつも身の置きどころのない思いがして、居心地が悪かった。

　人情厚い村人たちは、自炊生活の私たちに差し入れをしてくれたり、風呂を貸してくれたりした。青年会の若者たちは夜ごと酒を携えて訪れてくれた。調査とは何か、僻地という蔑視への反発、出稼ぎの思い出、村おこしの可能性と過疎化の問題、山仕事の悩みや女の子のことなど、酒精とともに吐きだす論議は深夜におよんだ。最後には互いに酔いつぶれ、そのままいっしょにテントにころがりこんで泊まっていく日もあった。

　しかし、かれらは調査と称して時を奪い、あとはなしのつぶての大学生や研究者に、しばしばきびしい批判を投げかけた。新米ながらも調査者であるつもりの私は、白刃をつきつけられた思いがした。

　聞きとりに歩く気にもなれず、自分はここで何をしようとしているのかなどと思いをめぐらせていたある日、突然、誘いがかかった。畑でとれたササギ（ササゲ）やジャガイモをキャンプに差し入れてくれていた人が、サイロづめに来ないか、夕飯まで食えるぞ、というのである。さして期待されたわけでもなかったろうが、とりあえず労働力というかたちで自分の存在が認められたことは、喜ぶべきことだった。

　それからサイロづめに日参し、家いえに泊めてもらいながら酒宴も連日最後までつきあって五日を過ぎると、やっと体も疲れに慣れてきた。気がつくと、私はサイロづめのおかげで、テントよりも民家に泊めてもらう日が多くなっていた。そんなある朝、泊まっていた農家に、前夜からの激しい雨で「きょうはサイロづめはない」という知らせがもたらされた。仲間と火のない炉燵でゴロゴロしながら、やっと自分の居場所がつくれた気がした。

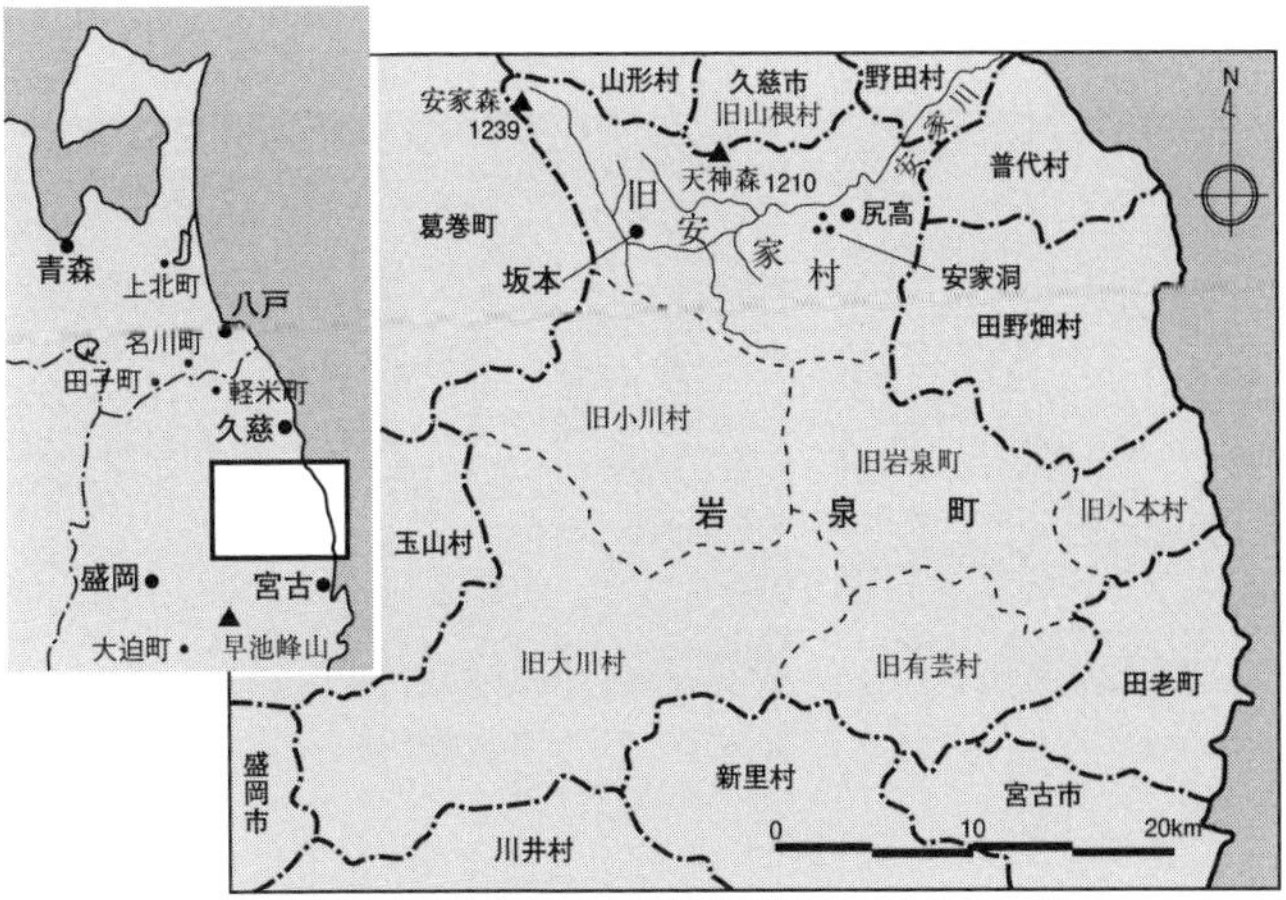

図１　調査地と平成の大合併以前の周辺市町村（岡、1990 より）

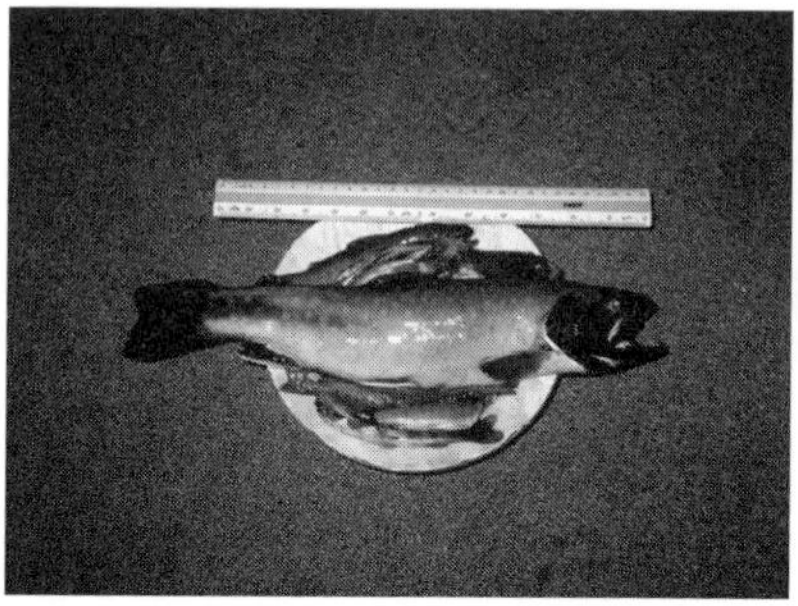

写真5　30㎝を超えるサイズの尺イワナ

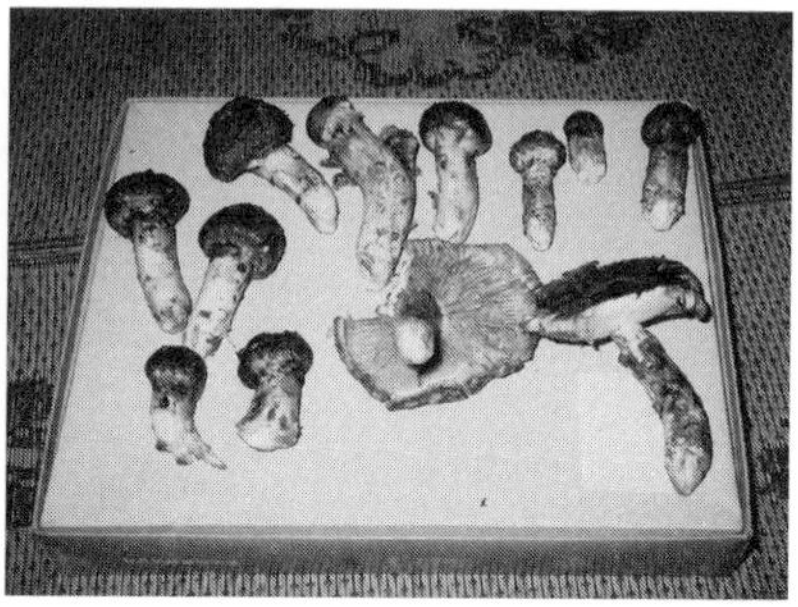

写真2　思いがけず私が収穫してしまったマツタケ

写真6　河原で即製の串に刺して釣りたてのイワナ、ヤマメを焼く

写真3　キノコ名人に連れられて半日山を歩きまわって得たシメジ

写真7　小学生たちの楽しみはゲームではなく雑魚突きだった

写真4　キノコは塩蔵のほかにこうして乾燥保存も行われる

❖山の幸、川の幸、牛市のころ

キノコの採集に、さかんに人びとが山へ通いはじめるのもこのころだ。まずマツタケがとれたという噂が下流集落から伝えられる。マツタケは下から上へ[*6]、そして嶽[*7]（ダケ）の順で生える。

こうなればキノコ採りのプロたちは、山歩きをはじめる。かれらはふだん、安家をおおいつくしている国有林の払いさげを受け、伐採や植林に従事する林業労働者であり、安家の山を足で知っている人びとである。朝暗いうちに家を出て、朝食前のわずかな時間に、うまくいけば林業の日当を上まわる収入が得られる。

ある年、どういうわけか、マツタケが先に嶽に生えたことがあった。プロたちがその年まだ誰も足を踏み入れていなかった嶽にたまたま迷いこんだ私は、二四本の大戦果をあげてしまった。その夜、上流集落のある家で、各種マツタケ料理を愉しむ酒宴が夜半まで催されたことはいうまでもない。

マイタケがつぎに出はじめる。マイタケはかさばるから、プロたちはリュックを背負って終日マイタケが出るナラの古木をたずね歩く。名人になれば、こうした木を五〇本以上も記憶しているものだという。クマとの遭遇を恐れ、イヌを連れて歩く人もいる。八〇を過ぎた老人も、マイタケを探して山を歩けばおもしろくて昼食もいらないと、夕暮れまで森を愉しんでくる。集落の人びとは、帰路へ着く背のリュックのふくらみで、きょうの収穫を推測する。

このほか、シメジ、ナメコ、シイタケのようにポピュラーなキノコ以外にも、ボリメキ（ナラタケ）、スシペグリ（ヤマブシタケ）、ハンドウゴ（ムキタケ）、ヤツカリ（アミガサダケ）など耳慣れない地方名がつけられた、実にさまざまなキノコが採集される。そしてボリメキ、ハンドウゴ、シメジなどは塩蔵され、冬から春のおかずとなる。

川ではサクラマスが、そしてイワナ、ヤマメがホリ[*8]はじめる。クリ、クルミ、ハシバミ、サルナシ、ヤマブドウなどの木の実が山を飾る。採草地を刈り、シマ立てして乾燥させた草シマ[*9]は、家まわりに運ばれ高く積まれ

▶写真８　安家の牛市（オセリ）で番号順に繋留された子牛たち

◀写真９　セリ場で子牛たちの値が競られていく

▶写真10　牛市の日は学校も休校になり、小遣いをもらった子供たちは屋台の玩具を覗く

◀写真11　売れた子牛をトラックに積むのを手伝う農家

る。これも冬期の牛の飼料や敷き草となる。

このころになればオセリも近づき、やがていつもながらの母牛と子牛の別れの日がやってくる。朝まだき子牛はトラックに積まれセリ場へむかう。母牛は子をさがして、大きく開けた口から体全体に響かせるように、太く調子はずれの声をしぼり出す。その声は葉を落とした木々が寒々と立ち並ぶ山やまへ、空しくこだましていく。留守番の老婆は「おめぇの子ッコは、はぁいねぇんだ」と静かにいいきかせている。屋台が並び、牛を介した人びとの華やかな交流の舞台となるオセリの裏に隠された、晩秋の光景である。

畑に播かれたさまざまな作物も実りのときをむかえる。ダイズやアズキ、ソバなどの雑穀や、ダイコン、カブなどの野菜が収穫される。雑穀は、三つ叉の自然木を利用して作ったマトイリでたたいて実を落としたのち、トウミをもちいて脱穀され、野菜は土穴に貯蔵される。

秋は山の恵みと畑の実り、そしてやがてくる冬への支度があいまって、山村がいちばん活気づく季節である。あの雨の日に、やっと小さなやすらぎの場を安家にみつけた私は、やがてそこに棲むようになった。そして山の人びとの暮らしを日々眼にしながら、生業を中心とした山の暮らしの歴史や環境の使い方の変化を、約二〇年間かけて聞いて学んだ。この本では、そのなかでの人びととの出会いや教えてもらったこと、山村の周囲の環境を生かしたさまざまの生きていくための営みを描きながら、山棲みのこころを探っていきたい。

❖雑穀を主とする畑作文化に生きる

もう三〇年も昔のことになる。私がはじめて住んだ安家の尻高集落は、一三戸ほどの小さな集落だった。近くには日本でもっとも奥深いといわれる安家洞がある。この地域は観光地として知られる龍泉洞をはじめとして、一〇〇をこえる洞穴群をもつ一大石灰岩地帯である。

ある友人は、この大地の下に鍾乳洞が迷路のように走り、あのモノトーンのもうひとつの世界がひろがってい

写真12　氷渡（すがわたり）洞の奥にある白く輝く石柱「自由の塔」

ると思うと、非常に幻想的な気分になるという。尻高集落には、石灰岩のなかを伏流する地下水が数カ所で涌き上がっていた。地震があると、むかしからの伝承どおりこの美しい涌き水が白濁し、地下の世界の異変を知らせてくれるのだった。実は、私が当時借りていた家の床下もこの伏流水が流れているらしく、夏は一階がまことに涼しく快適であった。

この清らかな涌き水を利用して、尻高集落にはイワナ、ヤマメの養魚場があった。養魚場の水槽をくぐり抜けた水は、安家川の清流に流れこむ。この水流が話の発端だった。

当時、隣の久慈市にある短大まで、峠越えの約四〇キロメートルの道程を車で通い、留守がちな私には、おなじ集落のできごともかなり遅れて伝わってくる。子どもたちを都会にだし、いまは老夫婦二人暮らしのNさんが、ほかの人と協力して水車を作っていると聞いたのは、もう完成も間近のころであった。

この地域の本流の水利権は昭和の早い時期に電力会社に委譲されており、沢水は近年の伐採で水量をかなり減らしている。水車を回すためには水流をどこから得るかが問題となる。Nさんはこれを、自宅前の養魚場の排水に求めたのである。

水車はワイヤーがまいてあった木製ドラムを廃物利用して作りあげた。杵や軸、小屋材も、話を聞いた人が自分の山から提供してくれ、また建て直された小学校の廃材も利用して、すべて手づくりで完成した。

Nさんは当時八〇歳前後。大きなごつい顔と体格で、年を感じさせないかくしゃくたるものだった。またその暮らしぶりもユニークであった。とにかく食べものを購入するのはコメと調味料、そしてくだものぐらい。あとは雑穀や野菜を完全に自給し、おもに伝統的な郷土食で暮らしておられた。

実際Nさんのお宅をおとずれるとソバカッケ、ヒネリコ、豆腐田楽など、かならずさまざまな郷土料理でもてなされた。ソバカッケは蕎麦粉をねって打ち、三角形に切ったもので、ニンニク味噌やクルミ醤油のたれをつけて食べる。もちろん、ニンニクもクルミも味噌も自家製である。醤油も戦時中は自給していた。ヒネリコはコムギかコメの粉をねり、小さく丸めて両端を指でへこませて九〇度ひねったものである。これはクルミ味噌のたれで食べるお菓子である。豆腐田楽はポピュラーなものであるが、もちろんこれも原料のダイズから豆腐も味噌もすべて自家製である。

Nさんがこのような半自給自足の生活をする動機は、聞けば簡単なことだった。「買ったものはうまくない」からだ。だから、やむをえず買って食べるコメにもコッキミ[*11]やヒエを入れ、雑穀の香りとともに食べるのだった。

❖自力で水車を作る

Nさんは、軽米町の生家の集落にもあった水車小屋を作る計画を以前から抱いておられた。なぜなら雑穀は精米所へだしてもうまくひけず、少量では断わられる。そして水車よりも短時間でつきあがる分、香りがない。雑穀は「糠のカマリ（匂い）が良い」のである。

安家にもかつて水車をもつ集落があった。しかし、多くの農家が所持していたのは、バッタという水車とは異なる施設であった。

これはシシオドシの音をだす側に杵がとりつけられたものと考えていただければよい。当然、つく効率としては、複数の杵をより早く動かす水車が上である。手軽なできあいの食料品を拒否するNさんも、バッタより水車という効率性には、充分意義を認めておられるのだった。

写真 13　フミスキで起こした畝の曲線が春のメロディを奏でる安家の畑

写真 14　かつての主食のひとつであったヒエ

写真 15　モチに搗いて食べることもあったアワ

写真 16　キビ団子を作るタカキミ

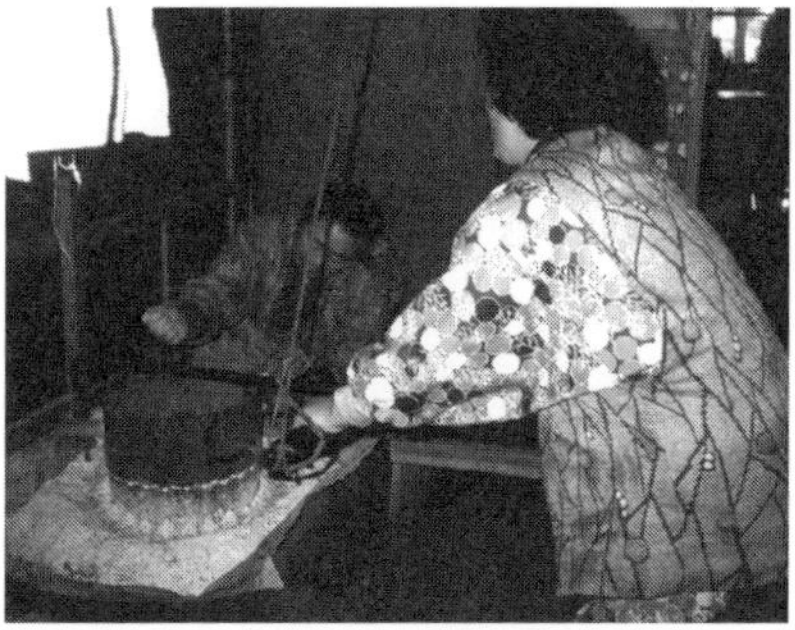

写真 17　姑と嫁がソバを石臼で挽く

写真 18　ムギをハセに架けて乾燥させる

Nさんのお宅で、これまで述べてきた以外にも自家製の蕎麦粉一〇〇パーセントのトロロソバや、自家産コムギのハットウなど、さまざまな自家産雑穀の粉食郷土料理をごちそうになっていると、氏の選択が誤りではなかったことが実感できるのだった。

じつはこのような水車の建設は、安家だけのものではない。前年には隣接する久慈市の旧山根村で、県などの補助を受けたもう少し大がかりな水車が完成していた。ここでは毎月の第一日曜日に市が開かれ、ささやかな、しかし地域の伝統に根ざした村おこしが試みられている。また、やはり安家地区にとっては峰越えの隣になる山形村[*12]や、同じ北上山地に位置する新里村・川井村[*13]などの山村でも、雑穀が地場産品として商品化されている。

もちろんこのころにはNさんの水車の試作はじまっており、氏の発想が独自のものであったことは間違いなかった。むしろこのような試みが同時多発的におきたのは、それを可能ならしめた土壌となる文化がこの地域に共有されていたからだったと考えられる。

東北地方においては奥羽山脈の山村と北上山地の山村では、その生業や文化の様相にちがいがある。なかでも重要なのは、北上山地の水田化率の低さである。安家では昭和三〇年代まで水田は三反歩しかなかった。全国的にみても一般に山村は畑作の比率が高いが、そのなかでも北上山地の水田に対する畑の割合は高い。このような畑作に強く依存した北上山地山村では、先にも述べたように畑作物を利用した食文化を発達させていた。

しかもその文化は、食だけに限定されていたわけではない。北上山地の牛馬飼養は、あとで述べるように畑作と深くかかわっており、また畑のアサは衣類に織りあげられていた。

こうした畑作を根幹におく文化を畑作文化と名づけるならば、まさしく北上山地山村は畑作文化圏の中心のひとつを形成していたと考えられる。当時の北上山地各山村での同時多発的な水車の建設と雑穀の商品化も、この畑作文化という共通の土台があってこそ生まれたのであろう。

ともあれ尻高の水車は、まったく公的な補助金などを得ず、手づくりで回りはじめた。

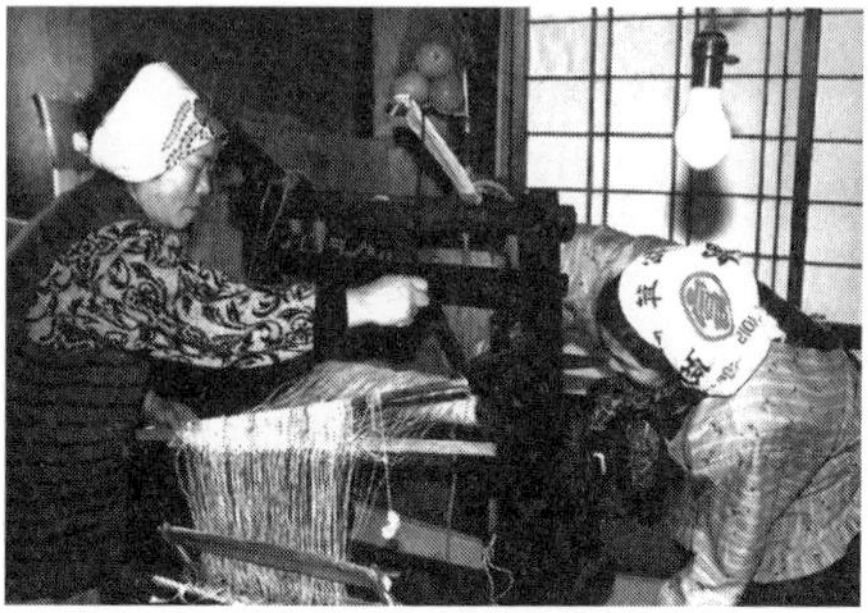

写真 19　地機（じばた）で布を織る

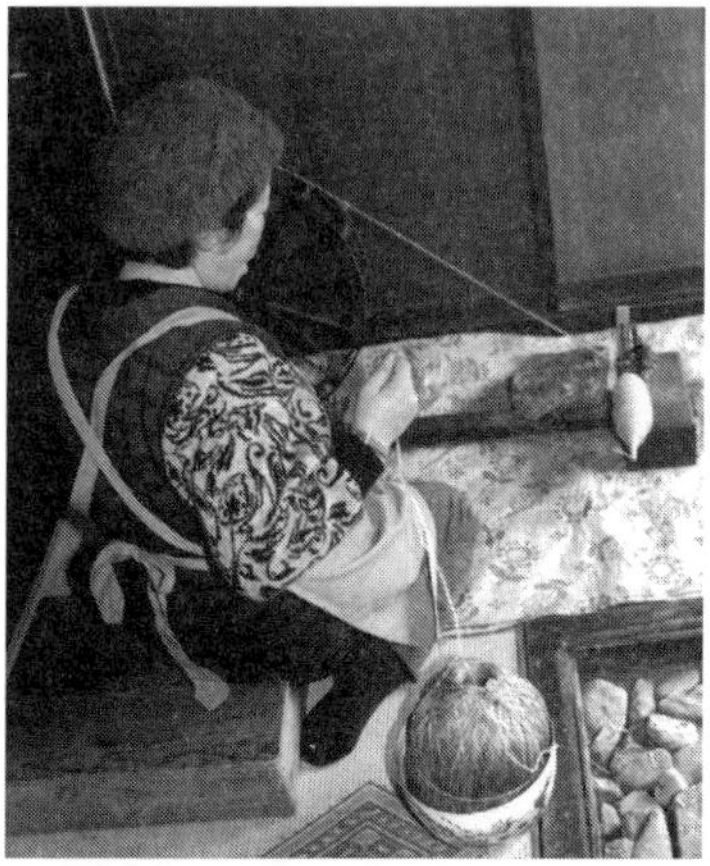

写真 20　栽培種であるアサ以外にも、野生植物のアイコ（ミヤマイラクサ）の繊維からも糸を紡いで織った

写真 21　水車でタカキミを粉に挽き、団子にしてアズキの汁で茹で、郷土料理ウキウキ団子の出来上がり

完成祝いはNさんの家で催された。この日のごちそうの目玉はウキウキ団子だった。ウキウキ団子はキミ団子、キビ団子ともいい、タカキミにソバかコメの粉を混ぜ、鉢で熱湯をさしながらこねる。適当な柔らかさになったらのばして棒状にまるめ、三センチぐらいずつちぎって、小判形にして中央を指でへこませる。いっぽう、ひと晩水につけたアズキを、トロ火でさし水しながら煮こみ、柔らかくなったら豆をつぶしていく。このアズキ汁に団子を入れ、さらに煮こむと、一度沈んだ団子が次第に浮かびあがってくる。ウキウキ（浮き浮き）団子のゆえんである。団子のへこみにアズキ汁をのせて味わう芳香は、雑穀の粉食文化を代表するものといって良い。

❖多品種を少しずつまく知恵

ところで、このようなゆたかな伝統的食文化を育み、ささえてきた安家の畑作がもつ大きな特徴のひとつは、現在にいたるまで確立した商品作物をもっていないことである。ダイズ、ア

写真 22　様々な品種を少しずつ栽培した安家の畑

写真 23　家に畑と採草地がセットになって立地しているのが安家の典型的な農家である

写真 24　豆を収穫した後のサヤや茎は牛の好む飼料である

写真 25　ハセに架けて乾燥を待つコムギ

ズキその他の雑穀が軒先販売されたり、野菜や花きの栽培も試みられたが、いずれもその販売額は大きくない。歴史的にふり返っても明治以来、畑作物が商品化された記録はなく、安家の畑作はもっぱら農家の自給性を高める役割に徹してきたといえる。そして実はこれが、北上山地山村ではどこでもごく普通の姿だった。

安家にかぎらず北上山地の畑作は二年三毛作の形態をとり、初年春ヒエをまき、秋に収穫後オオムギをまき、翌年の春にはムギ畑の畝の肩にダイズをまく輪作が基本である。畝の耕起にはフミスキと呼ばれる鋤がもちいられてきた。フミスキはまずは、山から枝ぶりの適したナラやイタヤカエデを選び、自分で使いやすいように手づくりで加工する。これにオセリなどで鍛冶屋から購入した刃をつけてもちいる。

主作物であるヒエ、オオムギ、ダイズのほかに、雑穀ではアワ、アズキ、コッキミ、タカキミ、ソバ、ジューネ[*14]など、野菜ではジャガイモ、ダイコン、地ダイコン[*15]、カブ、ユウガオ、地ウリ、カボチャ、ササギ、ネギ、シソ、ユリネ、キクイモ、ミョウガ、ニンニク、ゴボウ、タマナ（キャベツ）、トマト、ナス、エンドウ、エダマメなど、じつに多くの作物が栽培されている。牛を飼う農家では、かつて主食として大規模に栽培された雑穀に替えて、飼料であるデントコーンが作つけされている。また畑の端にはスグリ、グミ、グスベリ（グースベリー）などの果樹が植栽されている。もちろん、全面積の約三パーセントという山峡のわずかな耕地しかもたない安家では、これらの多くの品種を少しずつ作ってきたのである。南部《なんぶ》藩による藩政時代に、おなじ北上山地の山村である軽米で書かれた農書[*16]でも、なるべく多くの品種を栽培することを奨励している。

このような傾向は、この地方を常襲してきた凶作・飢饉[*17]と関連が深い。飢饉の原因は、ヤマセと呼ばれる季節風や霜害・日照りなどの気象条件があげられる、とくに藩政時代の数次にわたる七年ケガチは今も語り伝えられており、明治以降も凶作は農民に大きな影響を与えていた。例をあげると、大正七（一九一八）年には、凶作に強いといわれるヒエでさえ平年作の五割程度しかとれていない[*18]。しかも興味深いのは、この年ダイズやジャガイモはほぼ平年並みか、それ以上に収穫されているのである。

この地方では、前に述べた多品種を少しずつ栽培する作つけ方法がとられてきた。農民は性質のことなる多くの作物や品種を栽培して、不作の年でもどれかは収穫できる、いわば危険分散のシステムを作りあげていたわけである。

また畑作物の貯蔵の技術も、飢饉への備えという意味で重要であった。安家では今も多くの農家で、冬期に凍

29

26

30

27

31

28

32

写真 26 囲炉裏端で安家名物の、餡がすべて山栗の饅頭を焼く
写真 27 冬の愉しみは、自家製の豆腐作り
写真 28 暗い冬の曲り家の台所で切り分けられる豆腐の白さが眩しい
写真 29 囲炉裏で炭を熾し、自家製の豆腐を焼く
写真 30 自家製の味噌を作るため、天井から味噌玉を吊るして発酵させる
写真 31 凍みイモを粉にして練って延ばして切って作った麺
写真 32 郷土食のソバカッケは、三角に切らずこの形に作ることもある

み豆腐、凍みダイコン、凍みイモ（ジャガイモ）が作られている。またカブやダイコンの葉茎を干して作るホシナも、冬期の味噌汁の実としてポピュラーで、「南部名物、粟飯稗飯、のどにひっからまる干し菜汁」と盆踊り唄にもある。私にとっても、凍み豆腐とホシナの地味噌の味噌汁は、安家の冬の味として忘れることのできないもののひとつである。学生のころの冬の調査では、内心この味噌汁に出会えることを楽しみに、農家の聞きとり調査をして回ったこともあった。そして安家には、「ケガチにホシナと自家の山をとりかえた」という当時の厳しい現実を物語る伝承も残っている。このほか秋に掘る土穴で、多くの野菜が貯蔵されていた。

❖「アラキ」と呼ばれる焼畑

一方、「アラキ」と呼ばれる焼畑もまた、食料自給の供給源だった。下流集落では山中の斜面で昭和二五、二六（一九五〇、五一）年ごろまで「アラキ」が経営されていた。

その輪作順序は、一年目ダイズ、二年目アワ、三年目ヒエ、四年目ソバをまき、まだ地力がある場合には五年目アワ、六年目ダイズをまき休ませた。休閑地はソーリとよばれ、キリの木を植える人もいた。安家の人びとの食文化が雑穀食で彩られていたことを考えると、多種の雑穀が生産される「アラキ」の重要性が推しはかれる。また同時に安家を含む岩泉地方はかつて南部桐の良産地で、キリが畑や山だけでなく焼畑跡地にも植栽されていた点[*19]も興味深い。

日本の焼畑のなかで、この地方の焼畑経営のいちばん大きな特徴は、アラキスキと呼ばれるフミスキによって、初年から畝が作られる点にある。これによって除草・間引きなどの常畑と変わらない、こまかな栽培管理が効率的におこなえる。また戦後、国有林の払いさげを受けてあらたに耕地を開墾した際にも、このアラキ的経営がもちいられている。

分布的には、安家の「アラキ」とみなされる焼畑経営は、青森県と岩手県の県境の地域を中心として、安家ま

写真 33　マタギ（狩猟）も戦前には重要な収入源であり、左のムササビ、右のキツネの毛皮は高価で取引された

写真 34　クマ送りの儀礼が終わった後、猟犬に臭いを嗅がせる

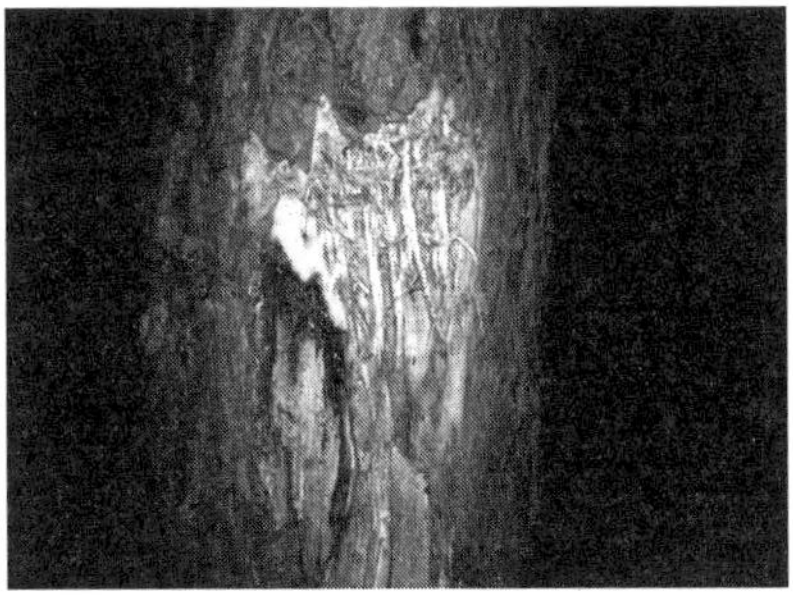

写真 35　山奥の樹皮に刻まれたクマの爪痕

写真 36　クマの下顎骨は根付によく用いられるが、この骨の所有者は眼のゴミを取るのに使うという

で連続的に分布している。安家以南では、もうひとつの焼畑呼称として「カノ」が「アラキ」と併用され、畝立をしない例も出てくる。早池峰山麓の地域まで南下すると「アラグ」というまた別の呼称が登場し、耕起農具もアラキとは異なってくる。また焼畑の播種時に、山の神に豊作を祈る儀礼があることも早池峰山麓山村の特徴である。他方、青森県田子町や上北町では、おなじ「アラキ」という呼称ながら鋤をもちいず、別の農具などで畝を立てる焼畑もみられる。

　このように北上山地周辺の焼畑は、呼称・農具・経営方法・儀礼など、多くの点でバリエーションの幅がひろい。しかし共通しているのは、アワやヒエ、マメを中心とする雑穀を栽培しており、またこの雑穀がこの地方一帯の主要な食糧であった点である。

写真37　ミズナラ林から拾い集めたドングリ（シタミ）

写真39　アクが抜けて完成した真っ黒なシタミにキナ粉をかけて食べる

写真38　中央に立てたシタミドから空缶の柄杓で水を換えながら、何度も煮沸してアクを抜く

写真40　食べつけないシタミにたっぷりとキナ粉をかけて食べる子どもたち

だが、すべての焼畑が自給のために存在していたというわけではない。焼畑でとれた雑穀が販売され、農家に現金収入をもたらしていた地域もあった。

安家における焼畑も、大正中期に減少し、昭和にはいってまた増加して[*20]戦後の食糧難の時代まで経営されている。この焼畑の減少期は、大正三～七（一九一四～一八）年の第一次世界大戦によってもたらされた、かつてない山村の好況期にあたる。この時期は山村の地場産品である繭や子牛が高く売れ、山中での焼畑造成はすたれていたようである。

安家では焼畑作物が商品化されることはなかった。しかし、焼畑作物の剰余分を販売した軽米も、自家消費した安家も、ゆたかな山地環境を利用することによって、経済的危機に対応していた点は共通している。このように北上山地の山村は、危機的な状況の発生に、山の豊富な資源を引きだして対応してきたのである。

❖木の実利用の食文化とその味

山の利用は焼畑だけではない。広大な山並みに抱かれた野生植物も、人びとのゆたかな食料庫であった。藩政時代の安家で書かれた日記をみても、ワラビやクズの根茎を掘り、ドングリやクリを拾い集めて食糧にしている。北上山地山村では一般にシタミと呼ばれているドングリは、明治以降も食用に供され、とくに食料供出の開始から戦後の食糧難の時代には、ほとんどの農家で食された。

しかしドングリの利用は、仕方なくまずくても食べていたというような、消極的なものではない。ドングリは複雑なアク抜き工程を経なければ食べられないが、その方法にも加熱処理法と水さらし処理法の二種類がある。

加熱処理法は、ドングリの皮をむいて粒のまま、真水やアク水で十数回にわたり沸騰させてアクを抜く方法である。アク水とは、木炭を水でろ過した液体だ。できたドングリは、そのままキナ粉をかけて食べたり、砂糖を加えてコムギの皮でくるみ団子にしたり、ドブロクを作ったりした。キナ粉をかけて食べるドングリはもっともポピュラーなものであり、冬から春にかけてのご飯がわりの基本食のひとつだった。

中部山岳地帯から東北地方日本海側にかけては、栃餅が山村の食品として有名であり、ドングリはこれよりまずく貧しい食物とされてきた。ところが北上山地ではこれとは逆にドングリの味の評価が高く、トチノミよりも身近な存在であった。しかし「トチの木三本もたぬ家には嫁に行くな」という言い伝えもあり、飢饉時の救荒食としてトチノミも利用された。つまり冬の基本食としてのドングリと、救荒時のトチノミと堅果類が二段構えで用いられていたことになる。[*21]

またシタミのなかにアズキの餡を入れたシタミ団子は、今も近郊の久慈市や宮古市の市で販売される、生きた郷土食である。

写真 41　昭和 40 年以降、製炭が衰退した後は国有林の伐採がおもな収入源になった

写真 42　この時代多くの安家の男たちが、国有林生産協同組合や民間林業会社に所属し、山仕事に従事した

写真 43　桂の大木をチェーンソーで切り倒す

写真 44　広葉樹の大木が切り出され、シタミ拾いをした森も姿を消した

　もうひとつのアク抜き法である水さらし処理法は、ドングリを粉砕して水にさらし、何度も水をかえてアクを抜く方法である。そして沈殿したデンプン[*22]（ハナという）を湯で溶き、煮たてて固まらせ、キナ粉をかけて食べるのである。トチノミも水さらし処理でデンプンをとることがあった。またおなじドングリのデンプンでも、カシワは甘く、コナラは量がおおくとれ、ミズナラは渋味が残るというように味・質のちがいが知られていた。

　このように多面的に利用されたドングリは、殻つきで各戸に四石、五石と多量に貯蔵されていたのである。

　堅果類ではこのほかにクリとクルミが現在も採集されている。クリは干して貯蔵し、おもに饅頭の餡になる。クルミは雑穀食文化における調味料としてアワモチやヒネリコ、ソバカッケのたれに利用される。この地方ではクルミを使っていなくとも、おいしいものを「クルビ味がする」と表現するほどに、うまみの代表的存在である。

このようにみてくると、山の木の実ひとつをとっても、安家にはその利用方法や味についてのこまかな知識が伝えられてきていることがわかる。

もちろん山から採集されるものはこれだけではない。冒頭のところでキノコについては述べたが、春には山菜の採集がさかんである。とくに安家においては採草地が毎年焼かれるため、ここで太いワラビやウルイ（ギボウシ）、ションデコ（シオデ）などがとれる。そこから林にはいると、シドケ（モミジガサ）、ウド、沢におりればミズ（ウワバミソウ）、アイコ（イラクサ）、フキなどがある。多くの家で冬期まで塩蔵されるのは、シドケ、フキ、ワラビである。山菜のなかではシドケへの嗜好は、北上山地山村のひとつの特徴であるかもしれない。しかしこ

写真 45　フキを採集し塩蔵して冬期の食材とする

写真 46　採集したフキを茹でて皮をむき川にさらす

写真 47　山村の人に好まれる春の味シドケ（モミジガサ）

の山菜はくせが強い。なのに忘れられない季節の味である。今では私も春先にはどうしても食べたくなる。なお山菜を塩蔵しはじめるのは塩の入手が容易になった昭和三〇年代以降のことであり、それ以前は煮てから乾燥・保存していた。

❖山と里を結ぶ牛

ところで、山と里の中間に位置し、牛の冬期飼料の採取地でありながら春の山菜の採集地でもある採草地は、ほかにも興味深い利用がなされる場である。採草地には多くの山野草が生えているが、とくに「クゾ（クズ）の多いカッパ（採草地）は良いカッパ」だといいならわされている。クゾが優占していることが地味が肥えている証左とされてきたのである。戦後の食糧難の時代には、このクゾの根茎が掘りとられ、水にさらして食用に供された。そしてその跡地がまたアラキとして経営されたのである。

ふるくから使われたカッパには、この耕作の跡を示す段々がついており、以前からこのような利用はあったのであろう。とすると、採草地は牛の飼料のためだけの存在でなく、毎春山菜を提供し、いざとなれば焼畑へと変わる、凶作飢饉の緩衝装置でもあったことになる。そしてこれは、カッパが毎年火入れすることにより草地植生を維持しながら、しかしそれ以上の改変は加えない、山と里との中間的環境として重要だったことを意味する。

しかし牛の飼養が自給に資するのは、単にカッパの利用にかぎられたことではない。その副産物である堆肥が、畑作の経営に非常に大きな役割を果たし続けてきた点はより重要である。先にも述べたが、安家で商品作物をもたない畑作が今日まで命脈を保ち自給性に寄与してこられたのは、この牛飼養との関係によるところが大きい。

安家における畜産の歴史は古い。藩政時代この地方は三陸沿岸から盛岡へ、塩を牛の背で運ぶ際の中継地点であった。さらに文化文政期にはいると、たたら製鉄産業が隆盛をきわめ、鉄製品や鉄山労働者の食糧や生活物資の運搬にも、多くの牛が必要になっていく。ダンナサマと呼ばれる地元の富豪・大地主たちは、成牛を農家に貸し与え、多頭化を図った。こうして南部牛の飼養は栄え、バクロウ[*23]はこれを遠く長野、新潟、千葉まで追って売りさばいた。[*24]

このように、当初の牛飼養は、運搬や売買による現金収入を目的としたものだったといえよう。しかし、それは山村にとりこまれる過程のなかで、自給の要となる畑作と強く結びついていった。この牛飼養の高まりとともに、畑作へ供給される堆肥が増加し収量をあげていく。そして育った畑作物の種類がまた牛の飼料となるような、リサイクル・システムがより大きな円を描くようになっていく。

明治にはいると南部牛は[*26]、外来種[*25]との交配がくり返され改良されていく。現在では日本短角種として品種が固定されている。短角牛は体色が赤く、肉質はいわゆる霜降りにはなりにくく、赤身である。しかしむしろ、近年の健康志向のなかでは評価されてきている。

なんといっても短角牛の特徴は、粗飼料に耐え、受胎・子育て・増体能力に優れ、寒冷・傾斜地に強いことにある。つまり安家のような寒冷地の山地放牧に適し、手がかからず高価な飼料も必要としない牛なのである。

写真48　春に焼いた採草地からは太くて美味しいワラビやションデコ（シオデ）などの山菜が採集できる

写真49　冬を越すためには牛1頭当り飼料100シマ、敷草100シマの草シマが必要である

❖夏は山で、冬は里でくらす牛

安家における飼養の形態は、夏山

写真 50　厳冬期に生まれたばかりの子牛から湯気が立ち上る

写真 51　残雪が稜線に残る時期に、牛飼養農家が助け合ってカッパ（採草地）を焼く

写真 52　寒さも緩んできた春の日は、子牛と日向ぼっこ

写真 53　折壁口の蒼前神社の境内に、家の牛の数だけ結ばれたマダ（シナノキの内皮）

冬里方式と呼ばれる、半年放牧・半年舎飼の経営である。

　牛飼養の一年は、まず春のカッパ（採草地）焼きにはじまる。カッパを二カ所もつ農家では毎年交互に焼き、刈りとりも一年ずつ休ませる。二月末ごろから生まれはじめる子牛は、このころになると天気の良い日は子牛同士で日なたぼっこするようになる。旧暦の四月八日は、折壁口《おりかべくち》にあるオソウゼンサマの祭日である。農家は飼養している牛の数だけマダ[*27]（シナノキの

写真 55　放牧地の手前で牛にケンカをさせて順位を決めさせる

写真 58　急傾斜を利用して、夏に刈った山草を転がして集める晩秋の風景

写真 54　牛を追い上げ放牧地へ向かう山道を登る

写真 56　10 日に一度放牧地で自家の牛に味噌をやり、健康を確かめるミソケ

写真 57　牛市（オセリ）は一年でいちばん村が活気づく日

内皮）を棒に結びつけ、境内にさしてくる。

五月の中旬には、山あげと称して、それまで各戸で舎飼されていた牛をまとめ、山頂の放牧地へ追っていく。途中、比較的平らな場所で牛は集められ、初対面の牛は互いに角を突き合って優劣を決める。集まった人びとは怪我のないように牛に声をかけながら、心配気にこれを見守る。

放牧期間にはミソケと称し、一〇日に一度ずつ放牧地の自家牛に、味噌やフスマを与えに構成農家全戸が出かける。[*28] このとき放牧料や牛の注射など、牛飼養についての話し合いや連絡、集金がなされる。また自家牛の健康状態や、自家・他家の子牛の生育状況が観察され話題にされる。そしていつしか涼しげな木陰で、北上山地の連なりを見渡しながらの酒宴となる。飲みはじめれば、とどまるところを知らない。毎回酔っぱらって、転げ落ちそうな足取りで山道を降りてきた、どこかのお父さんが話題になった。かつて、ほとんどの農家で牛を飼っていた時代には、ミソケが集落の共同性を高める重要な行事だったと考えられる。

夏から秋にかけて、山里ではカッパから草が刈られる。急傾斜地で足を踏んばりながら鎌をふるい草をたばねる、たいへんな労働である。九月のはじめから冒頭に述べたようなサイロづめがさかんになり、やがて山から牛が戻ってくる。そして一〇月末か一一月はじめにオセリをむかえる。オセリは安家の中心部のセリ場で開かれる。

その後は冬の足音を間近に聞きながら、人びとは冬の飼料を貯える。畑作物の脱穀後のカラや稈類、ホシナ、山草が、マヤ（牛舎）の二階や周辺に整理してまとめられる。

長い冬のあいだ、たまに日光浴する日もあるものの、牛たちは雪の降り積もった屋根の下で過ごす。そして牛飼いたちは、ときどきマヤ肥をかきだし、雪上を手製のソリで畑まで運ぶ。雪融けにはこの堆肥が散らされ、主要な畑の肥料となっていたわけである。

正月には、マヤマツリと呼ばれる人が、牛馬の安全を祈願するために訪れた。農家の人びとは祈禱をおえたマ

◀写真59　牛舎（マヤ）から出した堆肥はソリで畑へ運び、翌年の肥料となる

▶写真60　牛舎の戸に貼られた牛の紙絵馬は、青森県おいらせ町の氣比神社の祭礼で家の牛に似た絵馬を選び買ってきたもの

◀写真61　後年筆者が家を建てた、安家の最上流集落・大坂本

▶写真62　同じ位置でも冬に撮ると、こうも景色が変わる

ヤマツリにお札をだしながら、「去年、子ッコ（子牛）を亡くしたが」と不幸の原因を問い、今年の幸運を願う。また小正月には、コムギやコメの粉でマユダマや雑穀の穂・臼・杵・俵などの形を作って、ミズキの枝にさし豊作を祈願するが、このとき、牛の形を作る農家もあった。

牛飼養は儲からないと、どこの農家も口をそろえていた。けれども、当時は多くの農家が依然として牛を飼いつづけており、牛の安全と子牛のすこやかな成長への願いは強かった。

❖外部経済に影響されにくい生業複合

このように商品生産を目的とした生産が、山村社会において自給的生産と深く結びつけられていく事例は、藩政時代から昭和のはじめまで盛んだった養蚕にもみられる。つまり、養蚕の副産業である蚕糞も大事に貯蔵され、ソバ・ムギ・ヒエの播種時に種と混ぜて初期肥料としてもちいられた。また、ヒエや地ウリの弱った株には、いちばん効く濃厚肥料だったという。養蚕も畑作と結びつきをもった生業として受けいれられたわけである。

山村社会が商品生産を目的とした生業に傾いていくと、それだけ外部経済の影響を受けやすくなるという問題が生じてくるが、その点はどうだろうか。明治末から昭和のはじめにかけて、牛の価格は大きく変動し、これについていけない農民は、ダンナサマに借金のかたに土地をとられ小作農や名子にならざるをえなかった。ただでさえ自給にたりるかどうかというせまい耕地である。ダンナサマにおさめるとあっては自給はとてもかなわない。安家で小作のなかでも牛小作が多かった要因はここにあったと考えられる。ダンナサマは牛を小作農に貸し、オセリで子牛を売った収益金を折半するという方法をとった。これによって当時の牛の頭数は、今日にいたるまでの安家の牛飼養の歴史のなかで最大を記録する。当然、その堆肥は畑作の収量をかなり向上させたのである。

写真 64　炭窯の上部の曲線を形作るために、大小の枝を精密に敷きつめる

写真 65　並べた枝の上にムシロを被せ、粘土を置いていく

写真 67　昭和 10 年ごろからの約 40 年間、製炭は北上山地山村の現金収入の主柱であり続けた

写真 63　昭和 57 年、久しぶりの炭窯を築く村人たち

写真 66　粘土を槌で打って隙間なく固め、粘土内の空気を逃がす

写真 68　メインフィールドの坂本地区を採草地から望む

写真 69　川を堰き止めた即製プールで遊ぶ

写真 70　自慢のよく太ったウサギを見せてもらう

写真 71　自分で捕ったマムシの干物と

つまりダンナサマは、牛飼養による商品生産を増大化させながら、外部経済の変動にも対応できるように、村内の総体的な自給性を高めることにも成功していたといえる。

さらに、耕地が狭い農家や、畑小作や名子となって畑で自給を果たせなくなった農家においては、山に食料が求められた。とくに国有林で拾えたドングリは、当時の冬期に食料の重要な部分をになっていたのである。

こうしてみると、ゆたかな山の恵みと牛の堆肥が、外

写真 72　ハセに登ったネコと戯れる少女
写真 73　どこの家でも薪ストーブが燃えていて、暖房、調理、風呂焚きに木質エネルギーが活躍していた
写真 74　安家御神楽の山の神舞
写真 75　正月には山から伐ってきた木で門松を飾る
写真 76　小正月に門付けして家々を廻る大黒舞

写真 78　二百十日の風祭りに集い、収穫が風害に遭わないように祈願しつつ飲む

写真 79　この民家は前の家が火事で焼けた後、数 km 上流の空き家を解体して川を流して運び、建てた家だという

写真 77　オシラサマも祀られている神棚の下で、小正月のミズキ団子を飾る祖母と孫

写真 80　晩秋の畑に古い先祖の墓碑が立つ

部経済に影響を受けやすい山村の商品生産のリスクを補完する安全弁として機能していたとみることができる。

❖ふるさとの原像を追い求めて

都会の団地育ちの私は、ふるさとをもたないことにある種の劣等感をもっていた。それはみずからの根となる、地にはりついた文化をもたない根なし草であるという思いであった。もちろん都会にも文化はあるが、それはあまりにもうつろいやすい。

私は、どこかで自分のふるさとに出会いたいと考えていたのかもしれない。そして安家でまさしくそれに出会ったのだ。安家に住み、そこで経た歳月のなかで、私はふるさとの原像を追い求め、それは予想以上の豊かさと厚みをみせてくれた。

私にとっては宝物のように大切で幸福な体験であったのだが、しかし一方では複雑な想いにもかられる。いったい安家の山棲みの暮らしは、いつまで命脈を保つことができるのだろうか。

豊かな恵みに満たされていた山やまはすっかり姿を変えた。ドングリを拾ったナラの純林の大径木群は伐採された。カッパや畑は牧草地となり、やがて放棄され静かに森へと還りつつある。いわゆる過疎化・高齢化の波は侵蝕のスピードを増し、地域の足腰を弱めていく。多くの農家は次々に牛飼養をやめ、そして人が減った分、畑を狭めつつある。

そしてこれらはどうみても、私が生まれ育った都市の繁栄の陰画としての、山村の姿なのである。

第Ⅱ章

木の実の生業誌

◆森を食べる

1――ドングリを食べて生きてきた世界の人びと

❖北上山地の村・安家《あっか》

赤、茶、黄そして緑、色とりどりの木の葉の絵の具で山が飾られるころ、安家《あっか》の人たちは「ああ、山も赤くなってきた」と忙しい秋と次の雪降る冬を思い、小さな嘆息をもらす。

実り豊かな秋と、雪に閉ざされる冬との大きな落差を、美しく紅葉した秋の山と葉を落とした木々が寒々と立ち並ぶ冬の山との対比が象徴しているように思える。

化粧した山は、さまざまな実りを結晶させて人びとを誘う。秋は山がハレの場となる季節である。

ここ岩手県下閉伊郡岩泉町安家地区は、北上山地の広大な山間のムラである。「安家」という地名は、アイヌ語で飲み水の意味の「wakka」からきているという説もある。

安家の人びとと自然はさまざまなことを教えてくれたが、なかでも強く印象に残るのは前著のあとがきでも触

写真81　ドングリのアク抜きの方法を実演して見せたところ、今でもドングリを食べている人がいると報道されてしまった

れた、最初にムラ入りした時のことである。

昭和五七（一九八二）年二月、雪深い安家の地を訪れた私は、とある茅葺きの曲屋で一人暮らしの老人と、いろりをはさんで座っていた。

「休んでけ、火にあたってけ」と私を誘い、日本酒をコップになみなみとついですすめてくれる彼の口から聞かされた話は、思いもかけぬ調査公害の話だった。

彼は、かつて大正〜昭和初期、そして戦後の欠配《けっぱい》時*29にこの地方でおこなわれたドングリのアクを抜いて食品にする作り方を、テレビ局の取材に応じてやってみせたところ、今でもドングリを食べている人がいると報道され、非常に迷惑したと言う。

「どうしてそんなことをするのか。そんな奴らには俺は何もしゃべりたくない」と、彼は酔った眼で私を睨み、怒り出した。フィールドワークを初めて体験した私にとって、「調査とは何か」についてじっくり考えるひとつの重要な契機となった。

すでに亡くなられた翁の言葉をこうして思い出しながら、それでも私は、安家における木の実の利用と、それにまつわるかつての山村の姿について報告していこうと思う。

それは、ドングリやトチなどの木の実から、ワラビやクズ、カタクリなどの根茎類や、ヤマイモ、トコロなどの野生イモ類、春の山菜、秋のキノコ、そしてさらには畑の豆やイモ、雑穀、麦、野菜といったコメ以外の野生・栽培植物を自給的に利用するなかから育まれた、豊かな食文化のほのかな名残りを感じるからである。

❖そのままでは食べられない木の実

ドングリは、古くから山村の重要な救荒食および日常食、そして時には儀礼食であった。縄文時代においても、ドングリは、食生活のなかで大きな部分を占める食物であったと考えられている。

そして現在でも、岩手県の岩泉町では道の駅でどんぐりラーメンが食堂のメニューにあり、「どんぐりクッキー」、「どんぐりパン」、「どんぐり麺」がお土産として売られている。野田村ではどんぐりアイスが駅の売店で売られている。これら岩手のドングリ食品は、アク抜きしたドングリの粉をペースト状にして、食品に練り込んでいる場合が多いようである。また長野県王滝村では、アク抜きしたドングリの粉を乾燥させて、コーヒーやまんじゅうなどに加えて商品化している。

このように現在も一部の地域の特産物として親しまれているドングリには、そのまま生で食べられるものと、渋くてアク抜き加工をしないと食べられないものがある。

日本には約二〇種のドングリが実る樹木がある。分類学的にはこれらの樹木はすべてブナ科で、ブナ属がブナとイヌブナの二種、クリ属はクリ一種、シイ属はスダジイ、ツブラジイの二種、マテバシイ属はマテバシイ、シリブカガシの二種、これ以外のコナラ、ミズナラ、カシワ、クヌギ、アベマキ、ウバメガシ、ウラジロガシ、イチイガシなど一五種はすべてコナラ属である。

このなかで、スダジイ、ツブラジイ、マテバシイ、イチイガシなどは、渋みが少なく煎っただけでアク抜きができて、食べることができる。しかしコナラやミズナラなどそのほかの多くのドングリは、アク抜きをしなければ食べることができないドングリである。そして東北地方に多く分布するドングリの仲間では、アク抜きが不要で生で食べられるものはブナ、クリだけである。

ところで、そもそも「アク」とは何だろうか。

苦み・渋み・えぐみなど、不快な味覚の正体は、無機塩類、配糖体を主体に、サポニン、タンニン、アミグダリン、アルカロイド、有機酸、テルペン樹脂などであるといわれている。これらの不快物質は、ドングリ以外の植物にも含まれている。野生植物の実や根、そして葉や茎にもこうしたアクの成分が強く、そのままでは食べられないものが数多くある。

私たちの祖先も、積極的にこうした野生のさまざまな植物をアク抜きという技術を用いることによって食用にしてきた。山野にひっそり育った草木が、はるか縄文の昔から命を支えてきたのである。それは近代に入っても、山村の人びとの重要な食料だった。このようにアク抜きとは、植物がもつ、不快あるいは有毒な成分を取り除き、利用できるようにして、多くの人びとの食料を生み出してきた技術なのである。

❖発酵、腐敗によるアク抜き法

アク抜き法には、どんな種類があるのだろうか。

加熱処理、水さらし、発酵、凍結乾燥の四種類に分ける考えや、灰を用いた方法を独立させて、加灰処理とよぶ考えなどがある。ただここでは話を単純化するために、加灰処理については加熱を伴うものは加熱処理法、水にさらすものは水さらし法と整理して、それぞれのバリエーションとみることにする。

ではまず、発酵によるアク抜き法についてみよう。

南太平洋の島々では、えぐみのあるサトイモを焼き石の上におき、葉をかぶせて蒸し焼きにし、つぶして団子に丸め、葉で包んで土中に埋める。土中で数週間発酵させて、アクを抜くのである。[*30]

ごくまれであるが、北上山地の山村にも、発酵あるいは腐敗作用によると思われるアク抜き法がある。トチノミを水に漬けてふやかした後、つき砕いてまた真水に漬けておくと、二〜三週間で悪臭がしはじめ、沈殿物がたまる。この沈殿物を袋に入れてアク水に漬け、五〜六回水さらしを繰り返して、アク抜きしたデンプンを団子にして食べるのである。[*31]

❖凍結、解凍を繰り返して

凍結乾燥法としては、アンデス山地に見られるジャガイモのアク抜きが報告されている。[*32] ルキと呼ばれるこの地方のジャガイモは、寒さに強く、標高四〇〇〇メートルの高地でも栽培できるが、強い苦みをもち、アク抜きをしなければ食べられない。これをさらに二〇〇メートルほど運び上げ、野天に広げて数日間放置する。夜のマイナス二〇度の寒さと昼の高温で、凍結と解凍を繰り返し、ぶよぶよに軟らかくなったジャガイモを、素足で踏んで水分を除く。さらに、皮を取り除いて野天に四～五日放置すると、完全に乾燥しコルクのようになって、アクが抜ける。苦みのある大きなジャガイモのアク抜きには、水さらし法も併用している。

北上山地の山村でも、ジャガイモを戸外に吊るして凍結と解凍を繰り返して乾燥させた、凍みイモと呼ばれる貯蔵食品が広く作られてきた。かつては山村の重要な備荒食品で、今でもときどき農家の軒先に、クズのつるに通した凍みイモが吊り下がっているのを見ることができる。こうしてみると、北上山地の山村という限られた地域でも、四種類のアク抜き法はすべて見ることができる。ただ、凍結乾燥法は、トチノミやドングリなどの木の実のアク抜きには用いられない。

凍結乾燥法によるドングリのアク抜きは、日本ではアイヌの人びとに見られる。[*33] 彼らは、取ってきたカシワ、ミズナラなどのドングリをそのまま戸外に放置し、凍結と解凍・脱水を繰り返す。さらに調理時にも、サケのあら、マメ、キハダの実、ヤドリギと一緒に煮込み、かたく練ってから凍らせて食べる。凍結乾燥法と加熱処理法の併用であろう。また、食用土を入れることもあり、これがタンニンを吸着して、アクを抜く。土吸着法という、第五のアク抜き法の存在を指摘できるかもしれない。

さらに、アイヌの人びとによるドングリのアク抜き法には、水さらし法がないという。全国の山村で広く用いられている水さらし法を用いなかったというのは、不思議な話である。

ドングリをアク抜きして食品化していたのは、日本ばかりではない。日本、韓国、中国といった東アジア地域以外にも、アフガニスタンから地中海沿岸、ヨーロッパ西北部に至る地域や、北アメリカにも、ドングリを食べる民族がいる。[*34]

❖ドングリをこんにゃくやパンに

韓国ではカシワ、コナラ、クヌギの三種類のドングリを、アクを抜いたうえで食用にしていることが報告されている。[*35] しかも、これらのドングリからドングリこんにゃく、ドングリ餅、ドングリうどん、ドングリ粥、ドングリすいとん、ドングリお好み焼き、ドングリご飯という、七種類の加工食品が作られている。とくに、製粉して水さらしによって得られたデンプンから作るドングリこんにゃくは、都市の市場でも商品化され、健康・自然食品として一般家庭でも人気がある。

北上山地に近い岩手県沿岸の久慈市や宮古市の市場でも、自家製のドングリまんじゅうが売られているが、これはすべて、地元のおばあさんたちのお手製だ。韓国のドングリこんにゃくは、ローラー式の製粉機が普及し、家内工業的に作られている。アク抜き技術としては加熱処理法と水さらし法の両方があるが、加熱処理法を用いるのは北部の地域に限られ、水さらし法が一般的である。[*36] 日本と大きく異なるのは、灰を用いたアク抜き法がほとんどない点である。韓国ではトチノミを加工せず、タンニンの強いミズナラもあまり利用しないからかもしれない。

中国でも、ドングリをこんにゃくや春雨に似た食品に加工して食べている。アク抜きの方法は水さらし法らしい。イランでは、ドングリをまずつき砕いてから、数日間流水にさらしてアク抜きし、薄いケーキ状の食品に加工しているという。これも日本とよく似た水さらし法である。

また、イタリアやドイツ、ポーランドでは、ドングリを軟らかくなるまで煮た後、つき砕いて粉にしてから粘土と混ぜてパンにして食べてきたという。これは加熱処理法と土吸着法の併用例であろう。スペインには「リコール・デ・ペリュータ」というドングリのエキスを加えた香ばしいナッツの香りのする甘口のリキュールがあるが、どのようにアク抜きをしているかは不明である。またスペインの有名なイベリコ豚は、すべてがドングリだけを食べさせて育てるわけではない。ドングリだけで育てた豚「イベリコ・デ・ベジョータ」はイベリコ豚のなかでも味、品質ともに最高級品とされている。

木の実をアク抜きし、パンにして食べる例は、オーストラリアにもある。アボリジニの人びとは、ソテツの仲間の実（種子）をアク抜きして、パンを作ってきたのである。水さらし法と発酵法を組み合わせたアク抜き法であるらしい。[*37]

北アメリカ先住民のユロック族のドングリのアク抜き法は、三種類あるという。[*38]ひとつめは、砂のくぼみに砕いたドングリをおいて、熱湯をかける方法で、加熱処理法であろう。二つめは、湿地の土中に埋めて、一年くらい放置する方法で、発酵法であると考えられる。三つめは、砕いたドングリを籠に入れて川底に埋める方法で、水さらし法である。また、北アメリカ東部のニューイングランド地方の先住民は、ドングリをアク水で煮てから、数回水で洗ってアク抜きをしていた。これは、加熱処理法と水さらし法を併用した例であろう。カリフォルニア地方には九種類のドングリの実を結ぶ木があり、先住民の重要な食料だった。サンフランシスコ湾以南では、人口は、ドングリの森の大きさに比例していたという。

以上、世界のドングリ食をざっと概観してきたが、まだまだこうした事例は数多くあると思われ、これで十分ではない。しかしこれだけでも、地球上のあちこちで、さまざまな民族が工夫をして、ドングリを食べようとしていたことがわかり、非常に興味深い。

ある時代には、ドングリに支えられていた世界の人口は、かなりのものだったのではないだろうか。そして、それを可能にしたアク抜きの技術は、人類が自然界で生き抜いていくうえで、非常に重要なものであったことは間違いないだろう。

2――――山村の木の実食とアク抜き技術

❖木の実食の研究史

日本民俗学における「木の実食」に関する先駆的研究[*39]に続いて、その後日本各地のドングリの加工技術の現地調査と、その比較検討が進められてきた。[*40]このなかで、ドングリの加工法には、加熱してアクを溶かしだす加熱処理法と、真水に浸してアクを溶かしだす水さらし法との二種類があり、それぞれが加熱処理法＝落葉広葉樹林帯、水さらし法＝照葉樹林帯と対応して存在しているという興味深い指摘がある。[*41]ドングリの加工法のバリエーションを、照葉樹林文化論[*42]の枠組みでとらえようとする動きである。

しかしこれらの研究は、おもに本州中部以南の地域の事例をもとにしたドングリについてのアク抜き技術の分布論であり、東北地方における詳細な報告は、秋田県皆瀬村子安地区と岩手県岩泉町大川地区の事例[*43]および、岩泉町全域とその周辺山村の事例報告[*44]を除けばほとんどないといって良い。

❖調査地の岩泉町安家地区

岩手県下閉伊郡岩泉町は、東西五一キロメートル、南北三五キロメートル、面積九八九・〇二平方キロメートルで一二市町村と隣接する広大な町である。三頁の図1に示したこの町内北部に位置する調査地の安家地区は、昭和三一年に岩泉町と合併するまで独立した安家村であった。人口約一五〇〇人、面積二〇七・九九平方キロメートルで、その九八・七パーセントが林野、また九三・六パーセントが森林で、そのうち国有林が六六パーセント、民有林は二六パーセントにすぎない。周囲を急峻な千メートル級の山並に囲まれ、人びとは安家川の渓流沿いに散在する集落に住み、山仕事、短角牛飼養、自給的田畑耕作を主生業として生計を維持している。かつては、養蚕・炭焼が盛んであったが、現在では一部を除いてみられない。昭和三〇年代以前には水田がほとんどなく、畑のヒエ・ムギなどの雑穀が主食として利用されてきた、畑作を中心とした文化をはぐくんできた山村であった。

もちろん現在ドングリを食料としている家はないが、ごくまれには珍しいお菓子として老人が作ることがある。また第二次世界大戦直後の「欠配当時」にはドングリ食品が復活し、さかんに食用に供されたため、その年代の人にとっては記憶に残る食品である。

このような安家地区におけるドングリと住民との馴染み深さを伝える事例は、ヒアリングのなかでもいくつも聞くことができた。

写真82　加熱処理法でドングリのアク抜きをしていると、独特の香りがあたりに漂う

たとえば、村人が総出でドングリ拾いに山へ出かけていた間に、多くの家が焼失してしまっていたある集落の火事の話、ドングリの鍋をひっくり返して熱湯がかかり片足が不自由になったという野口英世の山村版のような話、さらにかつては「一石ナラ」と呼ばれる、ドングリが一石もなるナラの大木が、上流集落の境界の目印として認知されていたという話などなど。

このようなかつてのドングリ食品の話をしている時に、「うん、あのシタミでぇば、また食ってみってぇ」と感慨にふける老人も多かった。

❖ドングリの加熱処理によるアク抜き

安家地区ではコナラ（*Quercus serrata*）、ミズナラ（*Q. mongolica*）、カシワ（*Q. dentata*）の実をシタミと呼び、さらにその実をアク抜きした食品のこともシタミと呼ぶ。

写真 83　笹を編んでシタミドを作る

写真 84　拾い集めたドングリを天日乾燥する

写真 85　これは金網を丸めて代用したシタミド。ほかに乳児のミルク缶に穴をあけて代用したシタミドもあった

写真 86　加熱処理法のアク抜きでは、まず囲炉裏の灰をろ過してアク水を作る

ドングリの食品化は、彼岸を過ぎたあたりからのドングリ拾いにはじまる。そして、これより前のクリ拾いやマイタケ、シメジなどのキノコ採りの際に、ナラ林の下見をしてその年の資源量を確認する。調査地は先に述べたように国有林が卓越する山村であり、ダンナサマと呼ばれる大地主以外の人びとは自分のヤマもあまり持たず、採集はおもに国有林でおこなわれた。

採集にはカマスをしょっていき、下草

があると拾いにくいので、ダケと呼ばれるヤマの高いところで拾ったが、場合によっては落葉をかきわけながら雪の降る直前まで拾うこともあった。一日で一人約二～三斗拾い、一シーズンに各家から二～四人が数回ずつでかけ、一戸当り三～五石のドングリを乾燥貯蔵していた。また、採集は女性が担い、夕刻に男性がヤマへいって、ぎっしりドングリの詰まったカマスをしょって、いっしょに帰ってくることもあった。

山から拾ってきたドングリは、まず大きな釜で煮るか、水に漬けるかして虫を殺し、天日で乾燥した後、いろりの上のケダ[*45]に上げておく。ここまでの作業で、ドングリはひとまず貯蔵される。

この後、いよいよケダから下ろして食べる際には、バッタと呼ばれる水力を利用した杵でつき、外皮をとり除くと同時に、ひとつひとつの粒の大きさを半分程度に砕く。

そして、雪のない秋や春には、川端にクド[*46]を作り、冬は屋内で八升炊きとか一斗炊きの大鍋に、シタミドと呼ばれる穴のあいた筒状製品を中心に立て、このまわりにドングリをぎっしりといれる。このシタミドは、重くて容易に動かせない大鍋の中央に湯をヒシャクでかい出す空間を確保しておくためのものである。

また一方では、底に穴をあけたカンやバケツなどにホダ[*47]や麻布などを敷き、その上にいろりの木灰を入れて水をたらし、醤油のような色をした「アク水」または「アクダレ」、「コアク」などと呼ばれるアク水を抽出しておく。このアク水が真っ赤な色だと、アクがきつすぎてドングリが煮崩れてしまうので、半透明ぐらいの濃さがよい。

大鍋のドングリは、まず真水でゆでる。四～五回水を替えて煮沸し、ドングリが軟らかくなったら湯を捨てて、今度はアク水を入れてまた煮る。アク水で煮るときは、ゆっくり時間をかけて実のなかが黒く染まるまで火にかける。村人に再現してもらった際には約一時間、静かに沸騰させていた。

アク水で煮た後、アク水をかい出して、また真水を入れ沸騰させると、煮汁が赤黒く濁る。これが、沸騰させても濁らなくなるまで、十数回真水を取替えながら沸騰させて、ドングリの黒い色がさめてきたら、最後に湯を捨ててアク抜き工程の完了となる。朝からはじめても夕方までかかる作業である。

以上のアク抜き工程は、採集→水か湯につける→乾燥→皮を取り砕く→真水やアク水で煮沸→食用とあらわせ、アク水をともなう煮沸によってアクを抜く工程があることで加熱アルカリ処理、いわゆる加熱処理法であることがわかる。

食べる際には、そのままか、団子にして、キナ粉[*48]をかけて食べる。これは「シタミコガケ」と呼ばれていた。またドングリが喉を通りにくいため、「オゲエ」[*49]と呼ばれる粥《かゆ》を添えて、これで流しこむようにして食べることもままあった。

同じドングリのなかでもとくにコナラのシタミ[*50]は美味で、かつ「腹もてがよい」[*51]ので、ミズナラのシタミよ

写真 87　かつてアク抜きに使用した大鍋は重く、傾けて湯を捨てることなどできず、柄杓を入れるためのシタミドの空間が必要だった

写真 88　アク水で煮沸し真水で煮ると、ドングリのアクの成分が浮かび上がってくる

写真 89　加熱処理でアクを抜いた黒い粒のシタミ（ドングリ）が、かつての山村の冬から春の基本食のひとつだった

り評価が高かった。また、カシワのシタミを食べたことのある人は、やはりミズナラよりも旨いということだった。同じドングリについても、樹種によってこのような細かな評価が加えられていたことは、住民のシタミという食品へのこまやかな観察と馴染み深さを示すものとして注目される。

❖ドングリ食品の重要性

これらのドングリの食品化は、一日がかりの作業であり、おもにシタミの腐りにくい秋の終わりから冬、そして春にかけて、一度に多量に作って食用に供された。八升炊きの鍋で一回シタミを炊けば、八人家族でも三～四日分の主食になったという。また、灰を多量に使うため、冬が過ぎ春先ともなれば、いろりの口に灰がなくなることもあった。当時はたいていの家で、畑作物によって自給できるのは、一年のうち六～九カ月分にすぎなかったというから、大正に入ってから枕木の流送や炭焼の仕事も多少はあったものの、昭和一〇年代からの炭焼の増産期に至るまでは、現金収入源といえばほとんど子牛生産と養蚕が主であったこのムラでのドングリの重要性は、思いのほか高かったとかんがえられる。

事実「昔は冬の四カ月ほどはシタミを食べていた」、あるいは「あまり仕事がなくて暇な冬はシタミなどのヤマのものでしのぎ、さまざまな重労働のある夏から秋は畑のものを食べるように、冬は畑のものは食べずに貯蔵していた」という話がきかれる。[*52]

試みに松山の算出法に従って、[*53] 成人一人当り一日に必要な熱量を一八〇〇キロカロリーとおき、シタミだけを食べると仮定すると、ミズナラ一〇〇グラム当りの熱量は二八七キロカロリーだから一日約六二七グラムのシタミでその日の必要量を満たすことができる。筆者が、一九八六年四月に町内の権現地区で住民と実際にシタミの食品化を再現した実験データによれば、約一升二合の乾燥貯蔵したドングリから一四七〇グラムの食品化されたシタミが精製されるから、一家族八人とした場合アク抜き工程での流出分を一〇パーセント前後見込んでも、

写真90　水さらしによるアク抜きでは、まずドングリの殻を除きながら粉砕する

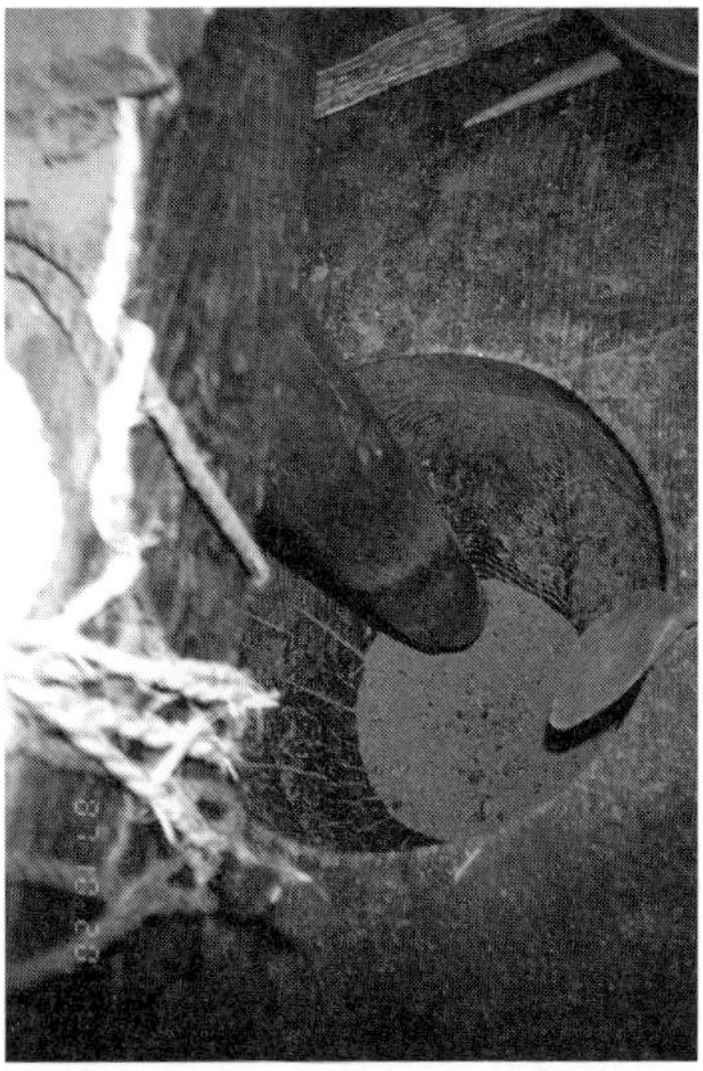

写真91　カラウスを踏んで粉砕したドングリの粉

写真92　ドングリの粉を袋に入れて、水をかけながら桶に搾る

四石の貯蔵で約三カ月分の栄養量が確保されることになる。

また、その「腹もて」の良さは食べる側にとっては、食品としての非常に重要な特性であり、全体としてこのシタミコガケは、救荒食という性格をはるかに越えた冬期の基本食のひとつとしてとらえることができる。

さらに一方で、カロリーと並んで最低限必要な栄養の目安となるタンパク質の摂取源については、「一四、五軒の集落のなかでやらない家は一、二軒しかなかった」といわれるほど盛んに冬期に集中しておこなわれたマタギ[*54]の獲物や春・夏・秋の安家川での釣り、ヤス、網、魚毒などによる自給的漁撈、そして一年を通じて豆腐、味噌、ショウユマメ、そしてドングリ食にも用いられたキナ粉など多元的に利用されたダイズなどが考えられる。

なお、加熱処理法でアク抜きしたドングリで、酒を造ることもあった。ア

写真 94　さらに何度も水を替えながら沈殿させ、水さらしを繰り返す

写真 95　渋味が抜けたドングリのデンプンに水を加えながら煮つめる

写真 96　固まったら切ってシタミモチのでき上がり

写真 93　沈殿したデンプンは薄茶色で渋味が残る

ク抜きしたシタミを鍋のなかでぬるめの湯で溶かし、コウジ[*55]を入れ、カメに入れてかきまわして二、三日置くと、甘酒のようにとろっとした酒になった。

　このほかにも、シタミとキナ粉を混ぜたものについて「コッツァネ」と称する食品にして食べることが多かった。

❖ドングリの水さらし処理

　ところで、ドングリにはこれとは別に「モチにして食べる」料理法もある。このシタミモチは、食品化の過程にドングリを粉砕する工程を含むため、おもに採集してきてすぐの生の状態で作られた。

まず、拾ってきたばかりのドングリをカラウスまたはテッキギでついて粉砕する。粉砕したら「コオロス」[*56]にかけ、粗い物をまたついてドングリの粉末を作る。

次にこの粉末を麻袋に入れ、「フネ」[*57]に水をはり、水中でこの袋をしぼる。何度もよくしぼって「ハナ」[*58]を沈ませ、上澄みを捨てて水を入れかきまわし、ハナが沈んだらまた水を替え、これをハナが白くなり渋の匂いがなくなるまで、一日三回ぐらいずつ四日ほどくりかえし、二、三日乾燥させてアク抜きの完了したハナを得る。このハナの状態で貯蔵可能となる。だいたい、ドングリ一升あたり一食分のハナがとれる。

これをモチにする時には、ハナを水で溶いて大鍋に入れて煮る。そして粘りがでてきたら、まな板の上にあけて冷却し、固まったら庖丁で適当な大きさに切り、キナ粉をかけて食べるのである。

このモチにするアク抜き工程は、採集→粉砕→真水中でしぼる→沈殿→上澄みを捨てる（くりかえす）→煮沸→冷却→食用とあらわせ、水さらしによるアク抜き法である。でき上がったシタミモチは、色は黒くヨウカンに似た、子供たちが喜ぶお菓子のようなものであり、正月にシタミモチを食べたという人もいる。

ハナの入り方（デンプンの含有量）は、カシワの実が一番良く、次にコナラ、そしてミズナラの順だった。カシワのハナは甘味があってうまく、コナラのハナは一番白くきれいであり、ミズナラのハナはどうしても少し渋味が残り、そのため赤みのさした色合いのハナで味も劣るという。このように三種の木の実について、シタミコガケについてもハナについてもそれぞれに味の評価が下されているところからも、食文化のなかでのドングリの重要性と木の実食の世界の豊かさ、奥深さがかいまみえる思いがする。

❖トチノミのアク抜き

トチ（Aesculus turbinata）の実は、ドングリより少し早く落下しはじめる。

まず、沢沿いに実を採集してきたら、虫がつかないように水につけるか湯に通してから乾燥し、いろりの上のケダに上げておく。

食品化にあっては、まず二、三日水につけてふやかし、二枚の板にはさんで皮をむき、バッタでついて半分か三分の一ぐらいの大きさに砕く。

次に、細かくなったトチを、ドングリと同じように、真水で煮沸し、次にアク水で煮てから、さらに真水で煮沸してから、最後に一週間ほど川に浸してアク成分を充分に溶かし出してから食用にした。食べる際には、シタミと同様にキナ粉をかけて食べ、一般に「トチコガケ」と呼ばれていた。

この工程は、採集→水か湯につける→乾燥→皮を取り砕く→真水やアク水で煮沸→川に浸す→食用とあらわせ、ドングリが加熱のみによるアク抜き法であったのと異なり、煮沸と川に浸すことによってアクを抜く、加熱＋水さらしタイプのアク抜き法である。同様の工程によるアク抜きは、秋田県皆瀬村子安でも報告されている〔松山、一九七七〕。ただし順番など細部にわたるバリエーションは同じ町内でもかなりランダムに存在するようである〔畠山、一九八六〕。

トチからハナをとる際には、ドングリと違って、水さらし処理の過程で、最初に真水でなくアク水で二〜三日さらした。つまり、採集→粉砕→アク水中でしぼる→沈殿→上澄みを捨てる→真水中でしぼる→沈殿→上澄みを捨てる（くりかえす）→食用、という工程の水さらし処理によってハナを得たのである。

しかし、トチはドングリと比べて手間がかかるし、続けて食えば腹を悪くする。まずいものという一般的評価があり、基本的にはあまり食用に供されなかった。このため、トチの食べ方については、住民の記憶も多少なりとも不正確で、細部にわたる話は、あいまいな部分も多かった。

本州中部山岳地帯から東北地方奥羽山脈にかけては、逆にトチがドングリより珍重され儀礼食「トチモチ」にもなっていた。*59 これとは対称的に、北上山地山村ではドングリがトチよりも明確に高く評価されており、顕著

表1　安家におけるおもな野生食用植物（菌類を除く）（岡、1987より）

科	植物名	方名	食用部位	アク抜き
羊歯植物				
ウラボシ科	クサソテツ	コゴミ・コノデ	葉茎	
	ワラビ		葉茎	○
ゼンマイ科	ゼンマイ		葉茎	○
トクサ科	スギナ	ツクシノボウヤ	胞子茎	
顕花植物				
（裸子植物）				
イチイ科	イチイ		種子	
（単子葉植物）				
サトイモ科	マムシグサ	ダイバツ	根茎	○
ユリ科	ノビル	ヒル	葉茎・鱗茎	
	エゾネギ	アサドキ	葉茎・鱗茎	
	ギョウジャニンニク		葉茎・鱗茎	
	オオユバユリ	イベーロ	鱗茎	
	カタクリ	カタガゴ	鱗茎	
	オオバギボウシ	ウルイ	茎	
	アマドコロ	（キツネウルイ）	根茎	
	シオデ	ションデコ	葉茎	
ヤマノイモ科	ヤマノイモ		根茎	
	オニドコロ	トコロ	根茎	○
ラン科	オニノヤガラ	イモリ	塊茎	
（双子葉植物）				
クルミ科	オニグルミ	（サワ）グルミ	種子	
カバノキ科	ハシバミ	ハシパミ	種子	
ブナ科	カシワ		種子	○
	ミズナラ		種子	○
	コナラ		種子	○
	ブナ		種子	
	クリ	（シバ）グリ	種子	
クワ科	ヤマグワ		果実	
イラクサ科	ウワバミソウ	ミヅ	葉茎	
	ミヤマイラクサ	アイコ	葉茎	
タデ科	イタドリ	サシトリ	若茎	
	スイバ	スカンコ	若葉	
ヒユ科	ヒユ	ビユー	若芽	
ヤマゴボウ科	ヤマゴボウ	ゴンボ	葉茎・根	○
ナデシコ科	ハコベ		地上部	
アブラナ科	ナズナ		葉茎	
	ワサビ		根茎・葉茎	
ユキノシタ科	ユキノソタ	ヤツブキ	葉茎	
	ダイモンジソウ	モミジバ	茎茎・実	
バラ科	イチゴ	バライチゴ	果実	
マメ科	クズ	クゾフジ	根茎	○
ミカン科	サンショウ		葉	
トチノキ科	トチノキ	トチ	種子	○
ブドウ科	ヤマブドウ		果実	
サルナシ科	サルナシ	シタクチ	果実	
	マタタビ	ネコツタクチ	果実	
グミ科	アキグミ		果実	
ウコギ科	ウド		茎・若芽	
	タラノキ	タラボ	若芽	
	ウコギ		若芽	
セリ科	セリ		葉茎	
ミズキ科	ハナイカダ		葉芽・果実	
スイカズラ科	タニウツギ		若芽	
キキョウ科	ツリガネニンジン	ヌノバ	若芽	○
キク科	ヨモギ	ユムギ	若葉	○
	ヨブスマソウ	ボウナ	若茎	
	ナンブアザミ	アザミ	若葉	○
	フキ		茎・若花茎	○
	モミジガサ	シドケ	葉茎	
	ヨナナ		若芽	
	タンポポ		若芽	

表2　アク抜きを経て利用される野生・栽培植物（岡、1987より）

用途	部位	植物名	方名	採集時期	アク抜き法
食品	種子	コナラ		9〜11月	加熱または水さらし
		ミズナラ	シタミ		
		カシワ			
		トチ	トチ		
	葉茎	ゼンマイ		5〜6月	加熱＋水さらし
		ワラビ			
	若芽	フキ	バッケ		
	葉	アザミ			
		ヤマゴボウ			
		ヨモギ	ユムギ		
	根茎	クズ	クゾ	3〜4月	水さらし
		ワラビ		9〜10月	
		マムシグザ		8〜9月	加熱
		オニドコロ	トコロ	9〜10月	
		（未同定）	カヤ	春〜秋	水さらし
	種子		タカキミ		加熱
	塊茎	バレイショ	ホシイモ		水さらし
	根茎	ダイコシ	シミダイコン		
繊維製品	内皮	シナノキ	マダ		水さらし
		ヤマブドウ	ブンド		
	繊維	ミヤマイラクサ	マイコ	9〜10月	加熱＋水さらし
		カラムシ		8月	
		アサ			

な特徴である。

しかし一方では、トチノミは大木なら一本の木から二石ぐらい拾えたといい、「ケガツ[*60]のためのトチの木が二〜三本もない家には、嫁に行くな」といいならわされてきた。このようにドングリと違って、トチを明確に救荒食品とみなしていることは興味深い。

また、トチノミをつぶして焼酎につけたものは「トチミズ」とよばれ、人や各戸が飼養する短角牛の打ち身に効用のある薬として現在も貯蔵されている。さらにつぶしたトチノミを袋にいれて真水につけておき、泡立った黄色の自家製洗剤を作って洗濯に使ったが、その漂白力は強力であった。

このようにみてくると、これまで一般に山村の凶作時に、ほかの食物がなくてしかたなく食べる救荒食として考えられがちだったドングリが、実は冬期の基本食のひとつであり、時にはコッツァネとして、または菓子・ハレ食のシタミモチとして、あるいはドブロクとして用いられ、トチについても薬や洗剤としての利用も存在するというように、生活のなかで多元的に利用されてきたということができる。

さらに木の実の食べ方で特徴的であるのは、コメとこれらの木の実を混合して作る儀礼食品が存在せず、基本的には日常的な食品であることである。この点、本州中部山岳地帯や東北地方奥羽山脈山村のようにトチノミ＋モチゴメで作る食品「トチモチ」を木の実食の中心とする地域とは、異なった様相を呈している。この地区では、木の実食品に混合したりかけたりするものはダイズ、ヒエ、ムギなどの畑作物に限られているのである。

❖生活のなかでのアク抜き技術

私は山村で暮らしていくうちに、表1、表2に示したようにアク抜き技術が木の実に限らず山村生活のさまざまな場面で用いられていることに気づかされていった。

たとえば、ワラビ、フキ、アザミなどは、塩が貴重品で塩蔵が普及していなかった昔から、煮沸し川に二、三日つけて水さらしによるアク抜きをしてから軒先にぶら下げて乾燥貯蔵されたし、コメやアワのモチに混ぜる、ヤマゴボウやヨモギの葉も、必ずアク水で煮沸してアルカリ加熱処理によるアク抜きをしてから貯蔵した。

また、ワラビ、クズの根を掘ってきて、たたき石の上に置きツチでついた後、ドングリ・トチの水さらし処理と同様に袋にいれて、フネのなかでもみ、水を何度も替えてアク抜きしてハナをとった。クズの根の方がハナの入り方は良かったが、味はワラビ根のハナのモチの方がうまく、これを神社のお祭りで売ったり、コメや魚との交換にも使われた。このほかにハナをとる植物としては、カタクリ、ウバユリ、ホドイモ、ジャガイモがあげられる。またオニドコロやマムシグサも、湯やアク水で煮て加熱処理によるアク抜きを施して食べた。

さらに、畑作物でも「タカキミ」[*61]は、天日乾燥した後、沸騰した湯につけてからバッタでついて「ヌカ」を出して渋味を取り除いた。この工程を経なければ渋くて食べられず、加熱処理によるアク抜きが必要な食品である。また、冬の安家の家々の軒下を飾る凍みダイコンや干しイモも一～五日、川につけてダイコンやイモの匂いを消してから乾燥貯蔵される。この水さらし処理をしないと、ダイコンやイモの臭みでまずいという。

彼岸過ぎに採集されたイラクサや畑のアサ、カラムシも繊維をとって衣服やタビ、袋、紐などを作る際に、アク水で煮沸したり、川につけるといったアルカリ加熱処理、水さらし処理によるアク抜きがなされるし、浜の人びととコメ・魚・塩との交換品としてもちいられたマダ縄や、ミノ、ハバキ、モッコを作るマダやヤマブドウの皮も、剥いできたらすぐ川につけて水さらし処理をして保存し、硬い時にはアク水で煮沸してアルカリ加熱処理を施した。

さらに言うならば、かつて洗剤が手に入りにくかったころには、衣類を洗濯する際にも、アク水につけてから洗った。ここにも、食品の場合と同様に、繊維製品から不要成分を水に溶かし出すためのアルカリ水さらし処理技術が施されているわけである。

山村生活のなかで考えてみると、「不要成分を水に溶かし出して除去し、利用可能にする」アク抜き技術は、単に木の実のアク抜きにとどまらず、多くの植物資源を利用可能な状態に加工する非常に重要な存在である。

つまりアク抜き技術は、ひとつめは木の実から山菜・根茎・野生イモ・雑穀にいたる野生・栽培植物の食品化機能、二つめはそれらの貯蔵性を高め、あるいは貯蔵の条件をそろえる機能、三つめは野生・栽培植物の繊維製品化機能、四つめには繊維製品の洗浄という四つの機能を有しているのである。まさに山村生活の基盤に深く根ざした多機能性を持つ技術であった。

3――照葉樹林文化論とアク抜き技術圏

安家地区について今回述べてきたアク抜きの方法については、岩泉町大川地区においてもドングリについてはほぼ同じ二つの方法、つまり加熱処理法と加熱処理＋水さらし処理法の加工技術が報告されている。[*62] 松山は、この大川地区でのドングリの水さらし処理をごくまれな例として、この地方が含まれる図2の加熱処理技術圏内にもプロットしていない。しかし私の調査で、安家地区においてもドングリとトチの水さらし処理法があることが明らかとなった。もはやこの地域で水さらし処理法がごくまれな例とは言い難いだろう。このほか筆者は岩泉町釜津田地区および小川地区、二升石地区でもドングリ・トチの水さらし処理法の存在を確認している。

また、ほかの文献においても、木の実の水さらし処理または加熱を組み合わせた水さらし処理によるアク抜きが多数報告されている。たとえば、岩泉町釜津田地区・有芸地区・本田地区、新里村和井内地区、川井村横沢地区でのトチの水さらし処理法[*63]や、

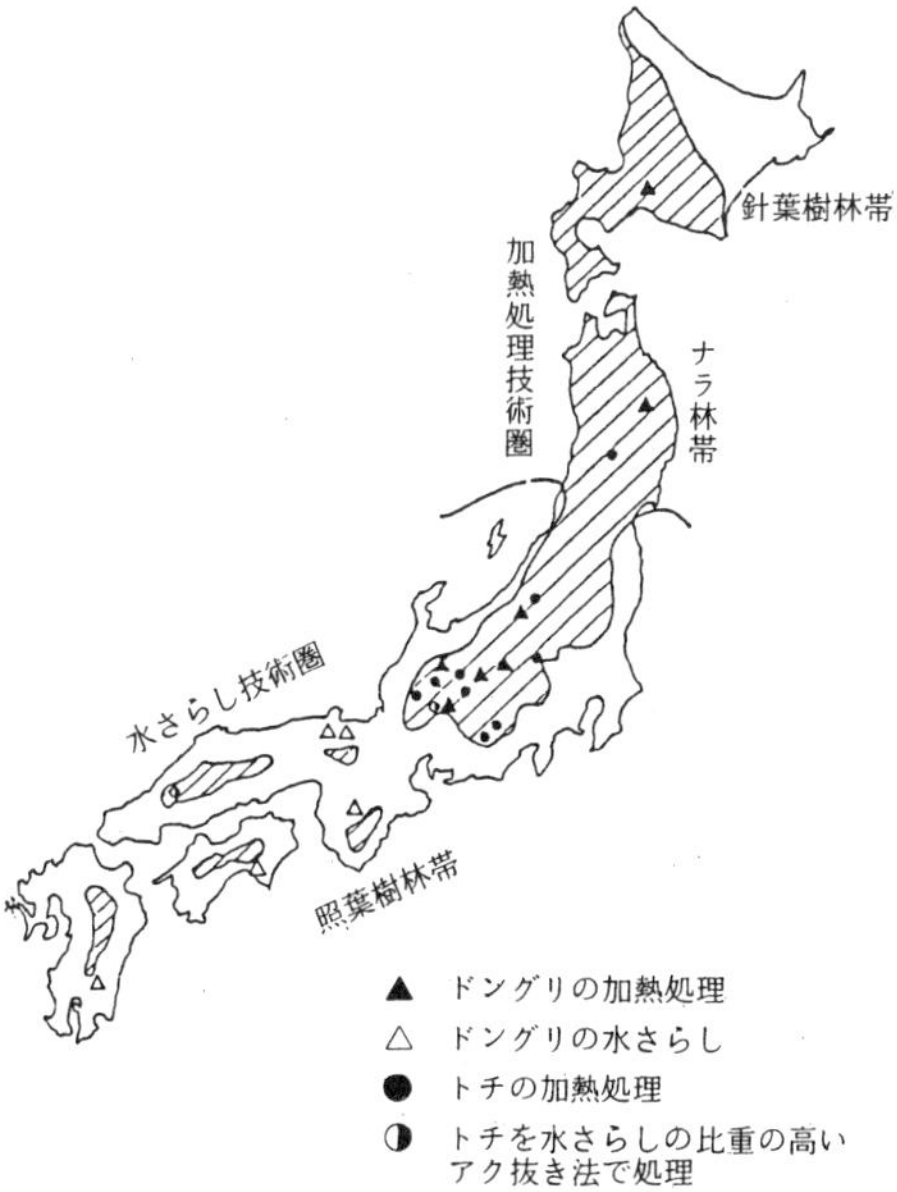

松山利夫　一九八二『木の実』（法政大学出版局）引用

図2　加熱処理技術圏と水さらし技術圏（岡、1987より）

図3　北上山地で水さらしをおこなう地域（岡、1987より）

同じく川井村の水さらし処理によるトチノミのアク抜き法とドングリの加熱処理＋水さらし処理によるアク抜き法が記載されている。[*64] また、筑波大学北上プロジェクト遠野班が、遠野市附馬牛町小出・大出地区を調査したところによれば、ここではほとんどトチは利用しなかったが、ドングリは加熱処理法と水さらし処理法の二つの方法で食品化していた。[*65]

一方、安家地区の北西部に位置する山形村においても、かつて食べられていた食品であるドングリを水さらし処理した「シタミヨーカン」を再び高級茶菓子として商品化してはどうかという提案がある。[*66] またさらに北の軽米町でも一〇日間におよぶ水さらしを含む、加熱処理＋水さらし処理のアク抜き法が報告されている。[*67] つまり、図3にみるように北上山地の北から南までの広範囲で、ドングリあるいはトチの水さらし処理を含むアク抜き法が一般的におこなわれていたと考えられるのである。

以上のことを考えると、照葉樹林文化論の一翼を担う[*68]木の実のアク抜き技術に関する落葉広葉樹林帯＝加熱処理技術圏、照葉樹林帯＝水さらし処理技術圏という二つの技術圏の分布図は誤りであるとしか言いようがない。たとえ縄文時代にそのような二つの技術圏があったとしても、その後の約三〇〇〇年間、継続的であるかどうかは別にして、ドングリを食品化して食べてきた東北の人びとが、水さらし処理の技術を知らずに暮らしてきたなどということがあるはずもない。生活のほかの場面では水さらし処理をおこなっているのにもかかわらず、である。

木の実という特定の植物資源のみについてのアク抜き技術をとりあげるのではなく、山村の生活に即してアク抜き技術が木の実に限らず多くの用途に用いられている実態を直視すべきである。

生活のなかでのアク抜き技術が、このような多様な機能を発揮しているのは、安家地区のみに限ることではない。たとえば、野本寛一（一九八四）は、日本全国の焼畑文化圏を調査し「焼畑文化圏の人々は、衣食において

表3　ドングリとトチのアク抜き工程の比較（岡、1987より）

種名	他生業との関連	資源量	アク抜き法	貯蔵までの手間	加工の手間	工程日数	食品の形状	食品の性質
コナラ・ミズナラ・カシワ（シタミ）	いずれも木の実の採集時期は9月末から11月頃までで、畑作の収穫期、牛の飼料となる草刈りなどの重労働が控える農繁期にあたる。	北上山地では、海抜400m以下ではコナラ林が多く、海抜500m以上ではミズナラの純林となる＊。	加熱処理法	水に漬けるか、茹でて囲炉裏の上のケダに上げ乾燥貯蔵する。	①皮を除き砕く。②真水・灰汁・真水の順で何度も水を替えながら煮る。	1日	粒状	もっとも「腹もて」が良い食品。
			水さらし法	加熱処理と同様だが、アク抜き後も貯蔵可能である。	①粉砕する。②水中で渋の匂いが消えるまで何度も水を替えさらす。③沈殿物を乾燥する。	5～6日	ゼラチン状	お菓子のようなもの。コナラの澱粉（ハナ）は「腹もて」が良い。
トチ	キノコや野生植物の根茎類の採集も同時期であり、11月中旬からは狩猟（マタギ）もはじまる。安家川をマスが遡上するのもこの季節である。	沢筋や採草地などに大木が残されていた。また国有林内の大木は、養蜂業者の陳情で残されているといわれている。	加熱処理法	水に漬けるか、茹でて囲炉裏の上のケダに上げ乾燥貯蔵する。	①水に漬けふやかす。②皮を除き砕く③真水・灰汁・真水の順で何度も水を替えながら煮る。④川に約1週間漬ける。	8～9日	粒状	続けて食べると下痢をする。
			水さらし法	加熱処理と同様だが、アク抜き後も貯蔵可能である。	①粉砕する。②灰汁に2～3日漬ける。③水中で渋の匂いが消えるまで何度も水を替えさらす。④沈殿物を乾燥する。	7～8日	ゼラチン状	どうしても澱粉に渋味が残る。

＊石塚和雄（1968）「岩手県におけるコナラ二次林とミズナラ二次林の分布および北上山地の残存自然林の分布について」『一時生産の場となる植物群集の比較研究』（文部省科学研究費特定研究「生物圏の動態」昭和42年度報告：p.153－163より）

アクヌキ・サラシ法をセットとして行ってきた」と述べている。

またさらに世界的な広い視野からみれば、季節的にその利用が限られる中緯度地帯[*69]で植物資源の食料を随時利用していくためには、アク抜き技術のもつ食品化機能と同時に、その貯蔵処理機能も非常に重要な意味があったと考えられる。

安家地区は昔からヤマセによる冷害凶作常襲地帯であり、雪に閉ざされる冬には食品となる植物の入手が困難だった。そこでは秋にとれる木の実や根茎類の存在は、その年の畑の収穫状況と見合わせて貯蔵量の調節が可能であるという点で重要であっただろう。

たとえば、ドングリについては、畑作物が凶作であれば、通常の冬期の消費量に加えて不足分を多く採集することができる。さらに純粋な救荒食としてのトチノミが拾え、そのほかクズやウバユリなどを掘るというように、凶作・飢饉による食料不足に対して、アク抜き技術の食品化機能と貯蔵処理機能によって二重三重の防衛策をとることができたのである。

耕地面積に大きな制約を受ける寒冷な谷間で、山・森林に囲まれ、安家川の清流という豊富な水資源を背景に生きてきた、かつての安家の人びとにとって、アク抜き技術は生きていく上で不可欠な技術であったと考えることができる。

ここでもう一度、加熱処理技術圏と水さらし技術圏の問題に戻ってみると、表3に示したように筆者は安家地区における調査の結果から、むしろ水さらし処理よりも加熱処理が、木の実を短時間に少ない手間で大量に加工できる可能性をもっている点にこそ、注意がはらわれるべきだと考える。冬期の日常的な主食の加工調理法と考えた場合、当然手間がかからずせめて一日以内で工程が終了することはきわめて重要であっただろう。しかも加熱処理によるアク抜きなら木の実を粒で食べることができ、より主食らしい態様に調理できることも好まれたと思われる。

安家地区では、日常的には加熱処理したドングリにキナ粉をかけるシタミコガケを冬期の基本食のひとつとし、水さらし処理によるシタミモチを菓子、ハレ食として利用していた。単に木の実の加工法が加熱処理か、水さらし処理かが文化圏によって決まっているのではなく、同じ地域で両加工法が並存しながら場面に応じて使いわけられていたことが明らかである。

木の実採集時のほかの生業との関係、採集から貯蔵までの手間、貯蔵性の優劣、加工に投入される時間とエネルギー、食品の多食可能性や「腹もて」の優劣などさまざまな要因を総合的に考えあわせて、初めて、日常的基本食としての木の実の加工法に主として加熱処理が用いられた必然性が明らかになってくる。当該地域の所与の環境条件を前提とした全体的生活のなかでの比重という視角からこそ、加熱処理技術と水さらし技術の比較も意味あるものとなるのである。

木の実が昔のように利用されなくなった今でも、秋が深まり、木の葉が落ちはじめ、牛市が立つころになると、人びとは秋じまい、冬じたくをいそぐ。畑の作物の収穫物を乾燥させ、貯蔵する。寒風を防ぐ家囲いを立てる。島立てした山草を納屋に取り込む。さまざまな冬じたくが人びとを追い立てる。

そのころには、はるか安家森の頂に、早くも白く雪が積もっているのが見える。

4———旬を食べ貯蔵する暮らし

❖山村をどうとらえるか

山村をどのようにとらえるかについては、大別して二つの意見がある。周囲の自然を利用した自給性に注目する立場[*70]と、都市との商品生産を介した結びつきを重視する立場[*71]、つまりは都会の存在があって成立した存在として山村をとらえる立場である。

しかし実際には、その両者が併存しながら、あるときには自給性を維持しようとし、またあるときは外部社会の要請によって商品生産に特化していくという、ふたつの方向性の間を揺れ動いてきたのではないかとする議論[*72]は、山村社会の歴史を考える上で注目すべき意見だと考える。筆者が調査対象としている、岩手県の北上山地北東部に位置する旧・安家の藩政時代以来の歴史を振り返っても、まさに両者の間を揺れ動いてきたようにみえる[*73]のである。

だから、山村では自然を使いこなした共生的な暮らしが営まれてきた、といった山村の一方の側面だけを抽出し強調していくことには疑問を感じている。彼らが山地の自然に対して、いかなる関係を取り結んでいたのかは、その地域の実態の分析を通じて考えられるべきであろう。そしてひとつの可能性として、山村がもっとも食料調達に困窮した時代において、村人がどのような選択をしたのか、たとえば出稼ぎに出るといったような都市との結びつきに活路を求める行動をとったのか、あるいは地域の自然を利用してその危機を乗り切ろうとしたのか、その具体的な行動から、その山村がどのような性格を持っているかが見えてくるのではないだろうか。

❖「欠配」の民俗学

もっとも近年において安家が自然を最大限に利用する方向へ向いたのは、戦後数年続いたいわゆる「欠配《けっぱい》」と呼ばれる食料の配給が不足した時代である。年代的には第二次世界大戦後、昭和二四、二五（一九四九、五〇）年ごろまでというのが、村人の多くが規定するところである。この時代には食料の配給が滞るなかでオオムギなどの供出が続けられ、食料が極度に欠乏した。また食料の購入も統制下で難しかった。結論から言ってしまえば、安家の人びとは、山野の潜在的な食料資源を最大限に利用しようとした。実際に、山林を開墾して焼畑が経営されたのも、この時期であった。

安家では、自給性が高かった「欠配」の時代がそう遠い過去ではないため、自己の体験として記憶を持つ人びとが、現在もその利用の一部を継続している。だから単に聞き取りに頼るだけでなく、現在の採集活動に参与しながら、またその利用方法の再現をしてもらいながら、その動植物を前に過去の話を聞くことができる。

以上のような視点に立ち、本稿では「欠配」時の食料として、山の動植物がどのように利用されてきたのかに焦点をしぼって調査を進めた。また、聞き取りによる復元に偏ることのないよう、現在の利用状況の観察・記録をもとに、「欠配」時においてその利用のどの部分が拡張し、また別なものが利用されたのかを確かめるようにした。

調査は安家のもっとも上流に位置する坂本集落で、数人のインフォーマントと採集に同行し、その加工を手伝いながら進めた。安家の季節を、とりあえず便宜的に春（三～五月）、夏（六～八月）、秋（九～一一月）、冬（一二～二月）に分け、それぞれの季節で中心的に出現し、食用に供された動植物をそれぞれの表に示した。

❖春を食べる

春には、いわゆる山菜を中心とした食用植物が採集される。表4に示した三七種である。なお、利用形態の項目で欠配以前から利用したもののなかには、現在はあまり利用されなくなったものも含まれている。

村人によれば、標高約五〇〇メートルの集落の周辺では、早春、三月末にまずワサビ、バッケ（フキの花茎・フキノトウ、以下、基本的に文中には方名を用い、初出時にカッコ内に和名を付す）が萌え出る。四月の末ころからサガリハ（サワアザミ）が芽生え、コゴミ（クサソテツ）が続き、次にシドケ（モミジガサ）、タナボ（タラノキの新芽）、ゼンマイ、ボウナ（ヨブスマソウ）がいっせいに芽吹きはじめる。さらにアイコ（ミヤマイラクサ）が、次にウド、ワラビも伸びてきて、今度はアザミが葉を広げはじめる。ウルイ（オオバギボウシ）、ションデコ（シオデ）が盛りになるころは、春も終りの五月末である。このようにほとんどの山菜の収穫期は五月に集中している。

表4　春の野生食用植物の利用（岡、1996より）

和名	方名	利用形態
アサツキ	アサツキ	欠配以前から利用、保存せず
アザミ類	アザミ	欠配以前から利用、乾燥保存
アマドコロ	トコロの根	欠配時に利用、保存せず
イタドリ類	サシトリ	近年になって利用、保存せず
イタヤカエデ	イタヤのモエ（新芽）	救荒時利用と伝承
ウコギ類	ウコギのモエ（新芽）	欠配以前から利用、保存せず
ウド	ウド	欠配以前から利用、乾燥保存
オオバギボウシ	ウルイ	欠配以前から利用、乾燥保存
カタクリ	カタカゴの根	欠配以前から利用、保存せず
カンゾウ類	カンソ／カンゾウ	欠配以前から利用、保存せず
ギョウジャニンニク	アイヌネギ／キトウピル	欠配以前から利用、保存せず
クサソテツ	コゴミ／セッパリ	欠配以前から利用、乾燥保存
サワアザミ	サガリハ	欠配以前から利用、保存せず
サンショウ	サンショのモエ（新芽）	欠配以前から利用、保存せず
シオデ	ションデコ	欠配以前から利用、保存せず
シャク	ヤマニンジン	欠配以前から利用、保存せず
スギナ	ツクシノボウヤ	ごく一部で利用、不味とされる
セリ	セリ	欠配以前から利用、保存せず
ゼンマイ	ゼンマイ	欠配以前から利用、乾燥保存
タラノキ	タナボ（新芽）	欠配以前から利用、保存せず
タンポポ類	タンポポ	ごく一部で利用、不味とされる
ツリガネニンジン	ノノバ	欠配以前から利用、保存せず
ドロノキ	ドロノキのモエ（新芽）	救荒時利用と伝承
ノイバラ	オニバラのモエ（新芽）	欠配以前から利用、保存せず
ノビル	ヒル	欠配以前から利用、保存せず
フキ	バッケ（花茎）	欠配以前から利用、保存せず
ミツバ	ミツバ	近年になって利用、保存せず
ミヤマイラクサ	アイコ／エエ	欠配以前から利用、保存せず
モミジガサ	シドケ	欠配以前から利用、保存せず
ヤマグワ	クワのモエ（新芽）	欠配以前から利用、保存せず
ヤマブドウ	ヤマブンドのモエ（新芽）	欠配以前から利用、保存せず
ヨブスマソウ	ボウナ	欠配以前から利用、保存せず
ヨモギ	ユムギ	欠配以前から利用、保存せず
ワサビ	ワサビ	欠配以前から利用、保存せず
ワラビ	ワラビ	欠配以前から利用、乾燥保存
未同定（ユリ科？）	カヤの根	欠配時に利用、保存せず
未同定	セイタカバナ	欠配以前から利用、保存せず

これらの山菜は、今もかなり積極的に多量に採集される山菜である。そしてシドケ、ワラビは多くの家で塩漬けにして保存しており、町に住む兄弟や親戚へふるさとの味として、土産物によく使われる。

坂本集落で一〇戸の家から聴いたところ、平均二・四種類の山菜を塩蔵しており、すべての家が少なくともワラビとシドケのいずれかを保存していた。ほかにもウド、アイコ、ウルイも塩蔵して冬期の保存食にする家もあった。しかし、現在のような山菜の塩蔵は、昭和三〇年代以降に広まったものだという。現在、春に販売されている山菜は、フキ、ゼンマイ、ワラビ、アイコ、ボウナ、シドケ、サガリハなどである。

豊富な食用植物に対して、春の食用となる動物は魚類ということになろう。安家川の淡水魚類は当時豊富で、雪解け水で川が増水する四月ころからさかんに釣りや突き漁が試みられた。ザッコと総称されるイワナ、ヤマメ、ウグイなどは、この時期川の透明度が増水により低いため、おもにミミズをつけて釣った。春先は魚もエサに食いつきやすく、大家族でも夕食のおかず分ぐらいを釣るのは、わけなかったという。また安家川の水量が多かった時代には、マス（サクラマス）も雪解け水で多量に遡上して、桜の咲くころにはその姿が見えたという。最近では東日本大震災による津波で、安家川河口で遡上する魚類を捕獲していた養魚施設が被災した。自由にマスが遡上できるようになり、上流まで多くの魚影を見せ産卵し、安家の人びとは往時を思い懐かしんだ。

❖「欠配」時の春の食用植物

「欠配」の時代には、栽培植物ではダイコンの葉を干したホシナや、数種のカブをきざんだものもカテとして[*74]主食に混入した。山野の食用植物の採集量も増大化した。量的な把握は難しいが、ウルイなどは二、三日おきに、七月ころのかなり伸びて大きくなる時期まで、採草地から背負い籠いっぱいに背負ってきて食べたという。ウルイは、ゆでてきざみ、キナ粉をかけて食べる「ウルイコガケ」が、ご飯がわりになった。また、長めに切ってダイズを煮て挽臼でひいたシラアエであえて、食卓に上った。また、雑穀のご飯に混入してカテとして用いられることもあった。かなり伸びたコゴミも塩ゆでしたり、ジューネ（エゴマ）であえたりして主食がわりに食べた。

食料の不足が深刻な家では、カヤ（未同定、ユリ科？）の根を砕いてとろみを出し、ユムギ（ヨモギ）と混ぜて食べる家もあった。つまりこれはヨモギモチの代用食である。しかし「欠配」時には村の周囲のユムギは取り尽くされ、まったくなくなってしまったという。またトコロ[*75]（アマドコロ）も少し苦かったが、春に根を掘って灰を入れた湯で煮てアクを抜き食べた。当時は久慈市のマチノヒでもトコロが売られていて、買って食べることもあった。

フキ、ウド、ゼンマイ、コゴミ、ウルイ、ワラビ、アザミ（アザミ類）などは一度煮てからクゾ（クズ）の蔓で編んだり、ハセなどにかけて、天日乾燥して保存され、冬の食料となった。

とにかく「欠配」時には、春からオオムギが収穫される七月ころまでがもっとも食料が不足した。このためオオムギは少し色がつけば刈って、いろりの上で乾燥させてからノギを落としたという。だから春に採集される食用植物のほかに、秋の食用植物も貯えて冬から春までの食料とした。その代表的なものが、秋の食用植物のところで詳述するドングリである。しかしドングリはアク抜きに時間と手間がかかるため、一度に多量に加工し、数回分の食料にあてられる。暑くなるとアクを抜いたドングリは腐りやすいため、春のうちに食べ尽くしてしまうことが多かった。

「欠配」時に、平常時には食べない植物を利用した例としては、カヤやトコロのほかに、本稿では秋の食用植物に分類したクゾ（クズ）やワラビの根茎があった。この二種は春でも秋でも掘って、大きな石や板の上でたたきつぶし、水にさらしてデンプンを取り、モチにして食べた。伝承では、それ以前の凶作・飢饉にはこうした救荒食として、イタヤ（イタヤカエデ）やドロノキのモエ[*76]を取ってきて、アワの粥に入れて食べることもあったと伝えられている。

サシトリ（イタドリ）は、出稼ぎなどによる他地域での見聞によって、近年になって食べられるようになった山菜である。それまでサシトリがあまり食用とされなかったのは、かつてサシトリを割った物を、「チュウギ、またはチョウギ」と称してトイレットペーパー代わりに使っていたことと関係があるのかもしれない。

タンポポ（タンポポ類）やツクシノボウヤ（スギナ）は、食べられることは知っていてもほとんどの人はまずいからと食べない。また「欠配」時にこれらを食べたという人もいなかった。

また早春に川岸などに群生するフクベラ（ニリンソウ）は今も食用には供されない。しかし「欠配」時には、県外から来ていた炭焼に従事する人たちが採集するのを見て食べられることを知り、食べた人もあった。またニオ（オオハナウド）も道路工事に来ていた人夫らが食べるのを見て可食性があることを知ったという。

春の山菜でタナボ、シドケ、ウド、ウルイ、アイヌネギ（ギョウジャニンニク）などは、山から掘ってきて畑の隅に植えている家もある。しかしこのように山菜を畑に植えることは、「欠配」時にも、それ以前にもなかった。

表5　夏の野生食用植物の利用（岡、1996より）

和　名	方　名	利　用　形　態
アカザ	アカザ	欠配以前から利用、保存せず
ウワバミソウ	ミズ	欠配以前から利用、保存せず
エゾノキツネアザミ	ハナグサ	欠配以前から利用、時に乾燥保存
オヤマボクチ	モチケェバ／ヤマゴンボ	欠配以前から利用、乾燥保存
ゴボウ	ヤマゴンボ	欠配以前から利用、保存せず
スベリヒユ	ビョー／ビュー	欠配以前から利用、保存せず
タモギタケ	ワケェ	欠配以前から利用、保存せず
ナワシロイチゴ	バライチゴ	欠配以前から利用、保存せず
未同定	キンギョグサ／カワグサ	救荒時利用と伝承
フキ	フキ	欠配以前から利用、乾燥保存、塩蔵
モミジイチゴ	ムギイチゴ	欠配以前から利用、保存せず
ユキノシタ	イドグサ	欠配以前から利用、保存せず

❖夏の食用動植物

おもに夏に採集される食用植物・菌類は、春や秋に比べて非常に少ない。表5には一二種をあげたが、これもミズ（ウワバミソウ）、フキ、ワケェ（タモギタケ）などは早い場所では五月ころから採れる。ハナグサ（エゾノキツネアザミ）も春から夏に、アク抜きしてモチに入れて食べるし、モチケェバ（オヤマボクチ）も夏から秋に採草地から牛の飼料となる山草を刈る際に採集し、乾燥保存して草餅に入れた。このように、採集される時期が夏に限定される食用植物は少ない。

そして「欠配」のころによく採集されたのは、フキとウルイである。フキもウルイよりは頻度が少なかったものの、ゆでてきざみ、時に雑穀などと混ぜて、あるいはそのままキナ粉をかけて主食の代用に食べることがあった。こうして「欠配」の夏にも特別な救荒食はなく、いつも食べている食用植物を、量的にも質的にも高度に利用することにより、村人はオオムギの収穫までの苦しい期間をしのいでいた。

表6　秋の野生食用植物の利用（岡、1996より）

和　　名	方　　名	利　用　形　態
オオウバユリ	イベーロの根	欠配以前から利用、まれに澱粉で保存
オニグルミ	クルミ	欠配以前から利用、乾燥保存
カシワ	カシワギ（堅果をシタミ）	欠配時に利用、保存
ガマズミ	ゾメの実	欠配以前から利用、保存せず
キクイモ	ゴショイモ	欠配以前から利用、漬物
クズ	クゾ／クゾフジの根	一部で欠配時利用、まれに澱粉で保存
クマヤナギ	トンズラの実	欠配以前から利用、保存せず
クリ	クリ	欠配以前から利用、乾燥・砂埋保存
ヤマグワ	クワの実	欠配以前から利用、保存せず
コナラ	コナラ（堅果をシタミ）	欠配時に利用、乾燥保存
サルナシ	シタクチ	欠配以前から利用、保存せず
サンショウ	サンショの実	欠配以前から利用、保存せず
トチノキ	トチ	欠配時に利用、乾燥保存
ハシバミ類	ハシパミ	欠配以前から利用、保存せず
ブナ	ブナの実	欠配以前から利用、保存せず
ホドイモ	ホド	欠配以前から利用、保存せず
ミズナラ	ナラ（堅果をシタミ）	欠配時に利用、乾燥保存
ヤマノイモ	ヤマイモ	欠配以前から利用、保存せず
ヤマブドウ	ヤマブンド	欠配以前から利用、保存せず
ヤマボウシ	ヤマガァの実	欠配以前から利用、保存せず
ワラビ	ワラビネ	一部で欠配時利用、まれに澱粉で保存

現在もミズとフキはよく採集され、現金収入にしている人もいる。販売もされている。とくにフキの盛りの時期には、専業的にこれを毎日採る人もいる。フキは自家用にもかなり多く採集され、塩蔵して保存される。春のシドケやワラビと同様に、町住まいの兄弟や親戚への土産物にされ、喜ばれる山菜である。

またアカザ[*77]やビョー（スベリヒユ）、ハナグサのように畑の雑草として生えてくるものもある。アカザなどは夏の暑いころに生えてきてすぐに除草しないと実がこぼれやすい面倒な雑草である。しかし除草するなかから美味しそうな一部がゆでられ、味噌汁の実などになるのであり、「欠配」時にはとりわけよく利用された。

菌類でもワケェは、広葉樹の切り株や倒木に株で生えるキノコで、春から秋まで採集され、一部では販売される。ほだ木に栽培する人もいる。

写真97　安家川下流で投網をまく

夏の山菜でも、ミズを沢から掘ってきて植栽している家もある。またチョウボウキと呼ばれるフキの栽培品種やアキタブキを植えている家もある。しかしこれらの山菜の栽培化も春と同様、近年のことである。

六月にはカゲロウ類が川面を飛ぶようになり、水面を流して釣る毛針釣りが主流となる。また養蚕を経営した家では、繭のなかのカイコのサナギをエサに使うとよく釣れたという。端午（旧暦の五月五日）にはマスもザッコも一番美味しいとされている。しかしこのころには、魚たちは春先から釣り人たちの誘惑を受けながら生き延びてきたつわものたちであり、土地の表現を使えば「狡くなって」、そう簡単には釣れなくなる。

表7　秋の野生食用キノコの利用（岡、1996より）

和　名	方　名	利用形態
アカヤマドリ	モチタケ	欠配以前から利用、保存せず
アミガサタケ	ヤツカリ	一部で欠配以前から、保存せず
アミタケ	アミコ	近年になって利用、一部で保存
カラカサタケ	ツルタケ	近年になって利用、保存せず
キクラゲ	キクラゲ／ミミキノコ	欠配以前から利用、乾燥保存
キシメジ	キンタケ	近年になって利用、一部で保存
クリタケ	アカモダシ	近年になって利用、保存せず
コウタケ	バクロウタケ／クロキノコ	欠配以前から利用、乾燥保存、塩蔵
サクラシメジ	サクラシメジ	近年になって利用、販売が主
シイタケ	シイタケ	欠配以前から利用、保存せず
シモフリシメジ	ギンタケ	近年になって利用、一部で保存
ナメコ	ナメコ	近年になって利用、醤油漬、塩蔵
ナラタケおよびナラタケモドキ	ボリ／ボリボリ／ボリメキ カックイ／サモダシ	欠配以前から利用、塩蔵
バカマツタケ	マツタケ	近年になって利用、一部で保存
ハツタケ	ハツタケ	近年になって利用、保存せず
ハナイグチ	ヤクヨウダケ	近年になって利用、販売が主
ハナビラタケ	マツマイタケ	欠配以前から利用、保存せず
ブナハリタケ	カヌカタケ	近年になって利用、販売が主
ホウキタケ	ホウキモダシ	近年になって利用、販売が主
ホンシメジ	シメジ	欠配以前から利用、乾燥保存、塩蔵
マイタケ	マイタケ	欠配以前から利用、乾燥保存、塩蔵
マスタケ	マスタケ	欠配以前から利用、塩蔵、漬物
マツタケ	マツタケ	欠配以前から利用、乾燥保存
ムキタケ	ハンドウゴ	欠配以前から利用、塩蔵
ヤマブシタケ	スシベグリ／ウサギコダケ	欠配以前から利用、保存せず

❖秋を食べる

秋はその種数からいっても、もっとも食用植物・キノコが豊富な季節である。ここでは、表6に食用植物二一種を、表7には食用キノコ二六種を記載した。前者のうち果実や種子を利用する食用植物が一五種、根茎を利用するものが六種あった。

果実・種子類では、クルミ（オニグ

写真98　かつては魚毒漁にも用いられたクルミの外皮を搗いて取り除き、川で洗う

ルミ）やクリは現在も採集され保存されている。とくに集落周辺の川岸に並ぶクルミの木はだいたい所有者が決まっていて、その木からクルミを採集する。一部では味や殻の厚さなど、その家の好みに適合した実を選び、それを発芽させて植えることもおこなわれている。

しかしもちろんドングリは欠配以降は利用されていない。また、ゾメ（ガマズミ）、トンズラ（クマヤナギ）、クワ（ヤマグワ）、シタクチ（サルナシ）、ハシパミ（ハシバミ類）、ブナ、ヤマガァ（ヤマボウシ）などの木の実も子供のおやつとしての利用が中心だったので、現在ではあまり食べられていない。ただヤマブンド（ヤマブドウ）の果実は、現在もジュースの原料として販売されており、数年に一度のナリ年には、これの採集に専念してかなりの収入を得た人もいた。

根茎類では、クゾやワラビ根は欠配時でも利用した人はごく一部であったが、それ以前のかつての救荒時にそれを用いたという伝承はすべての人が知っていた。またそのアク抜き法などもだいたいは、知識として聞いていた。ただしこれらの根茎は、ハナ（デンプン）が多い太い根がある場所は限られており、また飢饉の年でなければハナは入らないとも伝えられていた。イベーロ（オオウバユリ）、ホド（ホドイモ）、ヤマイモ（ヤマノイモ）は「欠配」以前から用いられており、現在でもごく一部の人は山で見つけると掘ってきて食べる。近年になってだが、ホドやヤマイモは畑に植えている人もいる。

また川の魚類は産卵期に入るとエサを食わないため、この時期をはずして釣った。しかし味の点では夏のものよりも劣っていた。

❖食用キノコの利用とその変化

キノコが発生する時期は重複し、また気候や植生の条件によっても変わってくるので、はっきりとらえられていない。しかしマイタケは二百十日ごろから、マツタケは彼岸あたりからアミコ（アミタケ）の出るのとほぼ同時に、またバクロウタケ（コウタケ）や、ハンドウゴ（ムキタケ）、シメジ（ホンシメジ）は一番遅いといった大雑把な目安は持っている。しかし採集量はその年の気候条件によってかなり変動があり、山菜ならば山へ行ってまったく採れないことはないが、キノコでは何も取れないこともある。

山菜と異なり家によって保存・貯蔵しているキノコにはバラエティが見られる。もっともよく保存されているのはボリ（ナラタケおよびナラタケモドキ）とマイタケで、以下ハンドウゴ（ムキタケ）、シメジ、バクロウタケ、アミコ、マツタケ、ナメコ、シイタケ、キクラゲの順であった。調査した坂本集落の一〇戸では平均三・六種類のキノコが塩蔵されており、多い家では七種類のキノコを保存していた。

現在販売されるキノコは、ボリ、マイタケ、ハンドウゴ、シメジ、バクロウタケ、アミコ、マツタケ、バカマツタケ、ナメコ、キクラゲ、ヤクヨウダケ（ハナイグチ）、サクラシメジ、ホウキモダシ、カヌカタケ（ブナハリタケ）などで、薬用にはサルノコシカケが売れる。キノコが商品化されるようになったのは、「欠配」以後のここ二十数年のことで、それまではたまに、マツタケやシメジをごく少量買いに来る程度だった。

「欠配」以前から採集されていたものは、表7にあるように、モチタケ（アカヤマドリ）、ヤツカリ（アミガサタケ）、キクラゲ、バクロウタケ、シイタケ、ボリ、マツマイタケ（ハナビラタケ）、シメジ、マイタケ、マスタケ、マツタケ、ハンドウゴ、スシペグリ（ヤマブシタケ）の一三種である。これ以外の一二種のキノコは、その後キノコを買う業者や、出稼ぎでの見聞、図鑑、テレビなどによって食べられることや、販売ができることを知り、採集するようになったものである。なお欠配以前からの食用キノコが一三種、近年の食用キノコ一二種で表7の食用キノコ種数の合計と一致しないのは、和名ナラタケとナラタケモドキの二種のキノコを方名ではボリ一種に

表8　食用哺乳類・鳥類の利用（岡、1996より）

捕獲時期	和　名	方　名	捕獲方法
冬	キジ	キジ	針金ワナ、鉄砲
冬	ツキノワグマ	クマ	鉄砲
冬	ニホンカモシカ	アオシシ	鉄砲、ワナ
冬	タヌキ	クセ	鉄砲
冬	アナグマ	マミ	鉄砲
冬	ノウサギ	ウサギ	針金ワナ、鉄砲
冬	ホンドリス	リス／キネズミ	針金ワナ、鉄砲
冬	ムササビ	バンドリ	鉄砲
春	キジバト	ヤマバト	鉄砲
四季	スズメ	スズメ	ヒラ（ワナの一種）

分類しているからである。また「欠配」の時期にも、キノコは採集量も採集種数も増加しておらず、救荒食としては用いられなかった。むしろ種数でいえば、近年よりも「欠配」時のほうが少なかったのであり、食用キノコがあっても利用されていなかったということになる。

❖ドングリ利用の復活

秋には救荒食となるものが多く、ドングリやトチなど効率よく収穫できて保存も容易なものがあるのがひとつの特徴である。なかでもドングリが「欠配」の時代を支えたもっとも重要な食料であったのは、前節で述べたとおりである。

「欠配」以前もドングリは利用されていたが、昭和一〇（一九三五）年ころから安家でも製炭が盛んになり、現金収入を得やすくなった。これにより、雑穀やコメの購入が容易になり、ドングリの利用はごく貧しい農家に限られるようになっていった。ところが、戦時統制により主食の購入が困難になり、敗戦後は配給も滞りがちになって、ドングリの利用が多くの家で復活した。当時は家族数が少なく、とりあえず畑の収穫物で自給できた家も、先々を案じて一緒に山へドングリ拾いに行ったという。しかし当時ドングリを拾った国有林の山も、現在では伐採され残っていない。

ところで、ドングリを主食がわりとして利用したのは、おもに冬から早春であるが、聞き取りではその理由としてこの期間は厳しい労働がないという点が強調される。秋に収穫された雑穀類は畑や山での厳しい労働が続く夏のために貯蔵していたというのである。「それを食わなければ力が出ない」いわば真の主食であるが、一年を通じての自給量には足りない雑穀類を夏に食べるために、冬から早春のドングリの利用があったといってよい。

❖冬の食用動物

冬期間に利用可能な食用植物はほとんどない。しかし狩猟活動は、猟期がある冬に本番を迎える。

表8におもな食用の動物を示した。なかでもよく食料にされたのは、ウサギ、バンドリ（ムササビ）、リス（ホンドリス）、クセ（タヌキ）、マミ（アナグマ）などであった。とくにバンドリとリスは美味しいものとされ、バンドリはジャガイモ、ダイコン、自家製豆腐を凍結乾燥させた凍み豆腐などとともに味噌味で煮込んだ鍋物で食された。リスはまるごと串に刺して塩焼きすると香ばしく、噛んでいるとほのかにクルミの味がした。

写真99　クマの魂を西方浄土に届けて成仏させるクマ送りの儀礼　© 安家プロジェクト

二月ころから四月の初め、雪解けで増水がはじまる前までは、氷を割りマルッポと呼ばれる離頭式の逆さ鉤のヤスで、川岸近くの澱みに重なっているまだ動きの鈍いイワナやヤマメを突く漁がおこなわれた。この時期の魚はまだ痩せていてあまり美味しいものではなく子供が遊びで捕っていたが、食料が不足した時期には蛋白源として貴重であった。

実際には雪の少ない年の冬にワラビやクズの根茎が採集されたことが古文書にみられるが[*78]、これはごく特殊な例であり、おもに春か秋に採集されたと伝えられている。

❖山野に求められたもの

このように季節的に見ると、動植物から得られる食料資源は、春と秋に大きく偏っていることがわかる。これを平均化するために、乾燥保存や塩蔵の技術が用いられてきたのである。そして「欠配」時にとくに食料が欠乏した春から初夏には、山菜や根茎類とともに秋から乾燥保存された堅果類が大きな役割を担っていた。

ところでこの「欠配」時に用いられた山野の救荒植物の利用は、この時代に限られたものではない。岩泉町の元文三（一七三八）年の古文書にも、当時の農民の平常食として、畑作物と合わせて、「楢の木の実、葛の根、わらびの根、ふき、うるい」が記録されている。[*79] こうした歴史的深度を持つ民俗植物学的知識が、「欠配」時にも生かされていたと考えられる。

それにしても、安家の人びとは山野にある可食性のある植物をすべて利用していたわけではない。「欠配」以降に人から聴いたり、山菜やキノコの図鑑を見るようになって、食べられると知ったとされるものがかなりある。むしろ食用に供される植物や菌類の幅は、「欠配」時よりも広がっている印象がある。彼らはなぜ、安家の自然が持つ可食植物の潜在力をすべて引き出そうとしなかったのだろうか。

昭和三〇年代まで水田がほとんどなくコメが自給できなかった安家では、基本的には雑穀が主食で、あとはその家の経済力によって購入したコメが加えられた。雑穀食の場合、ヒエとオオムギあるいはアワ、キビ、アズキ、トウモロコシなど数種の穀類を混ぜ合わせた二穀飯、三穀飯が主食となる。そして食料が不足すると、これらにダイコンやその葉やカブなどを混入して増量したカテ飯が食された。また粉食への加工も盛んで、キビ粉やソバ粉、コムギ粉、ジャガイモを凍結乾燥させた凍みイモの粉などを湯で練って焼いたものはモチと呼ばれ、食用に供された。正月にはアワのモチが搗かれた。そしてこれらの増量には、畑の雑草であるハナグサや、モチケェバ、ユムギの葉が用いられた。

彼らはあくまで食用植物を、主食である雑穀やコメのご飯（粒食）やモチに似せた食品に作ろうとした。そのために腹もちのよいドングリを砕かないでアク抜きしたり、ウルイやウドを細かくきざんだり、カヤの根の粘りにヨモギを混入したり、ワラビやクゾのデンプンでモチを作ろうとした。だからこうした主食的態様にしにくい、たとえばタンポポなどの野草や、キノコなどは、可食性はあっても利用されなかった。そうした副食になる食用植物の利用を拡大する努力はあまりなされていない。何でもいいからとにかく食料となるものを得ようと努力していたのではなく、彼らにはまさに彼らの考える主食というものがあり、それを増量できたり、類似したものが作れる食用植物を選択的に利用していたのである。

しかも力の出る雑穀の主食を労働の厳しい季節に摂取したいという思いがあって、その不足を補うドングリなどの代用食を山野に求めていたのである。ここには彼らの食料観、栄養観とでもいうべきものが反映しており、その枠組みに応じて自然から必要なものを選び取り、加工していたといえよう。

それにしても安家という山村の現実に目を転じる時「欠配」に二人の子を亡くした母でもある村人の言葉は、もう一度自然との共生とは何かを考えさせる。

「またあんなことが来ねぇばいい。来れば今度はみんな死ぬんだ、シタミの木も切られたんだすけぇに」

第Ⅲ章 焼畑の生業誌

◈森を拓く

1 恐慌知らずの山村

❖折口信夫、農村恐慌下の北上山地をゆく

昭和六（一九三一）年といえば、前々年からの世界恐慌の直撃を受けて繭や農産物の価格は暴落し、さらに東北・北海道では作柄が平年の三分の一という冷害・凶作に見舞われていた。当時の新聞には、「娘の身売り」「餓死を待つ」といった見出し[*80]が躍り、いわゆる農村恐慌の悲惨さが大々的に報道されはじめていた。

この年九月二日、折口信夫[*81]は前年に続いて岩手県の北上山地の山村、安家村（現岩泉町）を訪れた。前年は遠野から佐々木喜善[*82]が同行している。この時の路程は、遠野から岩泉までの峠越えをはさむ八里の道程を雨のなか一日で歩き、さらに翌日は四里の山道を安家へ越え、次の日はまた五時間半をかけ三つの峠を越えて五里先の野田に抜け、その日のうちに自動車で久慈を目指す、「歩行の人[*83]」折口ならではの採訪行[*84]だった。北上山地の山ひだを縦走する折口の健脚に、佐々木は安家へ向かう途上でへばってしまい、「足よわで話にならぬ」

と折口を嘆かせた。

折口はへばった佐々木を路上に置き去りにし、そのまま次の調査地を目指して歩き続けたのだった。[*85]それでもこのときの採訪は、折口にとって満足のいく実り多きものであり、またナモミ（ナマハゲに類似した小正月行事）の面を、おそらく安家で入手している。

このこともあってか、折口はこの年は単独で、しかも今度は安家川の上流集落・坂本に入る葛巻からのルートで再び安家を訪れた。この鈴峠を越える道は現在も、県道とは名ばかりの車がすれ違える場所も少ない狭い未舗装の道路で、冬期の四カ月は積雪のため閉鎖となってしまう。[*86]地元の人も牛の放牧地に行く時以外はあまり使わないルートである。折口は葛巻の荒沢口で自動車を降り、当時はもちろん車も通れない旧道を、峠を越え、安家川にかかる一本橋を右に左に渡りながらの六里の道を歩いた。

翌日、折口は安家から留守宅へ封書を送っている。そのなかでは、荒沢口の神社で元禄ごろの古い絵馬に混ざって役者絵や大津絵があったことから浮世絵の発祥について考えたことや、家の庭でえさを食べている家鴨に近づいたらそれが鴨で飛び去ったこと、三尺もあるマムシが草につながれていたので頭をつぶして殺したこと、アズサの木[*87]らしきアンツァ（和名オノオレカンバ）を見つけ、その枝を送ったことなど、わりと長く書き綴っているが、新聞報道のような凶作で餓死寸前という村の様子はまったく描かれていない。

❖娘の身売りも恐慌もなかった

実際、私自身の調査のなかでも、「これまで一番食べるのに困ったのはいつでしたか」と聞くと、多くの話者は戦後の「欠配《けっぱい》」と呼ばれる昭和二〇年から二五年ごろのことを語りだす。重ねて「昭和のはじめに凶作で食糧が不足したことはなかったですか」と聞くと、「多少は困ったかもしれないがあまり記憶にない、欠配の時には供出制度で作物をとられながら配給の食糧が来なかったので本当に困ったが、昭和のはじめにはまだ供出はなかったから」と答えが返ってくる。十数年を経てかなり親密になった数人の人びとに「ほかでは娘を売ったなんて話もあるようですが」とさらに問うても、「この村ではそんなことは聞いたこともない」と誰もが答え、「本当にそんな村があったのが？」[*88]と疑う人もいる。ほかの研究者もこの地域において、昭和はじめの農村恐慌が記憶されていないことを指摘している[*89]。

農村恐慌の十数年前になるが、この村の富裕層では、凶作時に盛岡周辺の水田稲作村から養えなくなった幼い姉妹を引き取り、奉公人として育てて嫁に出す支度まで面倒をみた、という話もあり、農村恐慌当時も多くの奉公人が働いていた。我が子を豊かな家で奉公させることは修養になるとする考えがあり、また娘は嫁入り支度までしてもらえ、嫁ぎ先もおおむね自作農に決まったので積極的に奉公に出す人が多かった。しかしそれはあくまで地域内での奉公であり、むしろ地域外からも育てられない子どもが奉公に来ていた。このような富裕層による過剰人口の吸収システムも、娘を売らざるをえない事態を緩和していたのであろう。とにかくこの地域には、報道されたような昭和の農村恐慌はなかったのである。

「娘の身売り」とともにこの昭和の農村恐慌の報道でセンセーショナルだったのは、「凶作地に餓死迫る」「牛馬のような食物で露命を繋ぐ」といった、深刻な食糧不足と、通常の食品以外のものを食料とせざるを得ない緊急的な状況を強調した見出しだった。それはたとえばコメの代用として雑穀を食べているということや、山野の植物を加工利用して食料にする救荒食であったわけで、今では死語となった欠食児童という言葉もこのときに生まれたといわれている。

ドングリが主食の代わりになっていることも、大きく取り上げられた。

当時ドングリを食べていたことについて村人に聞けば、「それは別に凶作のときだけ特別に食べたわけではなく、昔から食糧が足りなければ食べた、一年分の食糧を自分の畑の収穫で自給できる人はまずいなかった」と言う[*90]。実際、昭和一〇年代に農業経済学者が調査した結果、当時の村内食料自給率は約五割でしかなく、水田は

写真100　ドングリのアク抜きの再現をしていると聞いて集まってきた老婆たちが昔語りをはじめる

全村で五反しかなかったから、豊かなときは雑穀やコメを外部から買い入れ、そうでなければドングリを秋に四石、五石と多量に拾い集めて貯蔵しておき、主食の不足を補うのは、ごく普通の暮らし方であった。

筆者の試算では、四石のドングリは、当時の平均的な家族が約三カ月の間食べていける栄養量を持っている。

ドングリのアク抜き食品は加工後には腐りやすく、また夏の厳しい労働が続く時期にはより力が出る穀類を食べたかったから、ドングリは冬から春にかけて食べられていた。多くの耕地面積が少ない家や、家族が多い家ではこうしたドングリの利用が一年の食と稼ぎのなかに組み込まれていた。とくに昭和の農村恐慌時に限ったことではなく、それがこの地域での地場のものを最大限活用した、昔ながらのあるがままの暮らしだったのである。[*91]

当時の新聞の農村恐慌報道は、少なくとも北上山地の山村については、日本人の主食はコメであるという固定的な観念から、それ以外のものを主食とする暮らしへの偏見と農村恐慌を強引に結びつけた結果生まれた記事だったのである。そしてこのときに強調され、増幅された「暗く、貧しく、飢えた東北」というイメージは、また戦後、高度経済成長下においても「日本のチベット」などといったキーワードとともに再利用される。[*92]

❖主食となる雑穀の確保

それでは折口が見た、恐慌の影響がみられないムラの生活を支えていたのはドングリだけかというと、そうではない。もうひとつの重要な生業が、里の常畑の収穫では足りない分を補う焼畑であった。

東北の焼畑について考えるとき、無視できないのが山口弥一郎[*93]と佐々木高明[*94]、野本寛一[*95]の三名の先達である。山口弥一郎の『東北の焼畑慣行』[*96]は、まさに足でていねいに稼いだ仕事である。その東北の焼畑経営の現場をくまなく歩いて調査した資料は、昭和初期のまだ焼畑が盛んにおこなわれていた時代の記載として大変貴重である。筆者が岩手、青森の両県を踏査し、復元的な調査をするなかでも山口の資料は非常に正確であることが実感でき、さまざまな点で参照させていただいた。

佐々木の著書『日本の焼畑』[*97]は、統計資料とアンケート調査および現地調査から得られた資料を駆使して、日本全国の焼畑の特性を明らかにし、それを類型化して比較研究した、日本の焼畑を考える上でもっとも基本的な文献である。このなかで佐々木は東北の焼畑を大きく「アラキ型焼畑」と「カノ型焼畑」に類型化している。それによれば、カノ型焼畑は奥羽・出羽山地から上越・頸城山地にかけてみられ、春播きの主穀作物の栽培よりもソバ・ダイズ・カブなどの栽培に重点をおき、輪作期間は比較的短く、一般的な焼畑経営と同様に耕起・畝立・施肥などの作業はおこなわない、アラキ型焼畑と比べれば粗放的で、水田の補助耕地的な性格を持つ焼畑である。これに対してアラキ型焼畑は、北上山地を中心に春播きのダイズ・アワを主作物とし、輪作期間がきわめて長く、他地域に類例を見ない耕起・畝立の作業と施肥を伴う、集約的な焼畑である、と特徴づけている。

山口の調査によれば、安家には二一〇町歩の常畑と一三〇町歩の切替畑、つまりアラキがあった。[*98]当時の農家戸数は約二〇〇戸であるから、一戸あたり約一町歩の常畑と、六・五反歩の焼畑を持っていたことになる。この数字から当時の食糧自給の様相を試算してみよう。

この地域における昭和はじめごろの基本的な主食は、二穀飯と呼ばれるヒエとオオムギを混ぜたご飯であり、ヒアリングによれば当時の平均的な家族数七、八人の家で、日に三回これを食べるとすると、一日に精白したヒエ二升、精白したオオムギ一升を用意しなければ足りなかったという。より多く必要なヒエに着目して計算していくと、一日に精白ヒエ二升だから、一年間では精白ヒエ七石三斗が必要で、精白するとヒエは三分の一に減るため、畑の収穫としてはヒエ二一石九斗がなければならない。明治四四（一九一一）年から昭和一二（一九三七）年までの安家の主要作物の平均収量をみると、ヒエは反当り一・三八石であった。

❖北上山地山村の二年三毛作による常畑経営

北上山地の山村では二年三毛作といって、一年目の春にヒエを播いて、秋の収穫後にオオムギを植え、翌年の春に麦の畝の間にダイズを作付けて、二年間で三種の作物を取る農法が一般的であり、安家でもそうだった。

この畑作方式は、自然木を加工したフミスキという農具によって、春に畑を耕起するところからはじまる。焼畑の耕起時にも、このフミスキを頑丈に太く作ったアラキスキが用いられる。この地方で「一人役」とは一日にフミスキで耕起できる畑の面積を意味する。これを起こせることが、一人前の大人である証にもなっていた。このように人の評価の基準に用いられるほど、春の畑のフミスキでの耕起は、北上山地の暮らしのなかで重要な位置を占めていた。畑の畝やその周辺の土は、フミスキによる耕起のあとも細かく管理される。

二年三毛作ではフミスキやトウガで畝が幾度も反転され、畝の頂部や側部がそれぞれの作物の栽培に利用される。非常に細やかで集約的な管理の下で、この地方の二年三毛作は成立していたのである。

輪作形式には、一年目のヒエがアワやキビなどほかの雑穀に変わったり、オオムギのかわりにコムギが作付けられたり、ダイズのところがアズキになったり、やせた耕地では秋作を抜いたり、さらにやせた山際の畑ではソバの一年一毛作となったり、といったバリエーションがある。

この二年三毛作でこの一年に必要な穀類を収穫することを考えると、単純にヒエとオオムギとダイズだけを栽培すると仮定して、一戸の農家の所有する畑には、春には、畑の半分に輪作一年目のヒエが、残り半分には二年目のオオムギとダイズが植えられていることになる。もちろんこれは粗雑な議論であり、実際は菜園やアサ畑、ソバしか播けないやせた畑などもあって過大な設定であるが、とりあえずこれで計算してみても、ヒエを反当り一・三八石の収量で二一石九斗得るためには約一町六反歩の畑が必要になる。畑全体では同じ広さの二年目の輪作をおこなうオオムギとダイズを作付ける畑もなければならない。つまりその二倍の耕地面積がないと二年サイクルの輪作が成立しないから、約三町二反歩の畑が必要だったことになる。またこの地方で多かった刈り分け小作農家の場合は、収穫物の半分は地主に取られるから、さらにその倍の耕地面積が必要になる。もし焼畑がなかったら、常畑だけの面積ではまったく自給分に届かなかったことは明らかである。

オオムギについても同じような試算をすると、オオムギは精白すると約半分に減るため、一年分の食糧に必要な収穫量は、七石三斗であり、ヒエと同様の時代における平均反当収量は一・六二石であったから、五反歩弱の栽培面積があれば事足りる。よって通年二穀飯を主食にしたと想定した場合、オオムギの年間必要量の確保はさほど難しくなく、ヒエ、それに代わるアワなどの雑穀の確保が大きな問題であった。これから詳しく述べるが、この地方の焼畑では、六年の輪作でも四年の場合でもそのうちの半分の年次ではアワかヒエが得られる。やはり通年の食糧を確保するためには、焼畑固有の特殊な作物ではなく、常畑と同じ主食となる雑穀が生産できるこの地方の焼畑の存在は大変重要であった。

まずもっとも詳しい話を聞くことができた、岩泉町安家地区年々集落の焼畑の事例について述べていこう。[*99]

❖岩泉町安家地区年々の焼畑の事例

年々は、安家地区の下流域に位置し、普代村と境を接している。なおこの調査では、焼畑の各作業の労働量[*100]についても聞いた。

年々集落での焼畑は、すべて自家の所有する山林で経営された。年々は図4のように周囲を国有林に取り囲まれた島のように立地しており、私有地は限定されている。多くの家が、その私有林の二〜三カ所に焼畑用地であるソーリ[*101]を持っており、国有林内に飛び地として所有する例もあった。このなかから、休閑期間や土壌条件を

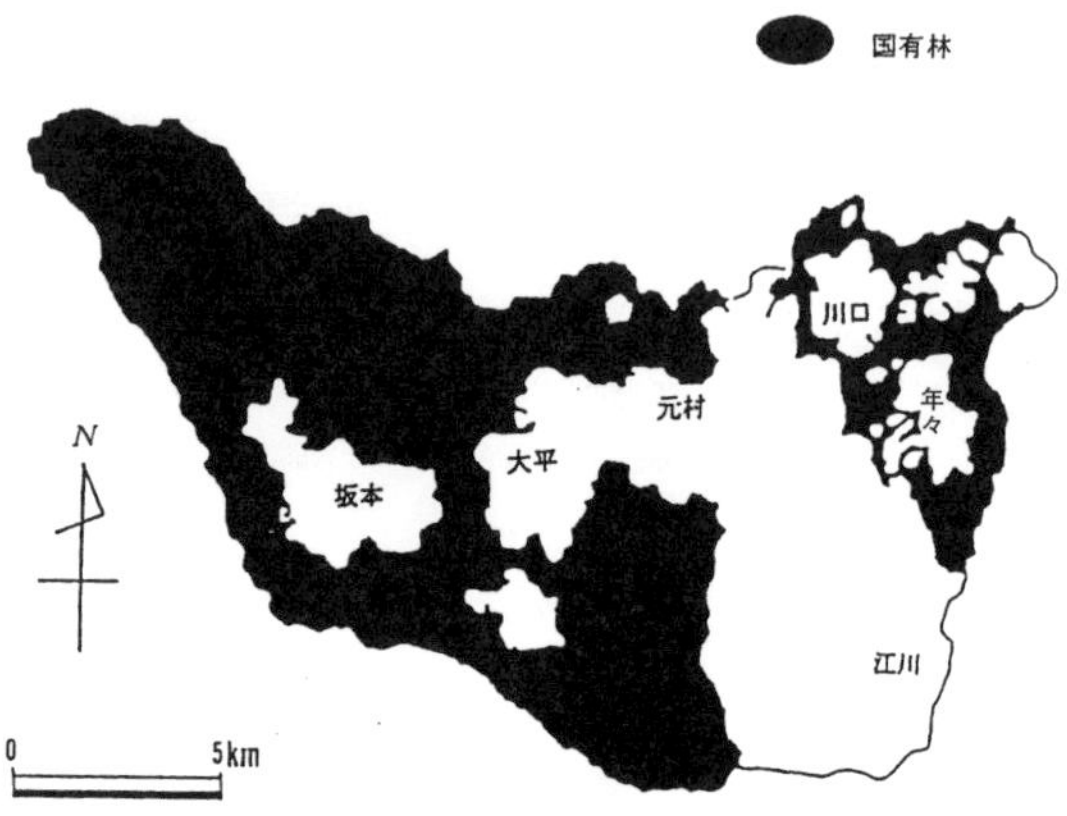

図4　安家における国有林の分布（岡、2008より）

勘案して、焼畑が造成された。しかし、明治初めの山林の官民有区分以前には、もっと自由に好きな場所を焼畑にしていたといわれている。

とくに村の人がワヤマと呼ぶ集落から一時間ほど山道を登った場所には、年々集落七戸分[102]の土地が、二〇町歩ほどまとまってあった。ここは、ヤマクワ[103]やハンノキが優占する植生になっていた。

アラキはまず伐採からはじまる。伐採は、前年度の六、七月の入梅のころに、ヤマクワ、ハンノキが優占する植生を持つアラキの耕作予定地に赴き、それらの木を切って、その後一年を通じて乾燥させておく。入梅の時期に伐採するのは、これ以降は新たには耕作予定地に草木が生えにくいからだという。

伐採の際には「コマギノコ」や「マエビキノコ」を用い、地上一尺ほどを残して切る。この切り株は朽ち果てるまで、耕地に点々と残ったままになる。アラキはたいてい毎年、二反歩程度ずつ開墾していったが、二反歩のアラキの木々を伐採するためには、表9で示したように三〜四人で一日分の労力を必要とした。

翌年は六月ごろ、里の畑の播種が終わってから、アラキの「ジゴシラエ」にかかる。まず伐採し乾燥させた木を六〜八カ所（二反歩あたりで）にまとめ、草を刈り払って火をつけ燃やした後、灰を播き散らす。この作業は四人で三日分の労働量にあたる。そしてここまでの[104]作業は、家内の労働力でまかなわれる。

こうしてジゴシラエが終わると、次にはフミスキでアラキを耕起し畝を立てる「アラキオコシ」をおこなう

表9　安家のアラキ耕作に要する労働量（岡、2001より）

労働内容	労働力（反当人数）
伐採	1.5～2人
ジゴシラエ	6
アラキオコシ	4～6
播種	2
除草	4.5

写真101　アラキスキは焼畑で耕起・畝立に用いられたフミスキである（岩泉町民俗資料展示室所蔵）

写真102　常畑の除草や中耕で用いられるシャクシで、コジャクシとも呼ぶ

が、このときに用いられるスキは「アラキスキ」（写真101）といって、普通の里畑に用いられるスキよりも厚く、重く、頑丈なものであり、どこの家でも男があつかった。ちなみにこのフミスキのスキガラ[*105]はどこの家でも、フミスキを作れるような枝ぶりの堅い樹種[*106]を探して切ってきて、自分で加工して作った。

アラキオコシについてはユイトリ[*107]で経営された。アラキスキを踏む男と、シャクシ[*108]（写真102）で根を抜いたり、畝を整形したり、ササを切ったりする女との、男女一名ずつペアが、四～六組並んで少しずつ前後しながら、耕起、畝立、整地の作業を進めていく。このとき女性が用いるシャクシも、カヤの根を抜いたりするために、里畑のものより首の部分を強くしたものを使用した。

この作業は、一連のアラキ経営をめぐる作業のなかでももっとも苛酷な労働であり、カヤやハギの多いところでは二反歩を五組・一〇人の共同労働では一日で作業を終わらせられず、表9に示したように比較的草木が少なく楽な場所でも四組・八人で起こすときはよほど全員が力を入れなければ一日では終われなかった。

この時期には連日、今日はこの家、明日はどこの家とアラキオコシが続くため、厳しい労働に痛む体をいたわり、助け合いながら各戸のアラキオコシを一日ごとにこなしていった。また濁酒を飲んで元気を出しながらこの作業をこなしたという人もいる。

家によってはアラキを起こす場所にワラビの根が張っていて、アラキオコシの副産物として掘り取ったワラビの根を叩いて潰し、袋に入れて幾度も水さらしをおこなってハナを取った。そのハナからモチを作って隣家におすそ分けする家もあったという。また、この地域は当時、南部牛の流れをくむ短角牛を飼う農家が多く、ほとんどの家がその冬期の飼料確保のため、山の斜面に毎年山焼きをおこなって管理する採草地を持っていた。欠配のころにはこの採草地がアラキオコシされることが多かったが、通常、採草地にはクズの繁茂する場所が向くといわれており、実際にそのような植生の場所が多かった。このため採草地のアラキオコシでは必然的にクズの根を掘り起こす結果になることが多く、このクズの根は水さらししてモチを作った話も聞かれた。ワラビやクズの根は救荒食として伝承されているところが多いが、ここでは救荒食の採取と焼畑の開墾が同時におこなわれている点が興味深い。

写真 103　毎年火入れされた採草地は美しい

さて次の播種は、また家内労働力により、おもに嫁と姑が二人で、二日程度でアズキかダイズを播く。表9に示したように播種後はハトなどの食害を防ぐこともかねて、二〜三日に一度は、一時間程度の沢道を登ってアラキの除草にいく。家によっては、アラキのなかを流れる沢水を利用してバッタを設け、臼を打つ音でシシオドシと同様にハトや獣類の食害を防いだ。

里畑の草取りはシャクシで二回取るのに対して、アラキの草は生育が良いので、手で三回取るため、表9に示したように二反歩あたり約九人の労働力を必要とした。そしてこれを怠りアラキを雑草だらけにしておくと、豆のサヤをノウサギに取られてしまうのだった。また、ヒエ、アワでは、除草とともに苗を「手が通る間隔で一本立ちするように」間引くのだが、これはかなりの経験と技術が必要で、収量にも重大な影響を及ぼすため他人まかせにはできず、各戸の熟練した姑、老媼クラスがこれにあたった。

　このような草取りも家内労働力でまかなわれ、各戸からアラキに出向くため誘い合って皆でいき、帰りも「家さあべー」[*109]と呼び合いながら降りてくる、楽しい作業だった。

　こうして初年度にダイズを播いた後、表10に示したように二年目はアワ（モチ性）、三年目はヒエ、四年目はソバを播き、これで一応終わりということになっていたが、さらに続ける場合には五年目アワ、六年目ダイズを播いて放棄する。アラキを放棄した場所はソーリと呼んだ。ソーリにするとまずカヤが生えてくるが、このカヤを刈り、木炭用のスゴを編み、屋根の葺き替えのための貯えとした。またソーリにキリの木を植える人がまれにいたが、これは焼畑の終了後ではなく、アラキオコシの時点で植えることが多かった。ソーリからまたアラキにするまでの休閑期間は、伝承では六年と伝えられていたが、実際にはさらにもう数年休ませないと土壌条件が回復しなかった。

表10　安家のアラキにおける輪作順序（岡、2001より）

年　次	作　　物
1	マメ（大豆）、アズキ
2	アワ
3	ヒエ
4	ソバ
5	アワ
6	マメ、アズキ

　また二年目のアワを播くときは、前年の畝にアワの種を播いて、シャクシで浅く覆土して土に入れるようにしたが、これを「クナダ」といった。アワはアラキの方が里の畑よりもできがよく、穂の長さが一尺二寸から八寸にもなり、二反歩弱から四石とったこともあったという。この収量[*110]は、常畑の平均反当収量の二倍近い値である。

　さらに三年目は、畝をスキで踏みなおして畝の高い所と低い所を入れ換えたのち、ヒエを播いたが、これを「オモガエシ」といった。ヒエは当時里畑では早生[*111]と晩生[*112]の二種類の品種が栽培されていたが、アラキでは晩生だが種のこぼれにくいアカピエのみが播かれた。ヒエもアラキで栽培したものは実入りが良く、ヌ

写真104　常畑のすみに掘ったボタアナからジキをくんで、ジキフリ（播種）の用意をしている（昭和30年代　©三上信夫）

カがほとんどなかった。

　四年目のソバの播種では、これまでよりも低い新たな畝を作って土用に播いたが、この畝の交換もやはりオモガエシと呼んだ。ソバの播種時期は、アラキのソバは土用に入る三日前に播き、里畑では土用の中日が適期とされてきた。ソバの播種についてのみは、四年目でだいぶ土地もやせてくることもあって、施肥がなされた。これは木灰をフネと呼ばれる丸太をくりぬいた容器に入れて、小便を混ぜ合わせて一カ月ほどねかせ、播種が近くなったら天日乾燥し、播種前日にアラキのすみに掘ったボタアナ[*113]に入れておく。この肥料をアクジキまたは単にジキと呼んでいた。播種当日は、午前三時半ごろからアラキに出かけ、アクジキに種を混ぜ合わせて播いた（写真104）。

　このほかに、前述の主作物を播きながら、畝間にトウモロコシを植え、あるいは焼畑の隅にジャガイモ、カボチャも植えたが、いずれも里畑のものよりも甘味があり、ジャガイモではハナの量も多く、おいしかったという。

なおこれは重要な点だが、アラキで栽培される作物は雑穀を含めてすべて常畑で栽培している作物と同じ種子を使っており、焼畑特有の作物といったものはない。そして収穫はすべて自分の家で食べる自給用で、外部に売ることはなかった。

　このようにして経営された安家の焼畑は戦後の欠配の時代に大々的に復活し、最盛期には一町二反歩を耕作した家もあったが、四〜五年経つと物資も豊富になってきて、アラキはソーリに戻っていった。しかしなかにはアラキオコシが、戦後に復活したのではなく、たどりうる過去から営々と続けられてきた生業だった家もある。そしてアラキの経営適地はソーリとして記憶され、七年ケガチ[*114]にも収穫があった土壌条件の良い場所、といったように伝承されてきた。北上山地の多くの山村では明治初期の山林の官民有区分の際に、税負担を恐れて多くの山林を国有林に編入しているが、年々集落で国有林内にワヤマと呼ばれる焼畑用地が確保されてきた理由のひとつは、天保の七年ケガチにも作があったからだったと伝承されている。人びとは天保にも昭和にも、飢饉・食糧不足の危機に同じ対応でしのいだということであり、アラキオコシは江戸時代から持続的に有効な生存のための技術だった。

❖商品生産型の焼畑と自給型の焼畑

全国的に見て、日本の焼畑は商品生産と結びついた形で経営されていた例が多い。[*115]九州や四国などの西南日本の山村では、焼畑は山茶や楮、[*116]三椏[*117]の生産の場であったし、北陸などの中央日本の山村では、生業の中心であった養蚕の餌となるクワの木は、おもに焼畑の跡地に植林されていた。こういった地域での現金収入にもつながる焼畑はしばしば生計の主軸となり、その時期には隔絶した奥山に小屋掛けして焼畑に専従する形態をとる山村もあった。[*118]

しかし、東北地方のいわゆるアラキ型と呼ばれる焼畑の大きな特徴のひとつは、こうしたほかの商品生産と焼畑が結びついていない、という点である。

安家でのアラキ型焼畑では、耕地へのハンノキやキリ、マツなどの植林という商品生産が組み合わされる例がみられるが例外的な事例で、ハンノキは土質を肥えさせるためであり、キリなども大きな現金収入を生むものではなかった。

岩泉町安家地区年々の事例をみても、アラキ型焼畑はきわめて常畑経営と深いつながりを持ち、影響を受けていると考えられる。常畑生産での不足分を補完する食糧の増産を目的とした、自給的性格の強い焼畑であるということである。後に述べる筆者が調査した他の北上山地の山村では、焼畑で収穫した作物を商品化し現金収入源とした地域も確かにあった。しかしこれは自給分を確保した上での余剰生産物の販売であり、西南日本や中央日本の山村でおこなわれてきたような、商品生産そのものを目的とした生業として焼畑が経営されていた例とは明らかに異なっているのである。

2――岩泉町内に混在する二つの焼畑

こうして焼畑が、岩泉町安家地区の自給を支えるのに大きな役割を果たしていたことを、私はあらためて思い知らされた。またこの地域で焼畑が経営されていたのが昭和二五（一九五〇）年ごろまでだったということも明らかになってきた。調査をはじめた昭和六〇（一九八五）年当時、戦後すぐの時代に二〇、三〇歳代で焼畑の中心的な担い手だった方々は、六〇、七〇歳代になっていた。彼ら彼女らがまだお元気で話を聞くことができる今が、焼畑を調査できる最後のチャンスになるかもしれないと考えた私は、聞き取り調査による復元的な調査の限界を感じつつも、さらに岩泉町の他地区での聞き取り調査や、文献の調査を進めていった。

前節で、岩泉町安家地区の年々集落における焼畑についでは労働量まで含めて詳しく述べたので、まずは同安家地区の坂本集落の焼畑について述べることにしよう。

❖岩泉町安家地区坂本集落の焼畑

安家川最上流に位置する坂本集落には、平成二（一九九〇）年から一四年間住んでいた。だから坂本集落は、もっとも時間をかけ細かな調査をおこなってきたのだが、年々集落のような詳細で明確な焼畑の話は聞かれなかった。

年々集落以上に周囲を国有林に封鎖され、さらに私有林もその多くがごく限られた山林大地主の所有地になっており、山林所有面積が小さい家が多い。焼畑は、採草地周辺や私有の林地以外のヤブや草地でも経営され、年々集落のように各戸のまとまった焼畑用の場所が、山中にあるわけではなかった。[*119]

焼畑は終戦後の欠配時を中心に、ほとんどが一反歩以下の小規模な経営だった。栽培作物の輪作順序も人によって違いがあり、「好きなものを二〜三年播いて捨てた」といった表現をとる例もある。多くは初年度にアワかダイズを播き、あとはカボチャ、アズキ、ヒエなどを播いていたようである。畝は多くの場合立てたが、立てない例もあった。作物の収量は、やはりアワが良かったといわれる。焼畑を「アラキ」、その休閑地を「ソーリ」というのは年々集落と同様だが、「クナ」や「オモガエシ」といった言葉は聞かれない。

焼畑に適した私有地を持たないことが多く、耕作期間の短さ、輪作のあいまいさなど、その経営方法が明確でなく、バラエティが多いことから考えて、坂本集落の焼畑は一時的な救荒的な性格が強いものと思われる。

ただ坂本地区を含む上流の集落では、大正一五（一九二六）年に一例、終戦後に二例、国有林などを払い下げて開墾して新たに農家となっている。これらの農家も最初の開墾時には、生えている木を切って焼き、アラキスキで起こして畝を作り、一年目はアワ、二年目はダイズを無肥料で栽培し、三年目にヒエの種を肥料と混ぜて播いており、アラキの経営技術が用いられている。[*120]

写真105　採草地に見られる段は、かつて食糧難にクズの根茎を掘りデンプンを採取した後、焼畑を造成した痕跡だといわれている

❖安家地区の焼畑の特徴

安家地区の焼畑は、「アラキ型」焼畑の特色である、春播きで初年度ダイズかアワを播き、畝立・施肥をおこなっている。とくに年々集落につい

ては耕作期間が長く、休閑期間は短く、典型的なアラキ型焼畑である。労働力についてみれば、畝立に六～九人、除草を三～五回おこない、アワ、ヒエについては間引きもし、輪作の途中にも畝の切り返しをおこなう[*121]。表9にまとめたように多大な労働力を費やしていることから、これまでアラキ型焼畑についていわれてきた集約性が高いという特徴を裏づけることができる。

また年々集落と上流集落の比較から、同じ旧村内でもアラキ型焼畑の経営方法や伝承がよく残っている地区と、そうでない地区があることがわかる。その差は、各戸が私有のまとまった焼畑用地を確保して、必要に応じていつでも焼畑経営が可能であったかどうかにあるように思われる。明治初期の山林の官民有区分において焼畑用地を私有化したかどうかが、その背景にあると考えられる[*122]。

アラキの多面的な顔のひとつとして付け加えておきたいのは、アラキを起こす時点で、副産物としてクズ、ワラビの根茎が掘り取られ、水さらしによりアク抜きし、デンプンを取り出してモチに作り食用に供していた事例が、年々・上流集落を含む多数の地点であったことである。

クズ、ワラビの根茎は、山から掘ってきたあと、石や板の上にのせて槌で砕いて袋に入れ、フネやハンギリなどの木製容器に張った水のなかで袋ごとよく揉み、デンプンを沈殿させる。このデンプンを、上澄みを捨てて新たな水を加えてかき混ぜて沈殿させることを九回ほど繰り返してアク抜きをおこない、最後に沈殿したデンプンを乾かして保存した。食用に供する際には、水とともに煮沸して煮つめ、モチにしてキナ粉をかけて食べた。焼畑の造成が、救荒食の採取とセットでおこなわれていたという点で興味深い。食料が欠乏した際に、短期的には救荒食の採取でしのぎ、長期的には焼畑での食料の増産を図るという、両面での生存の技術となっているからである。かつての北上山地の山村が、ヤマセなどによる災害の被害がたびたび起こる飢饉・凶作の常襲地帯であったことは、よく知られているとおりである。

このようなクズ、ワラビの根茎類の採取は、多くは牛の冬期間の舎飼い飼料用の採草地でおこなわれた。安家地区では「クズが多いところは良いカッパ（採草地）」といいならわされており、採草地での救荒的な焼畑造成では、クズの優占した採草地が選択されている。[*123]

安家地区では昭和三〇年代までは、藩政期の南部牛以来の伝統でほとんどの家で牛が飼われ、そこで必要となる採草地を各戸が所有または借りて、営林署の許可を受けて火入れをおこない管理していた。逆にいえば、凶作・飢饉になれば救荒食を得ながら食糧を増産できる、危機管理の機能を果たす空間を、各戸が毎年火入れしながら維持管理していたことになるのである。

そしてこの空間は、普段から採草地としてのみならず、毎年採集して副食に利用されるワラビなど山菜の採取地[*124]としても重要だった。火入れによってこれらの山菜は太くなり、火入れをやめると刺を持った雑草が侵入し、これらの山菜は少なくなるといわれている。山菜採集にも、火入れは重要なのであった。

年々集落では、ワヤマは秋の里山放牧地としても利用されていた。このように安家地区において焼畑は、救荒食や山菜などの野生植物の採集や、牛の採草地や放牧地としても、複合的に利用されながら存続してきた生業だった。

❖岩泉町大川地区寄部の焼畑

ところで岩泉町には、安家地区のアラキ型焼畑とは異なるタイプの焼畑が存在する。ここでは例として、大川地区（旧大川村）寄部《よっぺ》集落のカノと呼ばれる焼畑について詳しく述べる。

①焼畑用地の選定

あまり樹木が多くない、ヤブまたは草地で経営されていた。私が案内してもらった焼畑跡地は、家のすぐ裏手の畑や採草地に隣接した場所で、マツやハンノキがまばらに生え、下生えはササであった。山奥に造成したこともあるが、多くはこのような家の近くに一反歩程度を造成したという。

②草刈、伐採、火入れ

まずノコで木を切り、カマで草を刈って焼く。一年目にソバを播く場合とアワを播く場合があって、前者は七月ごろ、後者は五月ごろに焼いた。伐採・草刈には、反当り六人、火入れには二・五人の労働力を要した。

③整地・播種・覆土

火入れ後は畝を作らず、マギと呼ぶ土止めを横方向に長く何段も作って土の流出を防いだ。

播種は、アズキ・ダイズではテジャクシで浅く掘ってから播き、アワ・ヒエでは種をばらまいたあと、シャクシで浅く耕した。この浅耕には、種に覆土するとともに、種を土ごとちらす意味もある。「あまり掘ると痩せた土が出てくる」ので、浅く耕した。ここでの労働力は、反当り一五人以上必要だった。

④除草

除草は一回だけだった。草は手むしりで、周縁部はカマで刈ったが、間引きはしなかった。また、ソバでは除草しないが、クズの蔓だけは除いた。普通の畑と異なって「畝がないため草が取りにくかった」そうである。労働力は反当り七人かかったが、収量に影響するので取らないわけにはいかなかったという。

⑤輪作・耕作期間・呼称

先にも述べたように、一年目ソバかアワを播き、アワの次にはダイズかヒエ、その翌年はアズキかダイズを播いたあと、一〇～一五年休閑した。ソバと一緒にコムギを播く場合もあり、畑の隅にはカボチャ、バレイショ、ササギも播いた。一、二年目のアワや二年目のダイズは、里畑と変わらない収量であったという。

焼畑の耕作期間は通常三年くらいで、長くとも五、六年であり、土止めのマギが腐ってくると土が流出するため耕作をやめた。

一年目をアラキ、二年目以降をカノと呼んだが、総称にはカノを用いていた。

以上、寄部集落のカノについて述べてきたが、同じ大川地区の浅内集落のカノについても簡単にふれておく。

浅内では、里山放牧地（集落共有地）や自家の採草地に焼畑を造成したが、夏にソバを播いてはじめる焼畑をカノといい、春に播く焼畑をアラキと呼んだ。これは何を播いても一年目をアラキという寄部の例とは異なっている。

それ以外では、畝立をせず、初年度ソバ、二年目アワ、三年目ダイズ・アズキの輪作で、ほかにカボチャを作り、耕作期間は長くて三～五年で、寄部の事例と大きな違いは見られない。なお、採草地に焼畑を造成する際には、「クズのあるところは地力がある」というので好んでそうした場合に造成したという。

❖アラキ型とカノ型

東北地方の焼畑の研究史をふりかえると、昭和一〇年代における山口弥一郎[*125]の、徹底した現地踏査による貴重な記録が大きな存在感を示している。そこには、東北のさまざまな形態の焼畑の姿が明らかにされている。今日ではその多くが消滅したことを考えると、今後これを越える事実の記録は不可能だろう。秋田県の森吉山地の山村でも焼畑の調査をおこなっている。

この成果にアンケート調査や現地調査、さらに統計資料を駆使した分析によって、「アラキ型」と「カノ型」という二つの東北の焼畑類型を示したのが、佐々木高明[*126]の研究であった。この類型化については、最近までほとんど議論も批判もなかった。ほかには斉藤[*127]による温海カブの焼畑栽培とその拡大についての研究があるが、こうした東北の焼畑の類型の議論に関与するものではなかった。

このほか畠山剛[*128]の岩泉町内の事例研究や、野本寛一[*129]の全国におよぶ献身的な現地調査による成果もある。前者は焼畑に関する従来の研究史を消化しておらず、岩泉町内の事例報告にとどまるが、その内容は興味深い。後者は、独自の視点で広範な調査から、北東北の焼畑の特性や起源についてもその見解を示している。

「アラキ型」焼畑と「カノ型」焼畑の特色を、表11に引用した。佐々木[*130]の記述によれば、「アラキ型」は岩手

表 11　「アラキ型」焼畑と「カノ型」焼畑の比較（佐々木、1972より）

		アラキ	カノ
	分布	北上山地中北部	奥羽・出羽山地中南部 上越・頸城山地
焼畑経営方式の特色	播種期	春（4月上旬～5月上旬）	夏（8月上旬～下旬） （古くは春焼き型のカノも存在していた）
	初年作物	大豆・アワ・ヒエ	ソバ・カブ・（アワ）
	畝立作業	あり（傾斜に沿うタテウネ）	なし
	施肥	あり（種子と肥料を混合して播種）	なし
	最終作物	ソバ	小豆
	耕作期間	5年～12年	3年～4年
	休閑期間	5年～10年	5年～10年
	1戸当経営面積	大	小
機能の呼称	起源と機能 （7柳田国男説）	新規開墾の畑地 常畑の候補地	水田の補助耕地 刈野、刈野焼
	同一呼称の分布	壱岐・南九州	北関東、中部地方
	類似呼称の分布	長野県以西はアラコ 中部日本・九州山地に分布	カニヨ・カニュウ・カリュウは中部・近畿・山陰山地に分布 カンノは北九州と新潟・群馬に分布

県の北上山地を中心におこなわれ、畝を立て、肥料を投入し、主穀類のアワやヒエや、ダイズ、アズキなどを栽培する、春焼きの比較的規模の大きい焼畑である。常畑を新規に開墾するために常畑の候補地におこなわれる焼畑だと考えられている。

これに対して「カノ型」焼畑は山形県を中心に、秋田、新潟などの日本海側の各県に見られ、初年にソバやカブを播く、夏焼き型の小規模な焼畑として特徴づけられている。温海温泉の朝市で売られる温海カブは、この一例である。「カノ型」の焼畑は、畝を立て肥料を使うことはない。アラキ型の焼畑とは異なり、「カノ型」焼畑は水田の補助耕地として位置づけられ、菜園的な存在と考えられている。

日本国内でも、世界的にも、焼畑では一般的に畝立や施肥はおこなわない。この点から言えば「アラキ型」の焼畑は、普通の焼畑よりも手数をかける珍しいタイプの焼畑なのである。

❖岩泉町内の焼畑の違いが示すもの

大川地区の焼畑は、①焼畑の呼称としてカノが用いられ、②初年はソバかアワを播き、③畝立・施肥をせず、④耕作期間が若干短めで、⑤主としてヤブ地や草地に造成され、⑥農具もシャクシ、トウガなどが用いられるという六点で、安家地区の焼畑とは異なっている。

　表12に示した安家地区と大川地区の焼畑経営の比較において、①～④の四点については、表11を参照すると安家地区のアラキはアラキ型に、大川地区のカノはカノ型にほぼあてはまる。
　⑤・⑥の特徴は、佐々木（一九七二）の示した表11の特色にはあげられていない。一般に林地は、藪や草地と比べて、木の葉などの堆積によって肥沃な土壌であると考えられる。ヤブ地・草地型の焼畑では、クズを指標としてより肥沃な場所を選択する努力はなされるものの、寄部の「あまり掘れば痩せた土が出てくる」という言葉に象徴されるように、林地と比べると痩せた土地が多い。
　大川地区ではササなどが繁茂する場合が多い関係で、根を切りやすい農具が選択されているかもしれない。フミスキも林地を起こす際に木の根を起こすのだが、細かな根切りは女性が持つテジャクシでおこなわれることが多い。安家地区では、畝立や再度のオモガエシで畝を作っていくには、土をよく砕くフミスキが適しているのであろう。安家地区では常畑の耕作においても、畝立にはクワよりも

表12　安家地区と大川地区の焼畑経営の比較（岡、2007より）

	安家地区	大川地区
①焼畑呼称	アラキ	カノ
②初年度作物	アワ、ダイズ、アズキ	ソバ、アワ
③畝立・施肥	あり	なし
④耕作期間	2～6年（通常4年）	3～6年（通常3年）
⑤焼畑造成地	林地	ヤブ・草地
⑥使用農具	アラキスキ	シャクシ、トーガ

＊安家地区の通常の耕作期間は年々集落の例を示した。

表13　焼畑経営における反当労働量の比較（岡、2007より）

	アラキ型					カノ型	
作業	年々A	年々B	軽米(1)	中倉(2)	内川目(3)	寄部	外山(2)
伐採	1.5	1.5			15	6	
火入れ	6	4			7	2.5	
畝立	6	9	6			0	
播種	1	畝立に含	2		4	15	
除草	4.5	13.5	アワ9 ダイズ6	7～8	41	7	アワ15～18 ダイズ9～10
計	19	28			67	30.5	
備考	土壌条件の良い所 除草3回	土壌条件の悪い所 除草4～5回			播種、除草は初年度の数値 除草3回 火入れにジゴシラエを含む	播種には覆土を含む 除草1回	

＊年々、寄部の播種、除草は初年度の数値。(1)は佐々木(1984)、(2)は畠山(1983)、(3)は佐々木(1972)から引用。

フミスキが適していると考えられている。

また表13のアラキとの労働量の比較でみれば、大川地区のカノは、伐採と播種で、アラキよりも多大な労働力[*131]を費やしている。もしこの労働量がおおよそ正しければ、従来、アラキ型焼畑の労働集約性の高さが強調されてきたが（佐々木、一九七二）、カノ型焼畑もそれに負けず劣らず高いことになる。東北地方の日本海側山村のカノ型地域ではどうなのか、気になるところである。

とにかく岩泉町内にはアラキ型に分類される焼畑とは別に、カノ型に近い焼畑がある。畠山剛（一九八三）の基礎資料から、その調査地の焼畑がアラキ型かカノ型かを判別したのが表14である。[*132]

これに筆者の聞き取り調査の事例

表14　岩泉町の焼畑の作付順序と耕作期間（畠山、1989を改変）

型	部落名	作付順序と耕作期間 1年目	2年目	3年目	4年目	耕作期間	面積（反）	跡地
外山型	外山	ソバ	アワ	ダイズ		3年	5	放置
	唐地	ソバ	アワ	ソバ			1～2	放置
		アワ	ソバ	アワ				
	中居村	アワ	ダイズ・アズキ	アワ・ソバ		〃	2	放置
	長田	アワ	ソバ	ダイズ・アズキ		〃	5（家族の多い家）	放置
		ソバ	ダイズ	アワ				
	下町	アワ	アズキ	ソバ		〃	1	桐
	上通	アワ	ダイズ・アズキ	アワ・ヒエ		〃	2～3	放置
	扇ノ沢	アワ	ダイズ・アズキ	ソバ		〃	1～2	放置
	寄部	ソバ	ダイズ・アズキ	アワ・ヒエ		〃	2～3	放置
	宇津野	アワ	ダイズ・アズキ	ソバ		〃	2	桐
	川代	ソバ	アワ	ダイズ・アズキ		〃	1	桐
	穴沢	ソバ	アワ	ソバ		〃	1～2	放置
	二升石	アワ	ダイズ・アズキ	アワ		〃	2～3	桐
	乙茂	アワ	ダイズ・アズキ			2年	1～2	放置
	中里	アワ	ダイズ・アズキ			〃	1～2	放置
中倉型	中倉	ダイズ	アワ	アズキ	ソバ	4年	8	桐
			ヒエ					
	江川	アワ	アワ	ダイズ・アズキ	ソバ	〃	5～6	放置
	半城子	アワ	アワ	ダイズ・アズキ	ソバ	〃	2～3	放置
	松屋敷	ヒエ	ヒエ・アワ	ダイズ・アズキ	ソバ	〃	6～8	放置
	肘葛	ダイズ	ヒエ・アワ	ダイズ・アズキ	ソバ	〃	6～8	ハンノキ（念を入れる人）
	森山	ダイズ	ヒエ・アワ	ダイズ・アズキ	ソバ	〃	不明	放置
	本田	アワ	アワ	ダイズ・アズキ	ソバ	〃	5～6	放置

も加えて、岩泉町内のアラキ型とカノ型の分布を示したのが図5で、まさに同町内に両者は混在している。岩泉町は図1で示したが旧安家村、旧小川村、旧小本村、旧大川村、旧有芸村と岩泉町の一町五カ村が昭和三〇年代に合併してできた町である。その旧町村界を超えて、これらの焼畑は混在しているのである。

このようにカノ型に類似する焼畑経営は、佐々木の類型化からいえばカノ型焼畑の分布域から遠く離れた地域でもおこなわれている。そしてこのことは、佐々木(一九七二)自身もすでに山口(一九四四)の資料を用いて表15のように指摘している。この表で佐々木のいう「カノ型の焼畑地域の周辺部」は、大川地区の事例を加えれば下閉伊郡岩泉町まで分布し、アラキ型の焼畑地域の中心部に及んでいるわけである。アラキ型とカノ型という東北地方における焼畑の二類型は、必ずしも別々に異なる地域基盤の上に成立しているわけではないことを指摘しておきたい。確証はないが、むしろ元々はバリエーションの大きいアラキ・カノ混合型が広く東北にあり、それが地域の環境や生業複合、商品経済化の進展などに対応して、ある地域ではカノ的に、別な地域ではアラキ的に特化することもあったと考えることもできるのではないだろうか。

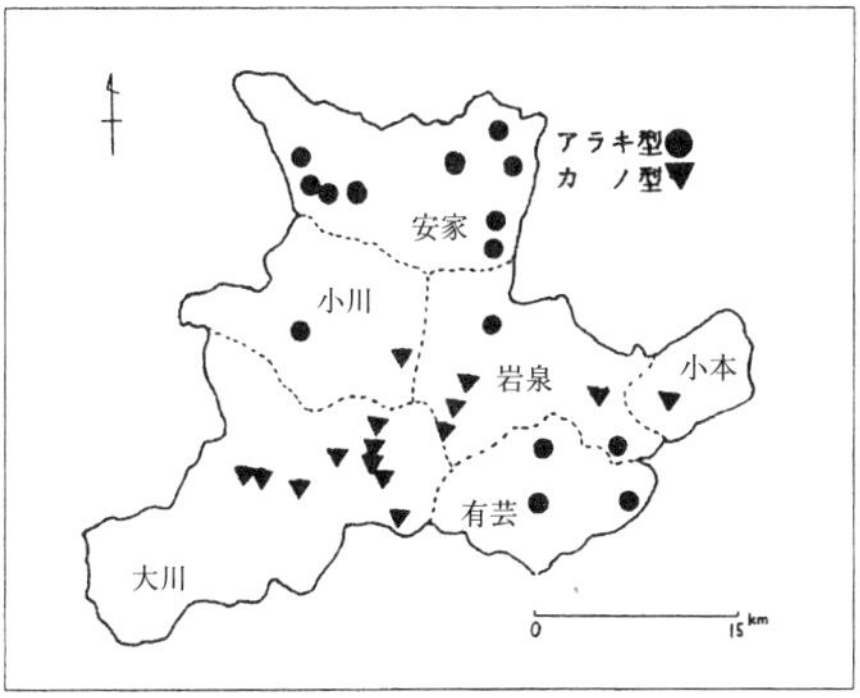

図5　岩泉町内におけるアラキ型焼畑とカノ型焼畑の分布（岡、2007より）

表15　「カノ型」焼畑地域の周辺部における輪作形態（佐々木、1972より）

県名	郡名	村名	焼畑呼称	初年度	2年目	3年目	4年目	5年目	6年目	休閑期間
岩手	下閉伊	小国	初年：アラク 二年目：カノ・カノハタケ	ヒエ	ソバ	大豆	アワ・ 大豆など	アワ・ 大豆など	—	20〜30年
秋田	北秋田	大阿仁	ソバガノ	ソバ	アワ 大豆	大豆 アワ	大豆 アワ	左の作物を十年以上くりかえす		約20年
山形	北村山	亀井田	カノ	ソバ	大豆	アワ	大豆	アワ	大豆	（山桑） 5〜10年

耕作期間が延長されるばかりでなく、作物の輪作順序にも「カノ型」と「アラキ型」の両者の特色が混合し、これらの焼畑が両種の焼畑輪作型としての特色をもつことをよく示している。

3――北東北の焼畑を訪ね歩く

❖さまざまな焼畑が分布する北上山地

前節で、岩泉町にはアラキ型とカノ型に分類できるような、違いのある焼畑が混在していることがわかった。

これまでの北上山地の焼畑研究では、アラキの分布を岩手県北部の下閉伊郡なかごろより、九戸、二戸にかけて、青森県東部の三戸郡、上北郡一帯としており、北上山地中部にカノからアラキに漸移する地域があると言われてきた[*133]。ただしここでいうアラキ、カノは地元でそう呼ばれている呼称であるから、必ずしも佐々木の類型であるアラキ型焼畑、カノ型焼畑と一致するとは限らない。

佐々木[*134]高明は、アラキの南限に「アラグ」という焼畑呼称をもつ、岩手県大迫町[*135]をあてた。そしてその経営を、アラキ型の焼畑経営方式の事例としている。また山口弥一郎（一九四四）は、大迫町の東隣りの川井村において、「アラク」と「カノ」が焼畑の呼称として併用されていることを報告している。佐々木（一九七二）はこの川井村の事例を、カノ型とアラキ型の漸移型としてあつかっている。

野本[*136]寛一は川井村と大迫町を調査し、両地域の焼畑呼称が中部山岳地帯のそれに類似していることから、この地方から南部氏の移動とともに焼畑技術が移入された可能性を指摘している。また川井村に焼畑の播種時に山の神を祭る儀礼があることも明らかにしている。従来、東北の焼畑は西南日本の焼畑と比べて信仰儀礼が欠けており、そこから東北の焼畑は古くないと考えられてきた[*137]のだが、この事例から必ずしもそうでない地域があることがわかる。

小形信夫（一九八九）[*138]も大迫町の焼畑の信仰儀礼について、さらに詳細に報告している。

いずれにしても、岩泉町に限らず北上山地の焼畑にはさまざまなバリエーションがあることを、先人の研究は教えていた。

筆者は、昭和六〇（一九八五）年ごろから岩泉町の焼畑の調査をはじめた。その後、川井村の焼畑経営を調査したところ、両者の大きな違いに驚かされた。しかしその違いは、そのまま山口[*139]が戦前の現地調査の結果報告したものとほぼ同じであった。

それよりももっと驚かされたのは、私が現地で四〇年以上前の生業について聞いているのにもかかわらず、語る老人たち[*140]の記憶が実に鮮明で詳しいことだった。それは、私がこの話を聞きに来るのを待っていたのではないかと思わせるほどだった。「聞かれることを待っている物語」に出会いたいというのはフィールドワーカーの願望であるが、本当にそれに出会えた私は幸運だった。

思うに彼らは、戦後の日本の復興期における北東北の山間での自分たちの苦闘を、語り残しておきたいという願望を持っていたのではないだろうか。そしてそれはもしかしたら、彼らの孫たちにとっては、そんな昔のことは関係ないと拒否されるたぐいの話だったことの裏返しであったのかもしれない。

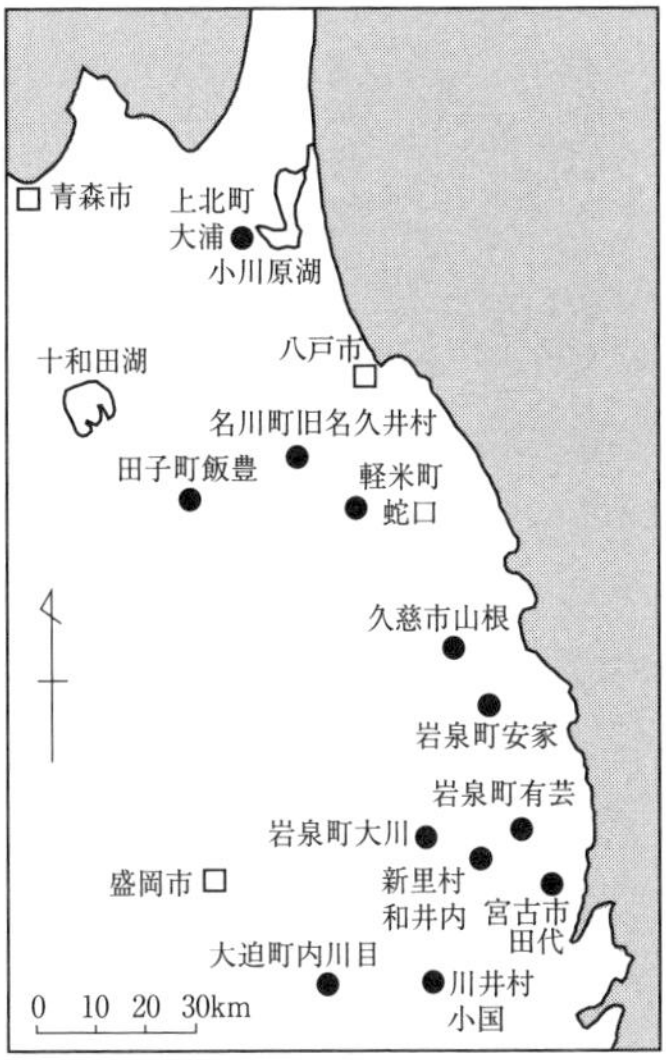

図6　北東北の焼畑調査地（岡、1998 より）

とにかく、とりあえず私はそんな焼畑の記憶を求めて、北上山地に点在する図6の村々へ調査の旅に出た。ここではそこで出会った焼畑の事例を、南から北へと順に語っていこう。

❖花巻市（旧大迫町）内川目地区楢花・小屋敷・大洞の焼畑経営

ここでは楢花、小屋敷、大洞の三地点で聞き取り調査ができた。

焼畑を作る環境は林地であって、しかもハンノキの植林伐採跡地に造成する点は三地点で共通している。

このようなハンノキの植林地は家の近くにもあったが、山の奥に多かった。毎年二月になると男たちはマサカリを持って焼畑予定地のハンノキを切りに山にいった（大洞）。切るのは二〇年くらいになったハンノキであったから二〇年ごとに播いていたことになろう（大洞、小屋敷）。

また焼畑経営の終了後は必ずまたハンノキを植える（全調査地）。山を他家に貸して焼畑を開いたときは終わったあとにハンノキを植えてもらった。ハンノキを植えると、その厚い葉が腐植土となって早く土が肥えた（大洞）。昔はハンノキを薪に使い、とくにご飯を炊くときは、火力が強いためおいしく炊けた（楢花）。

木を切ったあと、ササのあるところではこれを刈る。これをカノカルという。刈ったササは乾燥してから焼いて、コマガで焼け残りを集める。これをシドルという。これをさらに焼く。ここまでの作業をハタヤクという（大洞）。

次にウネキリといって、畝のつけ方を決め、線を引く。その後クワで起こしていく。クワは、ハンノキで作った鍬台の手製のものである（大洞）。これで最初の年から畝を立て、春にアワかヒエを播種し、四～六年作付けし、一五～三〇年休閑させる（全調査地）。初年に、アワ・ヒエのほかにカブやジューネをいくらか播種することもあった（楢花、大洞）。しかしカブやジューネだけを播く夏焼き型の焼畑は聞かれなかった。

輪作順序は、若干の例外を除いて一年目アワ・ヒエ、二年目ダイズ・アズキ、三年目ヒエ・アワ、四年目ソバを播き、翌年も収穫が可能と判断した場合さらにアズキを播く、というのが典型的パターンである。

一年目のアワが一番よく実った（小屋敷）。昔は焼畑でアワがたくさんとれたので、アワ飯をよく食べた。どちらかというと、粘り気のないアワ飯よりもヒエ飯のほうがうまかった。モチアワも播いたが、餅につくのは大仕事であった（大洞）。

造成面積は二～五反歩で三年目以降はヒエ、アワ、ソバなどに人糞や馬の肥、木炭などの施肥をし、二～三回

表 16　旧大迫町内川目地区の焼畑年次呼称（岡、1992 より）

部落名	1年目	2年目	3年目	4年目	5年目	備　考
小屋敷	アラク	ネワリ	クンナ	ソバジ	フルパタケ	
黒　森	アラグ	ネワリ	ク　ナ	カラミ	フルカラミ	小形(1989)
大　洞	アラク	ネワリ	ク　ナ	ソバカラ		
楢　花	アラグ	オモゲェシ	ク　ナ	ソバジ		
白　岩	アラク	オモガエシ	ク　ナ	ソバジ	ソバカラ	野本(1984)
落　合	アラク					野本(1984)
折　壁	アラグ	オモゲェシ	ク　ナ	カラミ ソバナライ		小形(1989)

除草する。最終作物は基本的にはソバで、さらに収穫できそうな場合のみもう一年アズキを播くこともあった。焼畑は昭和三〇（一九五五）年ごろまで続いたが、スギやアカマツの造林が盛んになったため消えていった（小屋敷）。

注目すべき点として焼畑に関わる儀礼の存在がある。一年目の焼畑、現地名でアラクを播くとき山に小豆御飯を持っていき、クワに結びつけて山の神を拝み、それから動きはじめた。こうすれば山の神が、アラクを起こすのを手伝ってくれて楽に動けるといった。山の神は家ごとに拝んでおり、山の神神社などはない。ここでは山の神は三月一六日から九月一六日まで山にいて山を守り、それ以降は山から家に帰ってきて家を守るとされている（小屋敷）。

実はこの山の神の去来については、他の報告では三月一六日に野に降りて畑神となり、九月一六日に山へ帰ると記されており[*141]、この聞き取り事例とは異なっている。この点は再度インフォーマントに確認したのではあるが、やはり小屋敷では間違いなく前述のように伝承されていた。

焼畑呼称が年次ごとに名づけられていて、またそのバリエーションが大きいこともう一つの特徴である。既出の事例[*142]を加えて表16に示したように、七例について一年目のアラクまたはアラグと三年目のクナまたはクンナは共通している。しかし二年目の呼称はオモガエシまたはオモゲェシを用いる岳川・折壁川流域と、ネワリを用いる小又川流域にわかれ、四、五年目については同じ流域についても変異がみられる。

アラク・オモガエシ・クナなどの年次呼称の類似した中部山岳地帯から、焼畑技術が持ち込まれたのではないかとする意見がある[*143]。しかしこのように隣りあう集落においても違った呼称が用いられていることからみて、呼称の類似だけでこの仮説を裏づけるのは難しいと思われる。

このような呼称の不統一は、あるいはここでの焼畑経営がおもに家内労働力でまかなわれたことと関係するのかもしれない。共同労働力によって焼畑が経営される場合は、これらの焼畑呼称が集落内で共有化される必要があるが、家内労働の場合はさほど困らないのではないだろうか。

この地方は藩政時代から南部葉煙草の産地として著名であり、里の畑に葉煙草を栽培し、焼畑で自給食料を得てきた。南部葉煙草は七月に植えて九月の台風がくる前に収穫したので、後作としてオオムギやコムギを播いた。しかし自給に大きな役割を果たしたのは焼畑であった。常畑で商品作物を栽培するため、自給食料を焼畑だけから収穫しなければならなかったのである。このような背景が、細かな施肥や除草を施す特徴ある焼畑経営を形成させた可能性は、高いものと思われる。

なお焼畑の作物は、販売するほどはとれなかったので、商品化されることはなかった。

❖宮古市（旧川井村）小国地区永田・中仁沢の焼畑経営

旧川井村では、小国地区の永田集落と中仁沢集落で聞き取り調査をおこなった。

ここでは、焼畑を造成する環境に、ごくまれにではあるが草地（カヤが優占）が含まれる。しかし基本的には林地が選択され、永田ではハンノキやクルミの植生が、中仁沢ではハンノキ、イタヤ、クリの木のあるところから薪を切ったあとを造成した。

この辺では、南向き斜面（ヒナタヤマ）にはクルミが多く、ほかにナラ、クリ、ミズキなどがある。ハンノキは北向き斜面（ヒカゲヤマ）に多い。カヤの多いところは実りが悪く、ハンノキの多い山が土が肥えていた。春播きの焼畑は、ヒカゲヤマに作ることが多かった（永田）。

焼畑用地の選択には「コゾリ跡を見て播け」と言われていた（永田）。コゾリとは枝や柴を焼いた場所を言う。尾根や岩山は不向きで、手をついて歩くような急斜面に適地が多かった。

焼畑が、はっきりと夏焼き型と春焼き型にわかれていることが、川井村の焼畑の特徴のひとつである。カノという語はカノカブ、カノソバというように夏焼き型の焼畑に用いた（永田）。

夏焼き型では七月ごろにカノヤキと称して火入れをする。初年にはカブまたはソバを播く。前者はカブカノ、後者はソバカノという。輪作期間は一～二年で二年目も播くときはアズキかダイズを播種する。カブカノの場合は三～五畝程度の小面積で造成した。しかしソバカノでは一反歩ほど作ることもあった。カノで作るカブは里の畑で作るものよりおいしかった（永田）。

なお、中仁沢では夏焼き型の焼畑はなく、カブなどは里の畑で作られていた。これは中仁沢では昭和二〇（一九四五）年まで水田がなく、焼畑が主穀作物の生産を中心に経営されていたことと、無関係ではあるまい。

春焼き型の焼畑は、三月ごろ雪の消える前にハルギといって、燃料用の三〇年生くらいの木を切る。二反歩作れば広いほうであった（永田）。

播種は芒種[*144]までに終えるのが目安であった。畝を立てず、ヒエかアワの種子をばらまき、シャクシまたはアラクマキシャクシ[*145]で土をかける。畝は立てない。アラキ型焼畑での重要な特徴である初年度の畝立がないことは川井村の焼畑の大きな特徴である。二年目以降の輪作順序は山口[*146]がすでに指摘しているように一定しない。

調査地点によって若干異なるが、二～四年目に畝を立てる。しかし必ず立てるというわけでなく、筆者が聞き取りしたインフォーマントはいずれも経験がなく、自分の親や若いころの見聞として、そのような例もあったと語られていた。また初年に畝を立てないのは木や草の根があるためで、二～三年するとこれが腐って起こしやすくなるためと説明されていた。畝立後に播く作物は一定せず、ヒエ（永田）、ダイズ、アズキ、バレイショ（中仁沢）があげられていた。

表17　焼畑経営における反当労働量の比較（岡、1992より）

作業内容	川井村小国 永田	岩泉町有芸 皆の川
伐採	7	10
火入れ	6	7
畝立	−	6
播種	5	−
除草	6	5
計	24	28
備考	播種に覆土を含む 伐採は薪に取る作業を含む	畝立に播種を含む 伐採は薪に取る作業を含む

施肥はおこなわない。この点もいわゆる佐々木[*147]のアラキ型焼畑の特性と異なり、大迫町とも違っている点である。

また、大迫町では重要な作物としてアワが強調されるが、川井村ではヒエの収量が良かったことが強調された。永田では、アワはヤトウムシにやられやすいためあまり播かなかった。またヒエは里の畑と同等の収量で良くとれたという。中仁沢では、ヒエは一年目でなければ良く実らず、そのかわり里の畑のヒエは一シマから良くて七～八升しか取れなかったが、アラクに播いたヒエでは一シマ一斗取れたという。これはひとつには初年度の作物として、大迫町ではアワが、川井村ではヒエがおもに作られるという違いに関係していると考えられる。

除草は普通二回、手の回る人は三回取ることもあった。しかし、養蚕の上蔟を七月上旬に終えて焼畑にいってみると、作物が見えないくらいに雑草が伸びていることもあった。当時は馬産が盛んで、馬が作物を食べにくることもあった。その馬がダンナサマのものだと苦情も言えなかったが、その時はかわりにクズの蔓で馬の口をしばってやろうという人もいた。かつてここにシカが生息していた時代には、ヒエ・アワの穂を食べにくるためシシボイゴヤと呼ばれる監視小屋を建て、これを追い払ったと言い伝えられている（永田）。

焼畑の跡地はソウリと呼ばれた。永田ではソウリは、造林しやすいのでスギを植えたが、昔はハンノキを植えたと聞いている。また焼畑を作るために山を貸すときは、地主

表18　旧川井村小国地区の焼畑年次呼称（岡、1992より）

部落名	1年目	2年目	3年目	4年目以降	備考
永田	アラク	オモガエシ	フルハタ	前年と同様	
中仁沢	アラク	オモガエシ	フルパタケ	前年と同様	
江繋	アラク	カノ カノハタケ	ハタケ	前年と同様	山口(1944)
大畑	アラキ	オモガエシ			野本(1984)

が収穫の三分の一を得た。しかし中仁沢ではソウリは放置し、植林することはなかった。

ユイトリ[*148]でまかなったのは、播種と収穫物を山から下げるときであった。なお各労働内容ごとの労働量を表17に示した（永田）。

焼畑の年次呼称については、今回調査の二地点では共通していたが、表18にみるように山口[*149]の報告とは違いがみられる。

なお中仁沢では播種の際の儀礼があった。アラクの播種時にアラキマキスットギを持っていって、山の高い方を向いて山の神を拝んだのである。アラキマキスットギは、天日乾燥したヒエを粉にして団子についたものである。また、ヒエで作った濁酒も持っていって飲んだ。

大迫町と並び、焼畑の播種時に山の神に祈る儀礼をもっていた点は、川井村の焼畑の特徴のひとつである。

❖宮古市（旧新里村）和井内地区岩穴の焼畑経営

岩穴集落での聞き取り調査は次のとおりである。

焼畑をアラグと言う。アラグマキは一年目の播種をさす。

夏の土用に次年度予定地の木を伐採して、その場で乾燥させておく。アラグはかならず木の生えたところに作る。しかもかなり急な斜面である。次に作るまでは三〇～四〇年は休ませる。面積は一反歩程度だった。

翌年の春、カノヤキと称して草や葉を集めて焼いた。伐採した木を薪にすることなく、太い木を集めて焼く火をコトリビと言った。岩泉町安家でも焼け残りを集めて焼くことをコトリトルといい[*150]、川井村江繋《えつなぎ》でも火入れ前のシマをコトリと呼んだ[*151]。

山を焼くときは共同労働で集落の人を頼み、一〇人くらいで焼いた。

畝は作らず、木の根や切り株でカクサと呼ぶ垣を作る。ここでも畝を立てないが、川井村のように数年後立てることもなかった。ここでもアラキ型焼畑の重要な特徴の欠落が、さらに進んだ形で見られるわけである。

一年目はヒエ、二年目はダイズ、三年目はアワ、四年目も播けばアズキでたいてい三～四年作付けし、最後にソバを播いてやめた。播種のあとはシャクシかトウガで覆土した。

施肥はまったくしない。川井村と同様にアラキ型焼畑の特徴に合致しないところである。

除草は一～二回取るが、三回取る人もあった。

跡地に植林することはなかった。跡地をソオリと言う。

カノカキ、アラグマキ、草取りのときには共同労働で助けあった。

昭和三〇（一九五五）年ごろまで焼畑はおこなわれていた。

アラグでとれたものを売ることはなかった。

❖宮古市田代地区田畑の焼畑経営

宮古市中心部と岩泉町有芸地区間の峰越えの旧街道ぞいの山間にある田代地区の田畑集落で調査した。

火入れにカノという語を用い、一年目をアラキと呼ぶ。

春に植林した後、一五～一六年生のハンノキを薪に切った跡地を焼く。これをカノヤキと言った。

このあときれいに整地してアラキを作った。アラキは焼畑の一年目の名称である。アラキマキとも言う。総面積で五反歩から一町歩のアラキを経営していた。

初年度にフミスキで踏んで畝を立てる。その跡をシャクシで整地し、ヒエの種子を播いて覆土してカマで根を切る。通常男が畝立を、女が整地と覆土を受け持ち、男女二人一組で作業する。スキガラは山用に丈夫な木を選んで切ってきて作った。

一年目はヒエのほかにセンダイカブの種を混ぜて播くことがあった。これはヒエを九月ごろ刈ってから勢い良く生長してくる。霜が降りるようになってから抜いて、味噌汁の実などにした。

二年目はオモガエシと言って畝をフミスキで踏み返してダイズ、三年目はおもにヒエ、時にアワを播いた。一年目は施肥しなかったが、三年目は種子と人糞を混合して播くズキマキで播種した。この際には大根の種子を混ぜることがあった。

このように田代地区では初年度の畝立があり、施肥もなされ、川井村、新里村、岩泉町大川地区とは異なった、いわゆるアラキ型の類型に近い特徴をもっている。

以後四年目はアズキ、五年目ヒエを輪作して終えた。最終年はヒエが実りそうでなければソバを播いた。草取りは二回であった。

跡地をソオリと言う。跡地にはハンノキを植林した。ハンノキは山に生えている苗を用いた。自分の山を造成することが多かったが他人の山を借りる場合も少なくなく、収穫を折半した。

播種はたいてい家内労働力でまかない、火入れ・耕起・畝立は共同労働で経営した。二〜三軒のユイコ[*152]でのアラキマキが多かった。

焼畑作物を販売することはなく自給用であった。

❖岩泉町大川地区平井の焼畑経営

大川地区の焼畑については、寄部集落での経営をすでに述べたが、今回は押角峠にむかう沢沿いの平井集落で調査した。

ここでは焼畑のことをカノマキと言う。

カノマキは沢で木のない草地を造成する。カノマキにした場所は、家から歩いて三〇分ぐらいのところにある。造成面積は小さくて二〜三畝、大きくても一反歩程度だった。インフォーマントがこの家に嫁にきたときは、焼畑を計二反歩くらい作っていた。

六月ごろにカマで草を刈ってゴミカキでかいて焼く。春に焼くよりも夏に焼いた方が草が良く死ぬ。土が流れないように、四メートル間隔ぐらいで木杭を打って棹をおき草や木の根を集めた。これをマギと言う。

そして七月にソバを播く。二年目はゴミをとってからダイズ・アズキを播いてトウガで掘って覆土した。農具はシャクシを使うときもあった。トウガは焼畑だけに用いる農具だが、シャクシは里の畑で用いるものと同じである。このあと草の根を掘ってマギに集めた。ここに生えてくるダイズはとくに実りが良かった。

三年目はアワを播いた。昔は三年目にヒエを播くこともあったときくが、インフォーマントは播いたことはない。その後、またダイズ・アズキ・アワを輪作し、五年くらいでやめた。

ここでも畝を立てず、肥料はまったく使わない。初年に畝を立てず、施肥をしないタイプの焼畑は、これまでの調査のなかでは川井村、新里村とこの岩泉町大川地区にみられる。

ソバの草取りはしない。二年目のダイズ・アズキは一回草を取る。

カノマキを終えたところをソオリと言ったが、里の普通の畑でも播かなければソオリと言う。「草を取んねぇばソオリになんが」などと使った。

跡地にはキリの木を植えた。植える時期は三年目あたりである。カノマキのあとでなければキリは育たない。キリを植林してから二年くらい続けて播く。キリの木は二〇年ぐらいで販売できるようになる。

カノマキはすべて家内労働力でまかなった。カノマキは戦争以前からずっと播き続けてきており、昭和三〇（一九五五）年ころまで作った。

昔、カノマキをしながらクゾ（葛）の根を掘り、つぶして水さらしを数度くりかえし、デンプンを取って食べたと聞いている。

❖岩泉町有芸地区栃の木・皆の川の焼畑

岩泉町の有芸地区では、栃の木集落と皆の川集落で調査した。

カノは草刈り・火入れについて用い、一年目の焼畑をアラキと言う。総称としてはない。焼畑のある沢の名や山の畑などで呼ぶ（両調査地）。また二年目以降をソウリマキと呼ぶこともあった（皆の川）。

焼畑をはじめる前年の八月に、予定している面積を伐採しておく。以前に播いてから三〇年ぐらいを経てから新たにアラキを造成した。翌年の春三月の初旬から伐採した木を薪に切って、集めて積んでおく。養蚕の作業が終わる五月末～六月に草を刈る。これをカノガリという（皆の川）。

残った木や草を集めて焼くことをカノヤキといった。カノヤキは、ユイコと呼ばれる共同労働で起こした。面積は一～二反歩の場所もあった（栃の木）。皆の川でも家ごとの山の所有面積によって違ったが、おおむね五反歩程度だった。

ヨモギやサシトリ[*153]が生長すると焼きにくいのでその前に焼き終わることを目安にしていた。焼いたら次の日は焼け残ったところをさらに焼き、全体が焼けたらその翌日には耕起して播種する。焼いてからあまりおくと、雨や風で灰が飛んでしまうから、なるべくすぐに播いた（皆の川）。

皆の川ではヤマズキと呼ばれる大きくて太くて重い[*154]フミスキで起こす。ヤマズキは、木や草の根を切るために鋤先を地面に突き刺し、テコの原理でガバリ、ガバリと起こしていく。このうしろに畝を整形するウネコと呼ばれる女がついていく。気の利いたウネコは根が切れなくて苦労していると、さっと来てカマで切ってくれる。ウネコの巧拙でずいぶん能率が違った。

そこでユイコで起こすとき、ウネコの上手なあの家のバサマと組めればいいのだが、と思うことが多かった。もちろん起こす男にも巧拙があり、へたなものが起こせばウネが蛇行するのを直さねばならず、ウネコが泣き目をみることになる。アラキマキはきつい労働であるため、かならず濁酒を作っておいてイップク[*155]にはこれを飲み、元気を出してまた働いた。共同労働は仲の良い三〜四軒で、一軒から三〜四人ずつ出て起こすことが多かった（皆の川）。

またとくに急斜面などを起こす場合は、スキを用いずトウガで起こし、畝にしないで播く、アラケズリと称する方法もあった。しかしこれはよほど忙しくて手がまわらないときのやり方であり、セッコキマキ[*156]だと馬鹿にした。畝を立てたほうが収量も良いし、除草や刈り取りのときも手間が少なくて済む（皆の川）。

またまれに、夏にソバを播いてはじめるアラキもあった。これをアラキソバといい、忙しくて春に播種できなかったときに作った（皆の川）。

栃の木では、一年目はまだ畝は立てない。二年目に畝を立てる。このときはやはり、夫がフミスキで起こし、妻は整地するウネコウチで、二人一組になって耕起していく。たいていユイコで集落中から数十人の人が出て起こした（栃の木）。

輪作順序はあまりはっきりしない。基本的にはヒエ、ダイズ、アズキ、ソバの輪作であるらしい。ただし皆の川では、まれに初年にアワを播く[*157]こともあった。また栃の木出身のあるインフォーマントは、一年目ヒエ[*158]、二年目ダイズ、三年目アワ、四年目ソバだったと輪作順序を明確に記憶していた。

一〜三年目まではオモガエシといって、毎年新たにフミスキで畝を踏み返した。ほかにもアズキ・ササゲなど、畑で播くものはコムギ・オオムギを除いてほとんど少しずつ播いた。コムギ・オオムギは、雪が降って山に食べ物がなくなると、動物の食害にあうので作らなかった。カブはヒエ・アワに混ぜて、ササゲはダイズとともに初年に播種した。ササゲは蔓性のもので、からませる枝を畝に差した。ジューネやコッキミは畑の隅に播いた。アラキで作るカブは畑で作るものより大きく味が良かった（皆の川）。

輪作期間は栃の木で三〜四年、皆の川ではハダ沢という非常に土質の良い場所で、八年播いたことがあったが、ほかの場所では五年以上播いたことはなかったという。

栃の木では肥料は施さなかった。皆の川では、最終年のヒエの播種で、牛馬の糞と小便を混ぜてヒエの種を混合して播いた。畝の高いところにシャクシで二筋のサコと呼ばれる溝をつけ、そこに肥料と混ざったヒエの種子を播種する。このあとフンガケと称して、足で播種した溝に土をかけていき、全体を平らな畝のない畑にする（栃の木）。

除草はきれいに焼けた時には一回、焼けなかった時は二回取ったが、里の畑より山草が生えにくかった（皆の川）。

里の畑にもヒエを播いたが、当時は山の焼畑のほうが実りが良かった（栃の木）。

跡地のことをソオリと呼んだ。ソオリにはハンノキを一〜二メートル間隔で植林する。ハンノキには、葉の小さいコバハンと葉の大きいオオバがある。コバハンは堅く薪としてはオオバの方が割りやすかったが、とくに選んでオオバを植えるということはなく、どちらでも植えた。ハンノキの苗は山の林道を通した脇に無数に植えているのを掘ってきた。こうして植林したハンノキが太さ三〇センチメートルぐらいになれば、またそこで焼畑を造成した（皆の川）。

これらの焼畑に関する労働作業はすべて、薪の運搬にいたるまで三〜四軒のユイコで経営した。なお表17（一〇四頁）に労働量を示した。

焼畑で作ったものを売ることはほとんどなかった。

アラキオコシは昔からあったが終戦前ごろからがもっとも盛んで、昭和二二、二三（一九四七、四八）年ごろまで作った。

藩政時代の伝承として、皆の川では次のようなものがある。七年ケガチ（飢饉）として知られる、当時頻発した凶作時にはこのあたりも大きな打撃を受け、宮古からの帰り道に知己の家によってみたら子供の手をあぶっていた、という話も残されている。インフォーマントの家にも刀ととりかえた四町九反歩の山があり、干し菜と三反歩の畑をとりかえた家もある。

この地域の伝承では、藩政時代に高島氏がこの地で砂鉄鉱山を興したという。ここから鉄を馬で毛無森・大川を通って盛岡に搬出した。今でも鉄山平というところには、たたらの跡が四～五カ所残っている。このように鉄山が地元産業として盛んであったころには、アラキや畑を耕作せず鉄山で働いて現金収入をえるようになった。そこにこのようなケガチがきたので大きな打撃を受けたと伝えられているというのである。鉄山隆盛時代の山村の経済構造の変容とその脆弱性を感じさせるエピソードである。

❖軽米町蛇口集落における焼畑

軽米町は青森県と接する岩手県の北端にあり、標高五五〇～八五〇メートルの低い山に囲まれた丘陵地帯に位置する。集落は標高二〇〇メートル程度のところにあり、山林原野が全体の七割を占める山村である。

アラキオコシは昭和七、八（一九三二、三三）年ごろから盛んにおこなわれた。これは当時の農村不況対策の一環として山林の開墾・植林に補助金がついたため、地主が農民に勧めたものだという。[*159] この場合収穫の三割は地主に納める取り決めであった。

当時起こしていたのは明治三〇年代にアラキだった場所だった。だから話者の父母の時代にはあまりアラキは耕作されなかったため、祖父母からやり方を教えてもらいながら起こしたという。アカマツの山を切って用材を出し、その跡地に最低でも一町歩、最高で三町歩起こした。

耕起はアラキスキを踏んで起こす人と、ネギリ[*160]で草木の根を切る人とカンダイ[*161]できちんと畝を立てる人が三人一組でおこなった。また根を切り畝を立てる作業を一人でおこない、二人一組で起こす場合もあった。これにダイズの種を植える人が三組に一人つき、三組で一日に一反歩起こすというのが標準的な仕事量だった。

アラキオコシを頼まれると一戸から男女二人が出て、これを「一スキ」と勘定した。アラキオコシは、一スキで一円五〇銭くらいの日当で頼むのが相場であった。酒一升が八〇銭くらいで、田植えでも一人六〇銭で頼めたから、アラキオコシの賃金は高く、この時期にはあちこちのアラキオコシだけで収入を得る人もいた。カンダイやアラキスキは山からイタヤやナラのような堅い樹を切ってきて作った。

一年目はダイズを植え、二年目はアワを種だけでばらまきカンダイでたたいて土に入れていく。これを「キッタテマキ」という。二年目のアワは非常によく成長し、穂も長く、一〇把背負うのは容易でなかった。穂の長さは一尺二〜六寸にもなった。三年目にヒエを播くときには、オモガエシといってアラキの畝を入れ替えるようにクワで畝を立てていく。ヒエの播種はボタアナをアラキに掘って、人糞尿とリン酸二〜三升を混ぜ、ヒエの種を入れてかき混ぜたものを畝に素手で振り付け、足で土をかけながら踏んでいく。これを「ジキフリ」という。ヒエの収穫後秋にはコムギを播く。このときもジキフリで播く。四年目はダイズを播き五年目はまたオモガエシで畝を替え、春にヒエ、秋にコムギを播いた。このときのコムギには馬の肥をかけた。六年目にはダイズかソバを播き、常畑にする場合は馬耕で起こした。

植林する場合は、四年目あたりからカラマツを植え、五年目以降は木の間を耕した。

アラキで収穫するものはすべて売れたが、ダイズは昭和の初期ごろで六〇キログラムが四〜五円と、アワやヒエよりも高く売れた。しかし、ここではもっとも商品価値が高かったのはコムギだったという。ちょうどお盆のころ収穫できるため、「コムギは盆の小遣い」といって、盆に使う小遣いや酒ぐらいはコムギを一斗背負っていって売れば、その金で買えた。また収穫の多い農家には馬車で業者が買いつけにきた。常畑からの収穫で自給し、アラキからの収穫は換金するというのが、当時の暮らし方であったという。[*162] しかし明治のころのアラキは自給のためだったと祖父母に聞いた。

話者がアラキを耕作していた時代の一般農家の主食はヒエであり、アワやオオムギを混ぜることもあった。頼まれてアラキオコシにいくときも、ヒエ飯を持参した。またコムギ粉で作られる「ハットウ」[*163]「ヒッツミ」[*164]も主

写真106　軽米町の焼畑の跡地の一部は、ゴルフ場へ変貌していた

食として食べた。

戦前にアラキを播いたところは戦後の農地解放で地主から買った。話者は三町歩買った。昭和三〇（一九五五）年ごろには、造成する場所がなくなり、植林したカラマツはまだ小さくて切れず、馬も飼わなくなり、アワが虫害にあい、ほかの現金収入源も増えてきたので、アラキはやめた。今そのソウリ[*165]はホップ畑やゴルフ場になっている。

❖田子町飯豊集落における焼畑経営

田子町は、十和田湖の東南の青森県南端に位置する、岩手県と秋田県に接する県境の町である。三方を四角岳（標高一〇〇三メートル）をはじめとする山で囲まれた山村であるが、飯豊集落は戸数六七戸で、熊原川沿いに比較的多くの水田を持っている。佐々木が調査した四十渡集落（九戸）は、行政的には飯豊に含まれる。

ここで平成二（一九九〇）年の五月に焼畑の記憶を語ってくれた明治四二（一九〇九）年生まれのおばあさんは、数えの一六からアラキを耕作したという。

アラキには、おもにカヤの成育する草地を耕起する場合と、山の木を切って開墾する場合があった。アラキは伐採のあと、焼いて熊手で灰を広げ、村の人と共同で起こした。経営面積は、一〜二反歩から一町歩くらいの広いものまであった。

草地を起こすときはタツ[*166]で土を切り、カンダイやアラキモッタ[*167]で前に進みながら土を掻き上げて畝を作っていく。このタツはスキとはまったく違う農具で、スキはアラキでは使わなかった。

山を起こすときは、アラキオコシカンダイというクリの木で作った特製の農具で畝を立て、タツは用いなかった。アラキオコシカンダイはムラのソマドリ[*168]に頼んで作ってもらったが、クリの木が少なくなってからはモッタを買ってきて使うようになった。フミスキ（写真107）は常畑のみで使った。

一年目にはマメを播き、二年目以降はアワ、ヒエ、アズキなどを一〇年ほど輪作し、土地が痩せてくるとソバを播いてソラシた。[*169]跡地にはスギやカラマツを植林する人もあったが、何も植えない人もいた。

戦後も数年は焼畑を造成した。当時の現金収入は炭焼かソマドリしかなく、アラキでとれたダイズやアワ、ヒエ、ソバ、アズキを業者に売って金にした。また他人の土地を借りてアラキを播くと、収穫の三割を地主にとられた。水田では小作の場合、六割を地主がとった。

写真 107　フミスキで常畑を耕す

明治四〇（一九〇七）年生まれの別の話者（男性）もアラキ耕作の経験者で、当時の農具を保存しておられた。

アラキには、カヤの多い、岩手県側の放牧採草地を起こす場合と里山の木を切って起こす場合があったが、前者が多く何町歩も起こした。これは山林の所有面積が小さい人が多かったことによる。採草地のアラキの場合は、集落の裏山を登った岩手県側の高原にある、馬の放牧草地を借りて経営した。ここまでは遠く面積も広かったので、泊まることはなかったが小屋を掛けていた。里山を起こす場合には、自分が植栽したスギやマツを用材にするために伐採したその跡地を耕起した。

アラキオコシはタツ（写真108）で土を切って前に進みながら、アラキオコシカンダイ（写真109）で畝をつける。アラキオコシカンダイは、ナラかクリのような堅い木で作った。山でも野原でも男がタツで切り[*170]、女が畝を立て、

写真 108　鋭い刃をもつタツで土を切り、畝を起こしやすくする

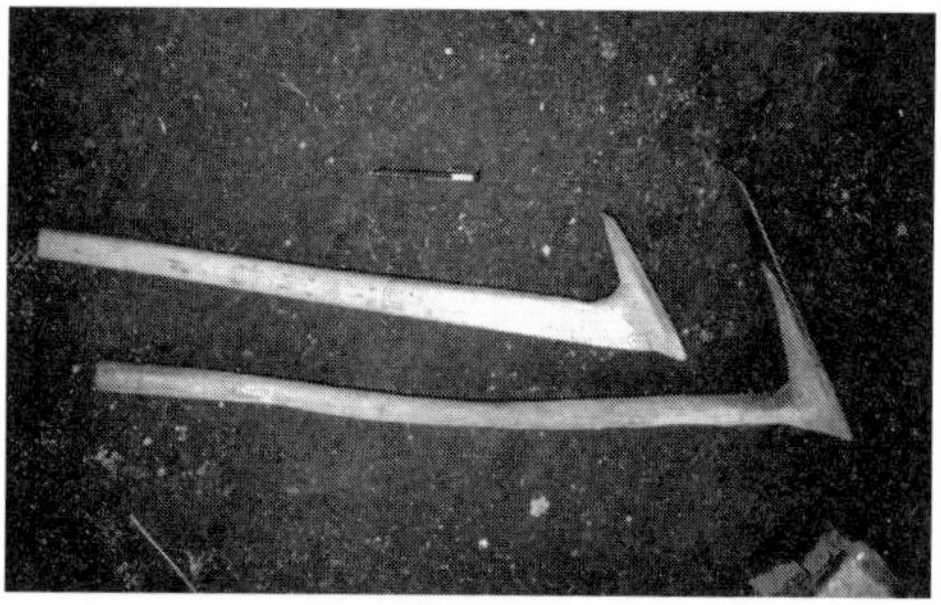

写真 109　タツで切った焼畑候補地をアラキオコシカンダイで起こして大きな畝を立てていく

畝ができると女がダイズを植えた。ユイコでおこなわれ、元気をつけるために濁酒を飲みながら働いたという。山のアラキは、草の根がないから畝は低く作った。ほかの家ではハンノキの自生する山でもアラキを播いていたが、自家の山にはハンノキ山がなかった。通常五反歩ぐらい起こすことが多かった。なおフミスキは里の畑では用いたが、アラキで使うことはなかった。

輪作は一、二年目はダイズを播いた。最初は土が硬いため、草の根がほぐれ腐って軟らかくなるようにダイズを播いたという。三年目にアワ、四年目にダイズ、五年目にヒエを播き、以降ダイズとアワを交互に播いて、一〇年くらいで最後のソバを播いて休閑した。ただしアラキをやめるころには木を植えるため、山に播く際にはソバは少ししか播かなかった。アズキもアラキにはあまり播かなかった。三年目のアワの播種ではまだ土が肥えているため施肥はしなかったが、五年目のヒエでは牛の背でジキタル[*171]を運び、穴を掘って入れ、種子を混ぜて畝に振り付けた。ソバは土用に播く秋ソバが主で、夏ソバは雨で腐りやすいためあまり播かなかった。

雨が降っていてもアラキの草取りにはいった。昔は六月に入ってからの田植えで、年によっては夏至に田植えをしたこともあったが、通常は一五日に終えてテノリ[*172]に入った。お神酒を飲み盆踊りを踊って二～三日休んだあと、アラキの草取りにかかり、一番草をオンボグサといい、土用までに取り終わるように働いた。その後もう一度、二番草まで取った。山の焼畑跡地にはカラマツを植林することもあった。

タツは話者が子供のころに、採草放牧地で土手を作るのに使っているのを見て、真似して田子の鍛冶屋に作らせて普及していった。それまではカンダイで畝を立てていた。

アラキモッタ（写真110）は昔からあって、木を植えたり他のクロを掘るのに使われたが、カンダイ用になる木がなくなってからアラキにも使われるようになった。

アラキで作った穀物は販売し現金収入になった。ダイズがもっとも高く、大止の終わりから昭和の初めごろは、六〇キログラム五円で売れたという。業者が近隣集落に事務所をおき、買いつけていた。行商から魚を買うときには、ダイズやアズキなどアラキで生産した作物と交換することも多かった。アワは自家消費分くらいしか播かなかったが、ヒエは里畑も含めてたくさん播いた。しかし当時ヒエの値段は安く、売ってもたいした収入にはならなかった。

写真110　アラキオコシカンダイからアラキモッタへの焼畑用具の変化は、焼畑開墾の進行による森林の後退を示すものかもしれない

秋から春先まではおもにアワ飯を、春から夏はヒエを蒸してヒエ飯を食べた。北海道の春ニシンがくればヒエ飯とあわせて食べるのが楽しみだった。昔はアラキの作業のほかにも炭焼など山での仕事が多かったが、アワ飯は冷えると堅くて弁当には不向きだった。

ソバを播き終わったあと、カマスを象って四角い形のカマスモチを作った。このモチは、豊作を祈って神棚の山の神様・お蒼前様に供えた。

アラキは終戦後も四～五年の間は食糧が不足したため盛んに起こした。その後道路工事などの土方や出稼ぎなど手間取り仕事が増えてきて、アラキは作らなくなった。

田子町ではこのほかにも、田子、塚の根、夏坂の各集落で聞き取りを実施し、焼畑耕起の経験のある人から耕起用具について聞き取りをおこなった。焼畑の耕起・畝立の農具としてモッタはよく知られていたが、タツについては使用したことがなく、知らない人もいた。フミスキについては全員が、ふつうの畑に使うもので焼畑には使用しないと答えていた。

これらから考えると田子町では、焼畑の耕起用具として古くはカンダイが使われていたが、その後モッタの使用が一般的になり、一部ではタツが導入されたという経過になる。しかし田子町清水頭では、アラキオコシに「アラギスギ」が用いられたという報告がある。[*173] 清水頭では「タヂ」がないので畑作のクワが用いられたとする報告[*174]もあり、田子町でもすべての地域でタツが普及したわけではないことを示していると思われる。しかし、東洋大学民俗研究会による民俗調査では、田子町上郷においても焼畑の畝を立てる際には「タズ」を用いることが記録されている。[*175] ここでいう「タヂ」や「タズ」は本稿のタツのことと思われる。

❖上北町大浦集落における焼畑

調査地の青森県上北町大浦は、下北半島のつけねの小川原湖に流れ込む七戸川沿いに広がるなだらかな丘陵地に位置する。川沿いには水田が、台地には畑が開けた、標高四〇メートル以下の平地農村である。ここでは、平成元（一九八九）年五月および八月に調査をおこなった。

大正一二（一九二三）年生まれの男性話者によると、この地区では畑をたくさん持つ本家株の家を除くほとんどの農家で、田畑のほかにアラキが作られていた。とくに話者の家は父の代での分家であったため、コーチと呼ばれる常畑があまりなかった。そこで父が大工で稼いで買い取った土地を話者が農業に専従して耕作していたため、昭和二五（一九五〇）年ごろまではほぼ毎年アラキを造成していたという。

アラキの造成は、まずナラやマツの雑木林[*176]を、多くの場合二〜三反歩[*177]ほどの面積を切り払い、五月の初旬から中旬ごろに焼く。炭焼の原木を伐採した跡地に造成することも多かった。

耕起はタツという、四〇〜五〇センチメートルほどの長い刃に角度をつけた柄がのびた農具を、約九〇センチメートル間隔で、地面に叩き込むように深く切っていく（写真111）。アラキオコシの現場に砥石を持参し研ぎながら切った。ナラの根などで欠けたときには、鍛冶屋で直した。次にモッタと呼ばれるトウガを用いて両側から内側へ土塊を反転させていく（写真112）。このモッタは、六八のモッタと呼ばれ、刃の幅が六寸[*178]、長さ八寸のものを鍛冶屋に作らせて用いた。これらはおもに男の仕事であり、女は反転した土から出ているササなどの根にクワで土をかけ[*179]、高さ約三〇センチメートルの高畝を作る。基本的には家内労働力ですまし、ユイトリなど他家からの労働提供を受けることはめったになかった。

写真 111　タツの使い方

写真 112　モッタの使い方

一年目はダイズを五月の末に播く。ドドの口にマメを播けといった。ダイズは一つの畝にカマを刺しひねって三とおりに植えた。除草は二〜三回おこなう。しかし土壌の悪いところでは一反歩播いても一俵もとれなかった。

二年目はオモイガエシといってモッタで畝を入れ替え、アズキを植える。三年目にはアワ・ヒエを植え、土もこなれてくるのでクワで畝を入れ替えたが、これもオモイガエシといった。常畑とは違ってアワ・ヒエの間引きはおこなわなかったが、雑草はやはり二〜三回取った。アワによく似た雑草はハクジャと呼ばれ、南部地方の盆踊り唄であるナニャトヤラにも「今年はじめてアワの草取れば、アワとハクジャのわけ知らず」と謡われている。

アワとヒエの播種では、畑に直径三〇センチメートルの穴を掘り、ジキ[*180]と過リン酸石灰を入れ、種子を加えてよく混ぜ合わせる。これを畝に振り付けるように播いて、クワで土をかけた。これは常畑でのアワとヒエの播種の方法であるジキフリと同じである。三〜四年もすると木の根も腐ってくるので、そのまま常畑にするときは、冬でも雪が降るまでは根を掘り、馬橇で運び薪にした。四年目以降の作付けや、最終作物はとくに決まっていない。

また本家の山を借りてアラキを起こす際には、スギを植林して返せば賃貸料はいらなかった。三〜四年播いた後、畝間に約三メートル間隔でスギを植えた。アラキの跡に植えたほうが四年ぐらい前に植えたものよりも成長が速かった。また自分の山でアラキに起こし、あまり収穫が良くなかった場所はそのまま放置し、切り株から再萌芽して雑木林に還っていった。今でも畝の跡が見える雑木林がある。父が買った土地は全部いちおうアラキオコシをした。土質の善し悪しはダイズの収量にいちばんはっきり現れる。

このほかにアラキではジューネ[*181]やトウモロコシを部分的に栽培した。どの作物も収量は常畑よりも悪く、ダイズなら常畑では一反歩から四俵はとれたが、アラキでは一〜二俵しかとれなかった。

本家筋以外はコメの飯を食べるのは盆と正月だけで、ふだんはアワ、ヒエが主食となった。だからアラキからの収穫は自給食糧として重要であり、売ることはなかった。

アラキは、昭和二四〜二五（一九四九〜五〇）年まで耕作されていた。このころから近隣に化学肥料工場ができて肥料の購入が容易になり、またプラウを用いた馬耕が盛んになりアラキが常畑化しやすくなったことがあげられる。これにより各家がある程度の自家の常畑を獲得し、そこでバレイショやタバコなど換金作物の栽培がはじまった。

アラキで用いられるタツは昔からこの地域で使われてきた農具である。しかしタツはアラキだけで使われるわけではない。水田耕作でもクロの水漏れを防ぐために切り直す際には、必ずタツが用いられた。「タツなくしては百姓はできなかった」のである。

❖秋田県南地域の焼畑――漫画家・矢口高雄の焼畑体験

図７　秋田県横手市旧増田町狙半内の焼畑（矢口、1992より）
©矢口高雄『蛍雪時代』第二巻より

ある晩、息子の枕元にあった読みさしのマンガに目を通していると、「焼畑」の二文字が飛び込んできた。矢口高雄の自伝的な漫画作品『蛍雪時代』の第二巻だった。作者は『釣りキチ三平』でよく知られるが、私にとっては同じ東北の山村で暮らしていたころ読んだ『ふるさと』が印象深い。

しかし、この作品は未見だった。作者は秋田県横手市の旧・増田町狙半内《さるはんない》に生まれ育った。中学生時代に作者が家族と営んだ焼畑耕作の思い出が描かれている。

狙半内では、伐採後の切り株だらけの山を焼いて焼畑を造成し、山への火入れは「狩野《カノ》焼き」と呼ばれた。さらに焼畑に畝を立て、施肥をおこない、豆を植えるまでの一連の作業が、生き生きと詳細に描かれている。焼畑耕作が、体験者によってマンガ化された稀有な事例だろう。気になって周辺の作品を通読すると、『オーイ!! やまびこ』

の第一巻でも「狩野焼き」が描かれ、『新・おらが村』第一巻では、青首大根を小型にしたような「日暮れカブ」が焼畑で作られていたというエピソードもあった。

これまでの秋田県の焼畑研究では、森吉山地周辺の山村での調査は知られていたが、この地域の焼畑の詳しい報告は見たことがなかった。私は作品引用の許可のお願いとあわせて、焼畑耕作の詳細を問い合わせた。多忙であろう矢口先生からは、わざわざご母堂にも問い合わせていただき、懇切丁寧なお返事を幾度もいただいた。そこには、火入れの手順や防火帯のことなど、体験者でなくては書けない焼畑の手順が詳述されていた。そして、狙半内での焼畑はおもに国有林で耕作され、初年度は畝を立てず、ばら播きでソバやアワなどを栽培し、二、三年後に畝を立て、肥料を入れながらアズキやダイズを作付けたことが明らかになった。

また焼畑が耕作された背景には、当時、国有林を開墾することによって、その土地の払い下げを受けられたこともあったという。

筆者も昭和六三（一九八八）年に、狙半内から山ひとつ隔てた隣にある旧東成瀬村へ調査にいったことがある。矢口先生のご母堂の出身地もここである。

当時のフィールドノートを見ると、マタギや鷹匠、ワラビ根掘りの話とともに、カンノと呼ばれる焼畑の話を聞いている。明治四一（一九〇八）年生まれの話者によれば、火入れをした初年度にはソバを作付け、翌年にはアワやカブ、まれにアサも播いた。三年目にはダイズやアズキを栽培し、耕作面積は一反歩前後で、昭和三〇（一九五五）年ごろまで耕作した。平良《だいら》カブという、平良集落特産の青首大根に似たカブがあり、焼畑で栽培したものが美味いといわれていた。この当時、この平良カブを村の特産品として売り出す試みがはじまっていた。矢口作品の「日暮れカブ」のエピソードも、これを取材して描かれたそうである。

東成瀬村では昔から焼畑が耕作されてきたが、通常は畝を立てることはなかった。戦後は、村有地や村外の地主などから借りた林地や藪で、焼畑を経営しながら常畑化したり、焼畑耕作後にスギやクワを植林した場所もあった。焼畑の跡地に肥料を施し、オカボを播いたこともあったという。

昭和二〇年代、これらの秋田の山村では、焼畑の技術を用いて国有林や村有・私有地を常畑化し、開墾を進めていたのであった。

狙半内の焼畑は、その呼称からも「カノ型」の焼畑だと考えられる。にもかかわらず、畝立や施肥がおこなわれた理由は、いろいろな可能性がある。常畑化が目的の焼畑だったため、従来の焼畑と常畑の耕作方法を組み合わせたような、新たな開墾の技術が生まれていたのかもしれない。あるいは元からこのような畝立・施肥を伴う焼畑が伝承されていたのかもしれず、今のところわからない。

私が狙半内の焼畑で気になるのは、「カノ型」の焼畑で栽培されることが多いカブが、あまり作られていなかった点である。隣接する東成瀬では、焼畑で作られるカブの品種が継承されてきている。

このように焼畑は、近隣の集落でも同じように耕作されているとは限らない。地域ごとのさまざまな要因によって、異なった形態を持っている。その変異の幅は、たとえば稲作などと比べれば、かなり大きいものと思われる。

4――多様な焼畑の意味するもの

❖「アラキ型」焼畑経営の特色の検証

佐々木高明は、昭和三七（一九六二）年の自身の調査による青森県田子町の旧上郷村の四十渡集落における事例と、岩手県稗貫郡大迫町町役場へのアンケート調査および山林局調査、そして山口による名久井村と安家村の調査報告の計四地点での資料から、「アラキ型」焼畑の経営形態の特色を抽出している。これを以下、多少長くなるが引用を交えて、六点にまとめてみたい。

まず一点目は、「アラキ型」の焼畑用地に、主として原野が選択されることがあげられている。また焼畑造成の最初には、田子町では「タツ」と呼ばれる「大型のアラキスキを用いて焼畑の表土を踏み起し[*187]」たあと、畝が立てられる。ほかの調査地点でも同様の作業が施されることから、「アラキ型の焼畑の経営技術の最も大きな特色は、焼畑の播種の前に大きな労働力を投入してこの耕起・畝立の作業をおこなう点に求めることができる[*188]」と指摘している。これが二点目である。

三点目には、「アラキ型」の輪作順序の特徴として、初年度におもにダイズ、例外的にアワ、ヒエを播種する点をあげている。

四点目は、田子町にみられる種に肥料を混ぜて播種をおこなう慣行が、大迫町、名久井村の焼畑でも確認されていることから、これを「アラキ型の焼畑の第二の大きな特徴[*189]」と指摘している。

またアラキは、名久井村では五年、安家村（現岩泉町）でもふつうは四年の耕作で放棄するものの、田子町では一〇年以上にわたって耕作を続ける例があり、安家村でも五年目に作付けする例があることから、古くはさらに長期の耕作があったと推定し、「アラキ型の焼畑ではこのように輪作の途中にソバをはさみながら、長期間にわたりその耕作を続けることが少なくな」く、「休閑期間は、原野の伐採を前提としているため、一〇年ないし一五年程度と一般に短いこともその特徴となっている[*190]」と述べている。これが五点目である。

六点目としては、経営面積が「カノ型」焼畑と比較して大きいことが指摘され、その面積は、昭和二五（一九五〇）年の農林業センサスから一戸あたり平均二町八反歩とされている[*191]。

以上を総括して佐々木は、「アラキ型の焼畑経営の方式は、全国の他の地域に類例をみない耕起・畝立の作業と施肥を伴うきわめて特異なものであり、焼畑農業には珍しい集約的な特性を有している」「耕作期間が長期にわたる事実と共に、きわめて労働集約的な経営方式がアラキ型の焼畑の大きな特色となっている[*192]」とまとめている。

表19 「アラキ型」焼畑の特徴1（岡、1998より）

調査地	大迫町内川目				川井村小国			新里村	宮古市	岩泉町大川		岩泉町有芸	
	小屋敷	大洞	楢花	黒森	永田	中仁沢	三部落	和井内	田代	平井	寄部	栃の木	皆の川
環境	林地	林地	林地	林地	林地	林地・草地		林地	林地	草地	ヤブ・草地	林地	林地
耕起農具	クワ	カンダイ	クワ	ヒラクワ	シャクシ	アラクマキ シャクシ		シャクシ、トウガ	アラキ用のスキ	シャクシ、トウガ	シャクシ、トウガ	フミスキ	ヤマズキ、トウガ
初年播種	春	春	春	春	春・夏	春	春・夏	春	春	夏	春・夏	春	春
初年作物	アワ	アワ、カブ、エゴマ	アワ、ヒエ、カブ	アワ、ヒエ、カブ	アワ、ヒエ、カブ、ソバ	ヒエ	アワ、ヒエ、カブ、ソバ	ヒエ	ヒエ、カブ	ソバ	アワ、ソバ	ヒエ	ヒエ、ダイズ
最終作物	ソバ、アズキ	ソバ、アズキ	ソバ	アズキ	ダイズ、アズキ、ヒエ	不定	アワ、アズキなど	ソバ	ヒエ、ソバ	不定	ダイズ、アズキ	ダイズ、アズキ	ヒエ
作付期間	5〜6年	4〜5年	4年	5年	1〜4年	5〜6年	3〜5年	4〜5年	5年	5年	3〜6年	3〜4年	4〜5年
休閑期間	20年	20年	20〜30年	15年	30年	30年	15〜30年	30〜40年	15〜16年	20年	10〜15年		30年
造成面積	2〜3反	5反	2〜3反	2〜3反	3畝〜2反	2反		1反		2畝〜1反	1反	1〜5反	5反
畝立	初年	初年	初年	初年	まれに2年目	古く3年目	4年目	なし	初年	なし	なし	初年	初年
混合播	あり	あり	あり	あり	なし	なし		なし	あり	なし	なし		あり
除草	3回		2回	2〜3回	2〜3回			1〜3回	2回	1回	1回		1〜2回
重要作物	アワ			アワ	ヒエ	ヒエ		なし				ヒエ	アワ
跡地植林	ハンノキ	ハンノキ	ハンノキ	ハンノキ	スギ、ハンノキ	なし		なし	ハンノキ	ニリ	なし		ハンノキ
焼畑終焉	昭和30年頃			昭和25年頃		昭和30年頃		昭和30年頃		昭和30年頃	昭和25年頃		昭和23年頃
商品化	なし	なし	なし	なし	なし	なし		なし	なし	なし	なし	なし	なし
信仰儀礼	あり	なし		なし	なし	あり		なし	なし	なし	なし	なし	なし
出典				(1)			(2)						

出典　(1)：小形信夫「早池峰山西麓山村の焼畑習俗——大迫町黒森の焼畑を中心として——」『岩手の民俗』8・9号　1989年
(2)：山口弥一郎『東北の焼畑慣行』1944年

表20 「アラキ型」焼畑の特徴2（岡、1998より）

調査地	岩泉町安家	久慈市山根	軽米町広域調査	軽米町蛇口	名川町旧名久井村	田子町飯豊	上北町大浦
環境	林地	林地	林地	林地	林地	草地、林地	林地
耕起農具	アラキスキ	アラキ用スキ	アラキスキ	アラキ用スキ	アラキスキ	タツ、モッタ、カンダイ	タツ、モッタ
初年播種	春	春	春	春	春	春	春
初年作物	ダイズ、アワ	ダイズ	ダイズ	ダイズ	ダイズ	ダイズ	ダイズ
最終作物	ソバ、ダイズ	ソバ	ソバ	ソバ	ソバ	ソバ	不定
作付期間	4〜6年	6〜8年	4〜10年	6年	4〜5年	10年	3〜5年
休閑期間	6〜10年	30〜40年	25〜55年	35年	35〜40年		
造成面積	1〜2反	5畝〜3反		1〜3町	2反	1反〜1町	2〜3反
畝立	初年	初年	初年	初年	初年	初年	初年
混合播	ソバで木灰と尿	アワで灰、ソバに灰や馬糞	アワでまれに灰、ヒエで人糞尿、ソバで木灰と尿	ヒエとコムギで人糞尿とリン酸	化学肥料と木炭、アワ、ダイズには用いない	ヒエで人糞尿	ヒエ、アワで人糞尿とリン酸
除草	3回	2〜4回	2回		2〜3回	2回	2〜3回
重要作物	アワ			コムギ、ダイズ		ダイズ	アワ、ヒエ
跡地植林	まれにキリ	なし	カラマツ、スギ	一部カラマツ	なし		
焼畑終焉	昭和25年			昭和30年		昭和25年頃	昭和25年頃
商品化	なし	ダイズ	余剰分を販売	換金目的でアラキを造成		換金目的でアラキを造成	なし
信仰儀礼	なし			なし		なし	なし
出典		(1)	(2)		(3)		

出典　(1)：門屋光昭「久慈地方の焼畑・畑作習俗」『岩手の民俗』8・9号　1989年　(2)：佐々木武虎『軽米の焼き畑』軽米町教育委員会　1984年　(3)：山口弥一郎『東北の焼畑慣行』1944年

これまで本書で述べてきた、筆者の一五の調査地点での聞き取りと、文献による五地点での調査をまとめ、表19と表20に「アラキ型」焼畑の特徴を示した。以下これを参照しながら、六点の特色を検証していきたい。まず一点目については、「アラキ型」焼畑の分布域での二〇調査地点のなかで、主として草地を起こすのは岩泉町大川地区の二地点にすぎない。また本稿で明らかにしたように、田子町でも、草地での焼畑が主であるものの、木を伐採する林地でのアラキオコシもおこなわれていた。

二点目では佐々木のいうタツと呼ばれる大型のアラキスキという記述が問題となる。青森県内では、西目屋村[*193]、名川町[*194]、平内町[*195]、南郷村[*196]、新郷村[*197]、川内町[*198]、平賀町[*199]、五戸町[*200]および今回報告した上北町と田子町で、アラキまたはアラギと呼ばれる焼畑がかつて存在していたことが報告されている。このうちタツやモッタを用いてアラキを起こしたことが報告されているのは、本稿で報告した上北町および田子町と、その北側に接する新郷村[*201]、そしてその東に接する五戸町[*202]である。また岩手県では二戸市下斗米で、タツを用いてアラキを耕起していたことが報告されている。[*203]

タツは、一般に水田稲作の畦切り整形用具として扱われている。[*204] 津軽藩士によって天明から寛政年間にまとめられた『奥民図彙』[*205]にも、ほぼ同形同寸の記載があり、「タ子・太刀　是は田ノクロヲ切ル具ナリ」と説明されている。だからその存在が報告されている地域も、南津軽郡田舎館村や西津軽郡鯵ヶ沢町など、津軽地方の水田単作地帯を含んでいる。本稿の上北町の事例と同じく、五戸町でも稲作に使うタツをアラキにも併用していた。[*206]このようにタツは、稲作地帯でよく用いられ、山村においては焼畑にも併用される農具であった。その作製も刃さえ購入すれば、真っ直ぐな柄をつけるだけで容易である。

これに対して名川町や南郷村とともに、岩手県の南は宮古市から、北は名川町や南郷村に接する軽米町に至る地域では、フミスキ（写真107）をより堅牢に作製したほぼ同形のアラキスキが共通して用いられていた。[*207] なお「蝦夷草紙」によれば、松前藩内にも前年八月ころに「曠野」の草を刈って焼き、翌年の春に「鍬を入れて畑とする」「荒起」と呼ばれる焼畑耕作があった。[*208] この鍬をクワと読むか、スキと読むかはわからないが、フミスキについては、アイヌが使用していた記録がある。[*209] 北海道の道南地域においても藩政期からスキを用いた焼畑がおこなわれていた可能性が考えられる。

アラキスキの場合、刃先以外は、アラキオコシに適した堅い樹種であるイタヤやオノオレカンバなどが用いられた。柄になる太さの枝が適当な角度についた幹を山から切ってきて、農家自身が作製していた。よって、そうした原木の入手が容易な、森林資源の豊富な地域でなければ作製使用できない農具であった。

アラキスキは機能的には、土を起こして砕きながら反転させる農具であり、北上山地の地域のものは東北・北海道、六日町型[*210]に分類される。土や草木の根を切るために用いるタツとは、形も機能もまったく異なる農具である。

このように焼畑の耕起用農具という観点から見ると、「アラキ型」として一括されている地域で、必ずしも同じ農具が使われているわけではない。だからといって、タツ使用地域とアラキスキ使用地域とに線引きができるかというと、三節でも述べたように同じ田子町内でも両者の使用は錯綜している。

また戦前の調査でも、「昔は軽米町のスキがよいとわざわざ買いに行った」[*211]とされるほど、軽米町の鍛冶は有名であった。アラキスキの刃先を終戦後に販売していたこの軽米町の鍛冶屋は、とくに注文が多かった地域として、軽米町、九戸村、山形村、岩泉町、名川町とともに、五戸町、田子町、新郷村をあげている。[*212] つまり筆者らの調査ではタツが用いられていた地域でも、アラキスキを用いていた人もあったと考えざるを得ない。

また、現在五戸町に編入されている旧川内村でも、古くはタチで草木の根を切った後、特別に大きなスキで大畝を作るという焼畑経営があった。[*213] よってタツとアラキスキを併用するアラキ経営もあったことになる。

いずれにしても、タツとアラキスキを同一のものとするのは誤りであるが、青森県から岩手県境域でこのいずれか、あるいは両者がアラキオコシに用いられていたわけである。

初年度の耕起・畝立は、表19、表20でわかるように必ずしもすべての調査地でおこなわれていたわけではない。[*214]「アラキ型」焼畑の南限にあたる大迫町の焼畑「アラク」については、アラキスキは用いないが、初年度にカンダイや専用のクワで耕起・畝立する。しかし東隣の川井村では、二～四年目以降に耕起する例もあるものの、初年度にはおこなわない。また新里村や岩泉町の大川地区（旧大川村）では焼畑はカノと呼び、畝は立てずトウガ[*215]とシャクシで覆土するだけである。

しかし安家地区以北の焼畑では、初年度の耕起・畝立はすべて共通する属性であり、[*216]初年度に畝立する焼畑は世界的にも珍しいため、例外はあるもののこの地域の焼畑の特性として考えて良いかもしれない。そしてこの畝立は常畑と同じ斜面に沿ったタテ畝であり、常畑の経営技術が移転したものと想像される。

初年度にダイズを播種するという三点目の特徴については、表19、表20に示したように大迫町、川井村、新里村、宮古市、岩泉町大川地区ではあてはまらず、初年度には主としてアワかヒエを栽培する。また、春ではなく夏に火入れをして造成する場合には、初年度作物はソバになる。アワ、ヒエ、ダイズのいずれかを初年度に栽培するのは、岩泉町の有芸地区、安家地区であり、久慈市山根地区、軽米町、名川町、田子町、上北町では初年度にダイズを栽培する。

川井村の初年度にアワ、ヒエを播くアラキについて佐々木は、「カノ型」と「アラキ型」との漸移帯における焼畑の輪作例とみなしている。[*217]しかしダイズ以外のものを初年度に栽培する地域を漸移帯とするならば、いわゆる「アラキ型」焼畑の分布範囲の半分はこれに含まれることになる。

四点目の種を肥料に混合する播種法は、北上山地周辺の常畑ではどこでもみられた方法である。[*218]この播種法は混合播と名づけられ、焼畑でこの方法がとられる地域は北上山地のみであり、常畑ではより広い範囲で用いられていることから、この技術が常畑を中心として発達した技術ではないかとする推論がある。[*219]

筆者の調査でも、表19、表20に示すように川井村、新里村、岩泉町大川地区の焼畑経営では混合播はおこなわれず、「アラキ型」焼畑全域で混合播がみられるわけではない。また川井村、新里村、岩泉町大川地区の常畑では混合播によって雑穀が播種されており、確かにアラキの混合播は、常畑のそれよりも分布が狭い。また、作物によって混ぜる肥料を変えている点も興味深く、今後常畑の混合播との比較も必要だと思われる。

五点目の耕作期間が長く、休閑期間が短いという指摘であるが、作付けが一〇年をこえる例は軽米町、田子町だけで、六年以下の作付け期間が多いのは、ここではアラキで生産される作物が換金できたことと関係があると思われる。先にも述べたように、田子町ではダイズが、軽米町ではコムギが高く売れ、またそのほかの作物も収入になっていた。しかしこの軽米町と田子町以外の山村では、アラキからの収穫物を多量に販売したという話は聞かれない。むしろそこでのアラキは、当時の主食の中心であった雑穀の収穫を増やすための、自給的な性格が強かったのである。

休閑期間は表19、表20にあるように、安家地区が六〜一〇年ともっとも短かったが、三〇年をこえる例も川井村、新里村、岩泉町有芸地区、久慈市山根地区、軽米町、名川町と多く、最長は軽米町の五五年となっている。「アラキ型」焼畑が原野のみで耕作されるものであれば休閑期間を短くすることもあり得るが、一点目で述べたように実際は林地の利用が多く、いきおい休閑期間も長くなる。

六点目の経営面積については、確かに数畝から二反歩に満たない「カノ」型焼畑に比べるとその経営面積はやや大きい。しかし、表19、表20をみると、なかでも飛び抜けて大きいアラキを造成していたのが軽米町と田子町である。一町歩をこえる規模のアラキを経営していたのは、調査地点のなかで軽米町と田子町しかない。ここでのアラキの面積が広いのも、アラキの作物が商品価値を持っていたからだと思われる。

❖「アラキ型」焼畑の多様性とその背景

筆者はここまで「アラキ型」と一括される地域において、その特色とされた点が必ずしも共通していないことを指摘してきた。しかしこれは、「アラキ型」焼畑をさらに細分化し、類型化を試みようとするものではない。むしろこの地域の焼畑がバラエティの幅をもっており、地域的な農耕技術や市場経済の影響を受けて、それぞれ変化してきた可能性を指摘したいのである。

まず耕起・畝立は、全域ではないにしろ「アラキ型」焼畑の大きな特徴であるが、それに用いられる農具にはかなりのバラエティがある。しかもほかの農作業に用いられる農具を併用したり、改良を加えて用いられているものが多い。つまり、水田耕作に用いられるタツ、モッタ、常畑耕作に用いられるクワ（カンダイ）、トウガ（唐鍬）、シャクシなどがアラキ耕作にも共用された。また、常畑のフミスキやカンダイをより堅牢に作製したアラキスキやアラキオコシカンダイ、ネギリがアラキオコシに不可欠であった。

混合播は常畑では広く用いられるが、焼畑では限られた地域でとられる方法であり、常畑からの技術移転である可能性が高い。「アラキ型」といわれる焼畑は、このように常畑や水田稲作における農耕技術の影響を受けながら変容してきたと考えられる。

また換金作物がアラキで作られていた地域では、経営面積が大きくなり、耕作期間も長くなる傾向がある。その輪作順序も表21に示すように、田子町では高く売れるダイズを最初の二年間続けて播き、最大で一一年間に六回作付けする形式を持ち、軽米町ではもっとも高値のコムギを三年目と五年目の秋に二回作付けしていた。[*220] このような輪作は、ほかの調査地点ではみられなかったものである。

つまり商品作物を生産していた田子町と軽米町のアラキでは、商品価格の高い作物を積極的に輪作に取り込み、耕作の規模も拡大し期間も延長していた。一方、他地域の自給的なアラキでは、主食であったアワ、ヒエなど雑穀を増産することに主眼がおかれていたものと思われる。このようにまったくの自給目的か、商品作物の生産を含むのか、その地域のアラキの性格の違いによって、その経営形態も変化したのだと考えられる。[*221]

「アラキ型」焼畑はこのように柔軟性を持った生業であり、ほかの農耕技術にも、社会経済的な状況にも対応

表21「アラキ型」焼畑の輪作順序（岡、1998より）

調査地区	1年目	2年目	3年目	4年目	5年目	6年目	7年目	出典・備考
小屋敷	アワ	ダイズ	アワ	ソバ	ヒエ	ソバ	(アズキ)	
大洞	アワ	ダイズ	ヒエ	ソバ	アズキ			
楢花	アワ、ヒエ	ダイズ、アズキ	アワ、ヒエ	ソバ				
黒森	アワ、ヒエ	ダイズ	ヒエ、アワ	ソバ	アズキ			(1)
永田	アワ、ヒエ	バレイショ、ダイズ、アズキ	ダイズ、アズキ					
中仁沢	ヒエ	アワ、ダイズ、ソバ	アワ、ダイズ、ソバ	アワ、ダイズ、ソバ	アワ、ダイズ、ソバ	アワ、ダイズ、ソバ		
和井内	ヒエ	ダイズ	アワ	アズキ	ソバ			岩穴集落
田代	ヒエ、センダイカブ	ダイズ	ヒエ、アワ	アズキ	ヒエ、ソバ			田畑集落
大川	ソバ	ダイズ、アズキ	アワ、ヒエ	ダイズ、アズキ、アワ	ダイズ、アズキ、アワ			平井集落
	ソバ、コムギ、アワ	アワ、ダイズ、ヒエ	ダイズ、ヒエ、アズキ	アズキ、ダイズ				寄部集落
有芸	ヒエ	ダイズ、アズキ	アズキ、ダイズ					栃の木集落
	ヒエ、ダイズ	ダイズ、ヒエ	ソバ	ヒエ				皆の川集落
安家	ダイズ、アズキ	アワ	ヒエ	ソバ	アワ	ダイズ、アズキ		
	アワ、ダイズ	アズキ、ヒエ、カボチャ						上流集落の事例
山根	ダイズ	アワ	ダイズ、アワ、ヒエ	ソバ				(2)
蛇口	ダイズ	アワ	ヒエ、秋蒔コムギ	ダイズ	ヒエ、秋蒔コムギ	ダイズ、ソバ		
名川	ダイズ	アワ、秋蒔ムギ	ダイズ	ソバ				(3)
	ダイズ	アワ、秋蒔ムギ	ダイズ	アワ、ヒエ	ソバ			(3)
	ダイズ	アワ	秋蒔コムギ	ソバ				(4)
飯豊	ダイズ	以降アワ・ヒエ・アズキ・ダイズのいずれかを交互に10年ぐらい蒔き、最後にソバを蒔いて休閑						
	ダイズ	ダイズ	アワ	ダイズ	ヒエ	以降ダイズとアワを交互に10年ぐらい蒔き、最後にソバで休閑		
大浦	ダイズ	アズキ	アワ、ヒエ	以降不定、最大で5年くらいで休閑				

出典　(1)：小形信夫「早池峰山西麓山村の焼畑習俗――大迫町黒森の焼畑を中心として――」『岩手の民俗』8・9号　1989年　(2)：門屋光昭「久慈地方の焼畑・畑作習俗」『岩手の民俗』8・9号　1989年　(3)：山口弥一郎『東北の焼畑慣行』1944年　(4) 野本寛一『焼畑民俗文化論』雄山閣出版　1984年

し、それぞれに姿を変えてきた。だから決して均質な属性をもった類型ではない。むしろそれぞれの違いが生じた要因が、当該地域のおかれていた状況を反映していると考えられるところが興味深い。それぞれの「アラキ型」焼畑の個性のなかに、それを育んできた地域の特性が読み取れるのである。

焼畑に限らず、民俗社会のなかで特定の要素を切り取って比較し、類型化するような研究は、これまで数多くあった。しかし、こうした研究では類型（ときには文化圏）内の差異は見逃され、その生じる要因や地域の特性はみえてこない。当該社会の複雑な要素のからまりのなかで、いかに焼畑という一つの生業が存在していたかを考えるような研究が必要なのではないだろうか。

❖東北の焼畑と縄文時代との連続性

東北の焼畑は、西南日本の焼畑と違って山の神などに対する信仰・儀礼があまりみられないといわれている。佐々木[*222]高明は、東北地方の焼畑は新しく、稲作以前つまり縄文時代にあった焼畑の形式を伝えるものではないとしており、ひとつにはこうした信仰儀礼の欠如がその根拠になっている。

佐々木（一九七二）[*223]以降、このアラキ型とカノ型の焼畑についてはしばらく議論がなかった。そこに独自の見解を提起したのは、野本寛一（一九八四）[*224]だった。そこではアラキ型の焼畑と、中部山岳地帯の焼畑との輪作呼称そのほかの焼畑語彙の類似性を認め、源頼朝による奥州征伐での功によって南部氏が甲斐国から移動する際に、これに伴って移動してきた農民によって南アルプス山麓型の焼畑の技術が移植された可能性を指摘している。いうなればこれは、数千年の開きがある近代のアラキ型焼畑と縄文時代とを直結させてその連続性を問う学説に対抗して、その間によこたわる歴史性に目を向け、焼畑を中世以降の技術と考えた学説であるといえよう。

篠原徹（一九九五）[*225]も、東北の焼畑に限定した議論ではないが、「起源や伝播の問題を別にすれば焼畑をする山村というのは中世以降なんらかの理由で山に住みついて周囲の落葉広葉樹林に適した生業である焼畑を取り入れた村であると考えるべきであろう」と述べている。

赤坂（一九九八）[*226]は、カノ型について、本当に水田稲作の拡大とともに稲作に随伴して、中世以降に東北にもたらされたものなのか、疑問を投げかけた。これに答える形で、佐々木（一九九九、二〇〇一）[*227]は学説の訂正をおこない、やはりカノ型焼畑は縄文以来の伝統があるとした。のちに佐々木（二〇〇六）[*228]はアラキ型焼畑についても縄文との連続説に宗旨を変えたようである。また六車（二〇〇四）[*229]によって、佐々木の類型化を含む東北の焼畑研究が再検討された。この間、筆者もアラキ型焼畑がかなり地域性に富む多様なもので、佐々木の類型に合致しない事例が数多くあることを指摘してきた。[*230]

このように東北の焼畑研究をめぐる議論は錯綜し、変化してきている。しかし筆者は、東北の焼畑研究の目的を、縄文時代との文化的なつながりがあるか、ないか、というところにのみ収斂させていくべきではないと考えている。

常襲する凶作・飢饉に対応する生存戦略として、常畑とともに進化してきたのがアラキ型焼畑であり、もともと食糧の完全自給はかなわないこの地域における所与の条件のなかで焼畑に要求されたのは、飢饉や現金収入源であった繭や仔牛の価格の暴落などの危機に対応して、不足した食料を少しでも自前で確保する緩衝装置としての役割にあったと考えられる。それは近世以降、少なくとも一〇〇年以上にわたって山村の人びとの食糧危機を救ってきた、持続性の高い環境利用の技術であった。

危機を乗り越えるためには、栽培品種も、栽培管理方法も、そのほか状況に応じて変わったであろうし、そう思わせるようなバリエーションの幅がアラキ型焼畑にはある。そうしたアラキ型焼畑のありようは、たとえ縄文時代との系譜的なつながりがないとしても、充分私には興味深い。昭和の焼畑経営にはるか縄文の文化の残滓をみようとすることはかなりの困難が伴うはずで、そこにだけ研究の方向性を集中させるのは、東北の焼畑が今、我々に語りかけてくるさまざまなものを見誤ることになるのではないだろうか。

❖「アラキ型」焼畑の謎

佐々木高明は、アラキ型の謎として次の二点をあげている。[*231] つまり、第一は、なぜ全国のほかの焼畑にはみられないフミスキを用いた耕起・畝立がおこなわれるのか。第二は、北上山地はヒエ栽培の卓越地帯であるのに、なぜアラキ型焼畑では本来の輪作作物にヒエが含まれず、アワとダイズが主作物なのか、である。

この謎の提起に続いて展開されるのが、アラキ型焼畑が国内の他地域に見られない特徴を持つのは、それがナラ林帯地域に起源する北方系の畑作農耕がもたらしたものだからだとする仮説の提示である。[*232] 佐々木はこの仮説を述べながら、数少ないデータで推論しており、不十分な点があることを断りながら、今後の研究への刺激剤としたい旨を述べておられる。日本の焼畑研究の第一人者から提出された「刺激剤」に応えるために、ここではこの仮説を取り上げて考えてみたい。もちろんこうした大胆な問題提出に対抗する総合的な自説を展開できるわけではないが。

第二の謎、ヒエの問題についてはおそらく説明が必要であろう。実際には、ほとんどのアラキ型焼畑でヒエが栽培されている。[*233] だが佐々木は、ヒエがアラキ型焼畑の輪作体系に導入されたのは、年代的にかなりあとだと主張している。

その根拠としているのは、①「ヒエが焼畑に栽培されるのは三年目のオモガエシを行ったあとの相対的に肥沃な耕地が多い」、②「しかも、その際、ボッタマキ[*234]という常畑の施肥技術を伴っている」ので「もともと常畑で栽培されていたヒエが、後になって焼畑の輪作体系の中にとり入れられた」からだというのである。さらには、「アワと大豆を主作物としているアラキ型の焼畑の作物構成は、アワ・キビを主作物とする擦文型の雑穀農耕の中のキビが大豆に置き換えられた」ものと論じている。

実際にアラキ型の焼畑を調査して感じているのは、アワの重要性である。北上山地の山村の暮らしのなかで、主食の大きな部分を占めていた雑穀はアワではなくヒエである。しかし焼畑において収量が良く、味も良いとされるのは、一年目に栽培されるアワやダイズである。焼畑の栽培には、ヒエよりもこれらの作物の方がむいていたのだと思われる。

けれども、混合播による施肥がおこなわれるのはヒエだけではなく、アワやソバでもその例は多い。焼畑が三年、四年目に入って、土中の養分も減ってくる時期に播くため施肥が必要になる、というのが多くの話者の説明であった。このことから、三年目のアラキを肥沃だとする点も疑問である。佐々木が、アラキ型焼畑の事例として取り上げた岩手県稗貫郡大迫町内川目の例でも、アワの播種で混合播をおこなっている。[*235] 逆に安家地区の事例のように、焼畑のヒエでは混合播をおこなわない事例もある。ヒエだけにこの施肥技術がおこなわれているのではなく、必ずヒエでおこなわれているわけでもない。混合播をヒエだけと結びつけて、古くはヒエがなかったと論ずるのは、論拠として弱いだろう。

アラキ型焼畑におけるアワの優位性は私も認めるものの、ほとんどのアラキで栽培されたヒエを、もともと主作物に含まれなかったとか、キビがダイズに置き換わったといった推論は、擦文の農耕に恣意的に結びつけようとするものと思われ、頷けない。

順序が逆になるが、第一の謎、耕起・畝立の特異性についてもいくつかの指摘が可能である。近年、北海道の噴火湾沿岸から渡島半島に沿う地帯にいくつも発見された広畝を持つ畑地遺構と、アラキ型焼畑の関連が主張されている。[*236] 佐々木高明もこれを支持して、耕起・畝立の共通性からアラキ型焼畑が擦文農耕の系譜につながる農耕であり、北方系の畑作農耕文化の影響を受けているとの仮説を述べている。[*237] この壮大な仮説の論拠の一つが、アラキ型焼畑は「本州の他の焼畑との比較によって、その特色の来歴を説明することができるようなものではない」とする佐々木の見解であり、その特色の一方がアラキ型焼畑の耕起・畝立である。[*238]

福井（一九八三）は、北上山地以外で耕起・畝立をおこなうのは、西アフリカのヤム焼畑などのごく少数だと述べている。しかし、たとえばザンビアのベンバによるチテメネと呼ばれる焼畑でも畝立がみられる。彼らは一年目にシコクビエ、二年目にラッカセイなどの豆類、三年目にキャッサバを収穫した後、地力が残っていれば四年目にはかなり太く高い畝を立て、インゲンマメを栽培していた。[*239]

日本でも波照間島や静岡県田方郡函南町などで、焼畑での畝立の事例が報告されている。[*240]畝を立てる焼畑は東北だけに限られているわけではない。広畝の畑地遺構の存在だけで、擦文農耕とアラキ型焼畑との類縁関係が論じられるのかどうか、今後の慎重な検証が必要であろう。

また逆に、今回指摘した岩泉町のように、いわゆるアラキ型焼畑の分布域に、カノ型的な焼畑が混在している事実がある。なぜここには広畝を作る北方系の農耕文化が入らなかったのか、考えていけば謎は深まるばかりである。

私は、アラキ型焼畑が市場経済化の影響など外部要因によって、その規模も期間も作物も容易に変わりうる、柔軟な焼畑経営であると考えている。[*241]もちろんこのことは逆に佐々木が論じるような栽培作物が中途で変化したとする説[*242]も可能であることにはなる。しかし正直なところ、そのような可塑性の高い焼畑の民俗例を数千年隔たった過去の文化の伝播を考える資料として使えるのかどうかは、はなはだ疑問である。変化しやすい焼畑の伝承をもとにした研究は、せいぜい遡れるのは幕末ごろまでで、遥かな擦文農耕や初期アイヌ文化期まで遡り、その時代の農耕とのつながりを考えるなど、とても危険で無理なこととしか思えない。

❖おわりに——東北の焼畑の研究会に参加して考えたこと

平成一八（二〇〇六）年八月に東北芸術工科大学の東北文化研究センターによる、オープンリサーチ総括研究会・焼畑部会に参加した。ここでは本論と関係する以下の二点にしぼり、この部会に参加して触発されて考えたことを述べる。

まず江頭宏昌[*243]の、山形県の焼畑では集落ごとに異なるカブの品種を栽培しており、焼畑がジーンバンクの役割を果たしているという発表は、印象的であった。これまで私はいわゆるアラキ型焼畑の、商品生産の場となれば栽培作物も変更するその可塑性、柔軟性に着目してきた。しかし山形の焼畑では、栽培品種が長きにわたり変わらなかったということになる。これが焼畑固有の品種を持たないアラキ型焼畑との違いなのか、在来種のカブの商品価値が昔から確立されていたのか、ほかにどのような要因が考えられるのか、興味深い。

また六車由美[*244]の発表とその後の議論からは、焼畑という枠組みからいったん離れて、火を用いた環境の制御による自然の人里化といった視点から、焼畑を見直す必要性を感じた。本稿で述べたように、安家地区の焼畑は、畜産やエネルギー源としての薪の採取、山菜の増産、救荒食の利用など、畑作の枠にとらわれない多くの山村に必要な生業と複合している。毎年火入れをして維持管理してきた採草地が、時には救荒食の採取と焼畑による食糧増産の場となり、飢饉・凶作といった食料不足を切り抜ける危険管理の機能を果たす空間であった。まさに火を用いることによって、自然を人間が利用しやすい環境に制御する技術がおこなわれてきたわけである。

生業として、焼畑や畜産、野生植物の採集はそれぞれ別々に分析されることが多く、それらを複合的な視点からとらえることは少ない。火を用いた環境制御の技術としてとらえることから、かつての山村が持っていた身体知や自然知[*245]の新たな側面が明らかになるかもしれない。

昭和のはじめ、今西錦司は飛騨の山村で次のような話を聞き書きしている。[*246]その山村では収入を、牧畜と養蚕とワラビ粉の生産によっている。森を焼いて牧場にして放牧すると、牛馬はワラビだけは食べない。四年もたつと牧場にはワラビばかりが繁茂して食草が足りなくなるので、また別の場所に牧場を移す。牧場にしていた場所からはワラビの根茎を掘ってきて、アク抜きしてデンプンを取って売る。牧場のワラビの根茎を全部掘り取るのにも、四年ぐらいかかる。その後四年ぐらい放置してから、そこをまた牧場に利用していたという。

今西の文章には登場しないが、飛騨の山村では焼畑の跡地や、ワラビを生育させる目的で火入れしたワラビヤマで、ワラビの根茎を採取することもあった。[*247]火を利用して森を草原に変え、牧畜や焼畑、野生植物の採集が可能になるように環境を制御する技術が、飛騨の山村でも普通に用いられていたのである。

畜産や焼畑、野生植物の採集などの生業複合は、日本の山村において珍しいものではない。今後の検証が必要であるが、かつて各所の日本の山村において、焼畑や畜産や野生植物利用のために、火を用いた環境の制御技術が機能していた可能性が考えられる。

第Ⅳ章 本当の桐は焼畑で育った

◈森を焼き木を育てる

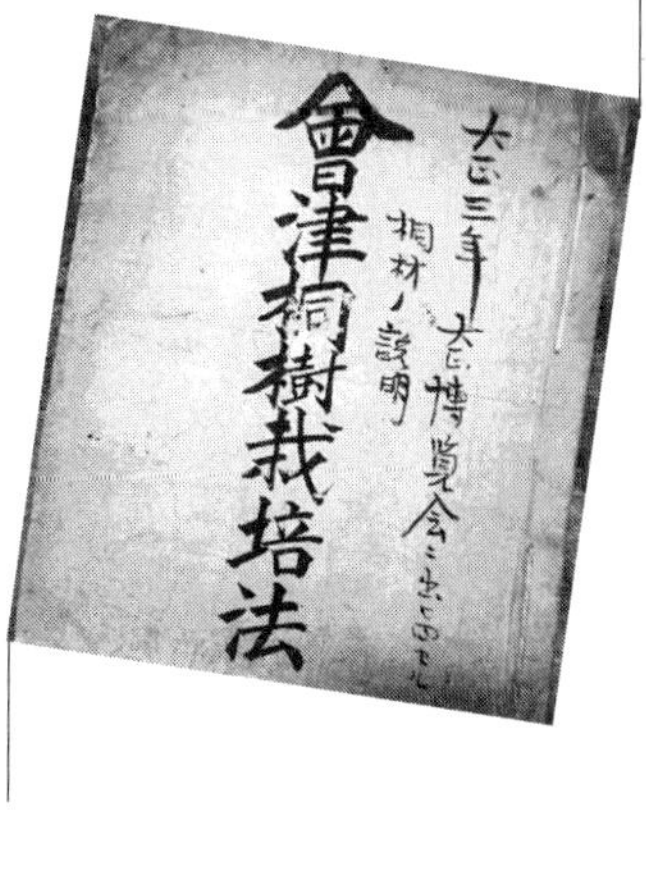

1 会津桐の産地と桐栽培の衰退

かつては桐を焼畑で育てたという伝承を持つ地域が、日本国内には数カ所ある。本章ではまず会津地域を中心に、その他の地域についても、桐の育苗法と焼畑との関係を探っていく。

「会津桐」とは、尾瀬沼を水源とする只見川流域と猪苗代湖から流れ出す阿賀川流域および、この二つの河川の支流沿岸から生産される桐の総称[*248]である。

旧会津藩領にあたるのは、福島県大沼郡、河沼郡、北会津郡、南会津郡、耶麻郡、安積郡福良村、新潟県東蒲原郡である。この地域で桐栽培の主産地となっているのは、大沼郡、河沼郡、北会津郡、南会津郡、耶麻郡の会津五郡であり、とくに福島県の西側の隣接した大沼郡、河沼郡、耶麻郡の三郡に集中している。大沼郡宮下村や西方村、耶麻郡新郷村、河沼郡柳津町など、昔から会津桐の産地として知られた町村は、いずれも大沼・河沼・耶麻の三郡に属している。

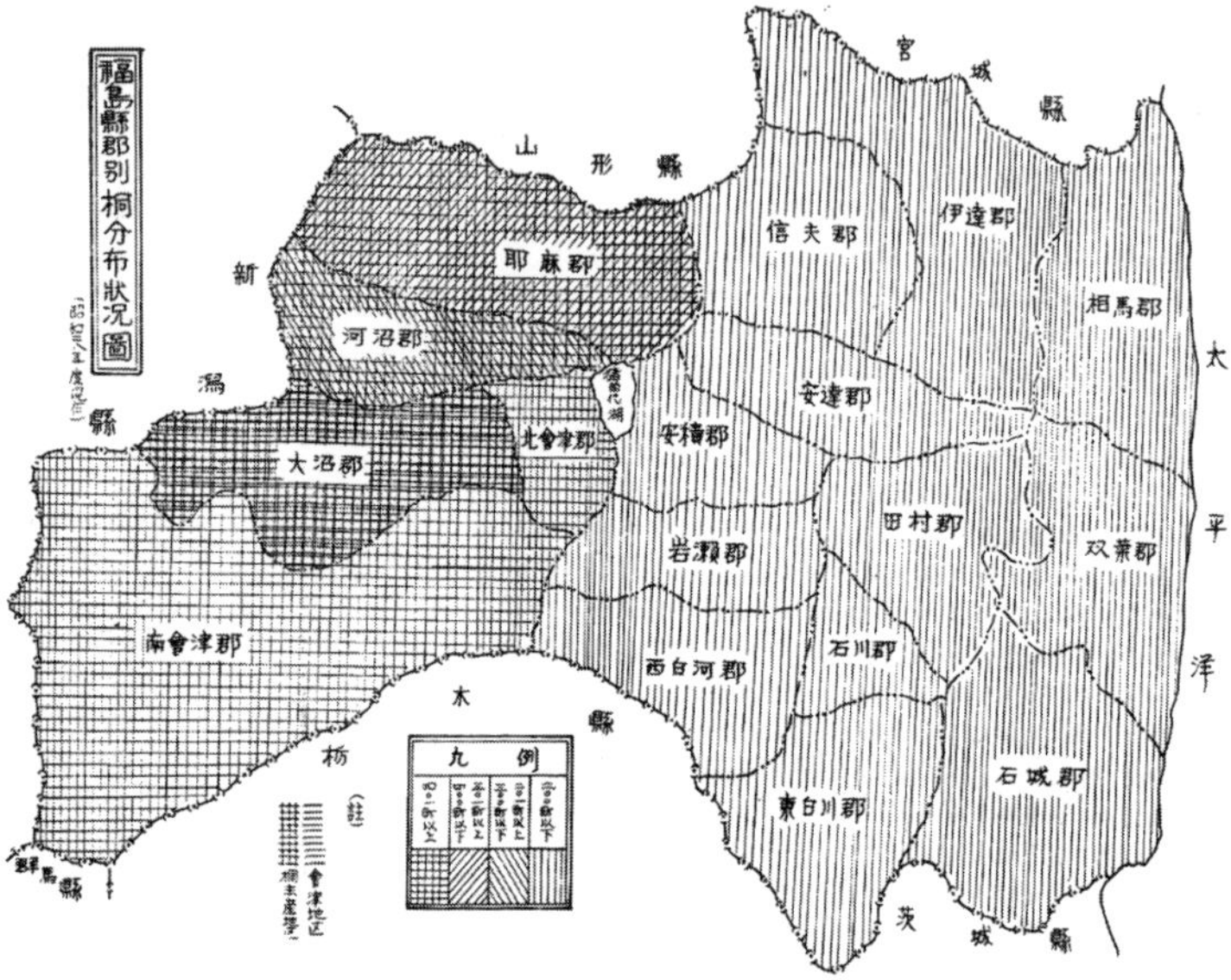

図８　福島県内の桐の郡別植栽面積（昭和28年）（福島県林務部、1954より）

大沼・河沼・耶麻の三郡は、地理的に言えば只見川および、只見川が下流で合流する阿賀川の流域町村であり、阿賀川は阿賀野川となって新潟から日本海に注ぐ。元会津藩領で、明治一九（一八八六）年になってから福島県から新潟県に編入された東蒲原郡は、これら三郡の福島県と、新潟県の県境をはさんで西隣に位置する。ここも古くからの会津桐の産地である。これら隣接してまとまった旧会津藩領西部が、会津桐の主産地であった。

図８は、昭和二八（一九五三）年度における福島県内における郡ごとの桐の植栽面積を示したものである。[*249]

会津桐の特徴は、①材質が緻密であり、②材に粘りと光沢があり素直である、③色は銀白色で重い、④杢目に波状の部分がありチヂレメとして珍重される、⑤年輪が明瞭で割れにくい、⑥下駄や指物装飾品に向く、⑦生育が良好で寿命が長い、という七点があげられる。[*250]用途は、下駄、箪笥、琴、箱類、漁業用浮きなど、幅広い。

会津桐の産地の中で、最も品質が良い桐を生産すると言われているのは、只見川とその支流伊南川、野尻川、

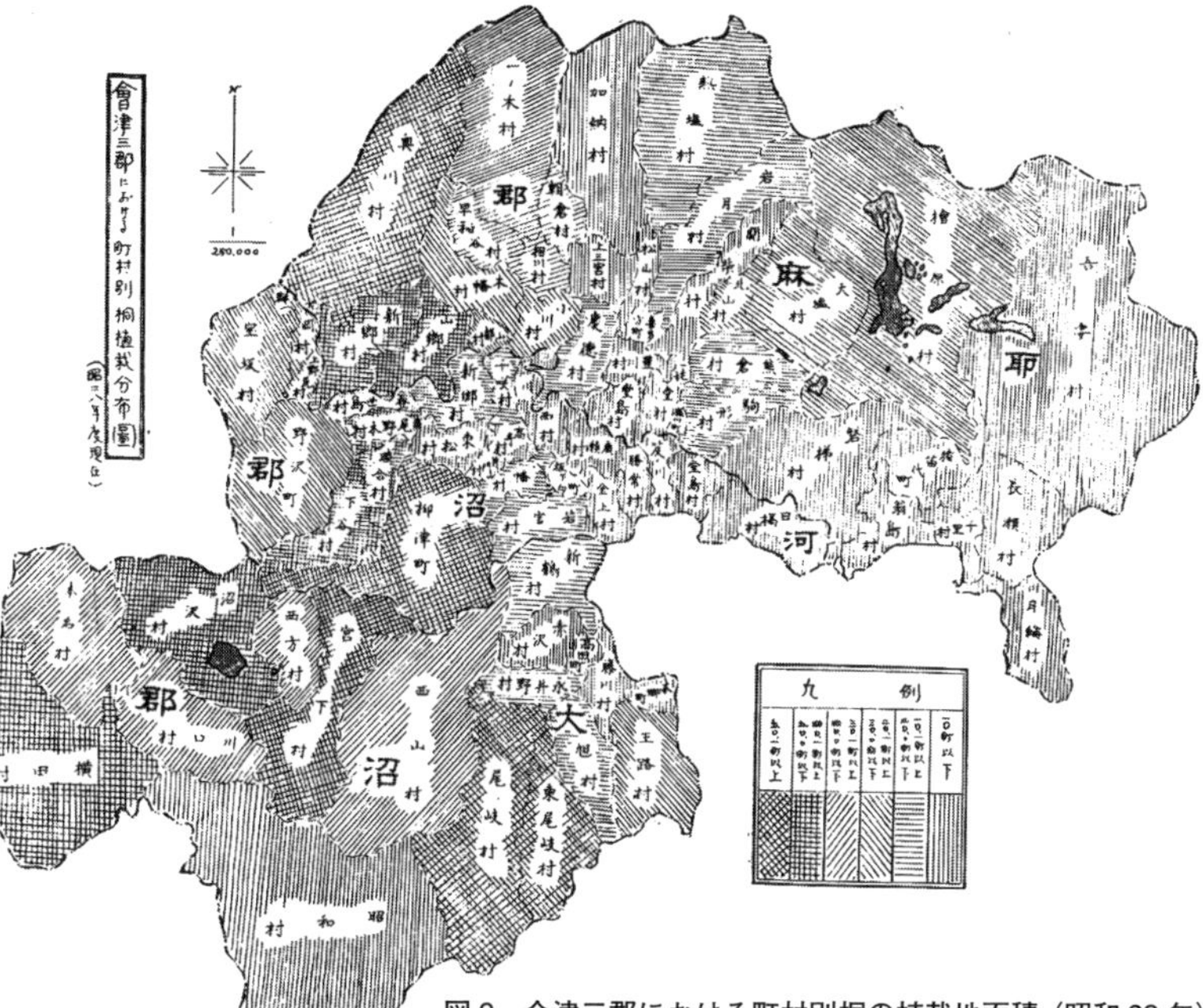

図9　会津三郡における町村別桐の植栽地面積（昭和28年）
（福島県林務部、1954より）

滝谷川流域の現大沼郡三島町の宮下、西方地区および現河沼郡柳津町の西山地区、現大沼郡金山町の中川、横田地区、現南会津郡只見町の只見、田子倉地区で、「宮下桐」と呼ばれている。格付けとしては、会津桐の中での一等品である。桐業者はこの地域内でもとくに宮下、西方、西山地区を「山三郷」[*251]と呼び、この地区で生産された桐をより高く評価していた。

次は、「奥川桐」と呼ばれる耶麻郡および河沼郡の山都、野沢、奥川、萩野地区で産出される桐である。会津桐の中では二等品で、木肌が黒ずみにくいので、箪笥に向くとされている。

三番目は河沼郡柳津町で生産される「柳津桐」で、三等品の格付けである。

これら一～三等品に続くのが、その他の会津地方で生産される桐で、宮下桐、奥川桐、柳津桐に比べると品質は下まわり、四等品として扱われる。

図9は、昭和二八（一九五三）年時点で会津桐の植栽面積が大きい大沼郡、河沼郡、耶麻郡

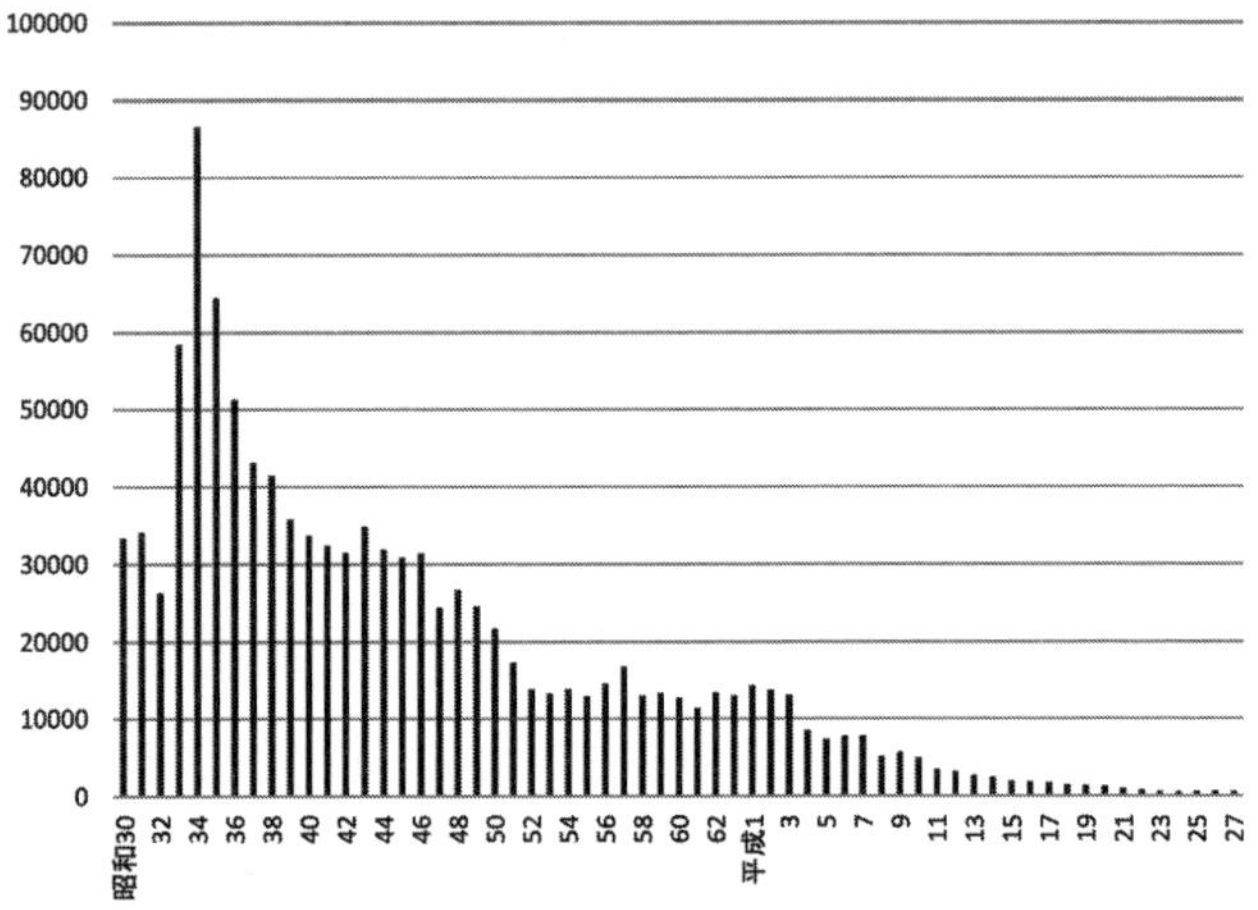

図10　昭和30年以降の国内の桐の生産量（単位：㎥）（岡、2020より）

の三郡における、町村別の桐の植栽面積を示したものである。[*252] これら会津桐の中でも質の高い一〜三等品の桐の産地においては、その植栽面積も大きくなる傾向が読み取れる。

旧会津藩領である新潟県東蒲原郡産の「日出谷桐」は、東蒲原桐とも呼ばれ、その品質は宮下桐、奥川桐、柳津桐以外の一般的な会津地方で産出される桐と同格で四等品である。

最後に、昭和三〇（一九五五）年以降の全国の桐の生産状況を図10に示した。[*253]

全国的に、桐の生産は昭和三四（一九五九）年以降減少の一途をたどっており、会津桐も例外ではなかった。また昭和三五（一九六〇）年以降は、会津桐に胴枯れ病が多発し、銘木扱いとなる大径木が育たなくなった[*254]のも衰退の一因となった。

昭和五〇（一九七五）年以降は木材の輸入自由化が桐にも及び、前年まで上昇してきた[*255]桐材価格も下落の一途をたどり、桐栽培の衰退に拍車をかけた。とくによく手入れが行き届き、丹精してきた桐の銘木で、下落幅が大きかった。[*256] 昭和三〇（一九五五）年からの約一〇年間が、桐の栽培、生産販売、加工販売すべてが盛んで、戦後の国内桐生産の最盛期であった。

2——会津藩政期における桐生産と販路

伝承によれば、会津桐は植林されたものではなく、もともと山に自生していたといわれている。[*257] また、「宮下の深山に桐の老大木があり、その葉は小さく楓に似て樹幹は苔蒸し、その樹令は幾年になるか、数えることもできない、もしこれを伐採しようとして登山した者は、到底これを発見することを得ず、ただ何心なく登山したものは、その壮麗な樹容に接することができ」、山の神に愛された聖なる樹として、崇拝されていたとされている。[*258] また、只見川下流の柳津付近においても、「只見川に時折小さな桐の葉が流れてきており、川上に桐の太古木があるに相違ない」と伝えている。これは、桐の葉は大木になると小さくなるので、桐の小さい葉が流れてくるなら上流に桐の大木があるのだろうと、人びとは推測したのである。[*259]

これらの桐の大木に関する伝承が残されていることから、会津地方の奥山には、古来より桐の大木が自生していたのであろうと考えられる。

歴史上に会津の桐が出てくるのは、鎌倉時代に奥州征伐での功績によって、源頼朝から封地を賜った会津四家[*260]の武士たちが、武具を桐の櫃に入れていたという記録である。桐の櫃に入れた太刀は、錆ひとつつかなかったと伝えられる。[*261]

また大沼郡三島町宮下地区の古民家[*262]には、昭和二九（一九五四）年の時点において径三尺余りの五間通しの胴差[*263]が用いられており、会津の奥地で古くから建築用材としても、桐の大木が用いられていた。

三代将軍徳川家光に献上品として贈られた桐下駄は、僅か三、四寸の厚さの中に木目が四〇〜五〇通っていた。[*264] この桐下駄は幕府直轄の地であった御蔵入れからの献上品で、原木は宮下産、仕上げは若松甲賀町の下駄職人勘右エ門の作とする伝承が残っている。この幕府直轄地は、現在の南会津、大沼、河沼その他の一部の地域であった。

このように会津産の桐は、外部からは高い評価を得られる質を持っていたが、この時代の桐下駄は庶民が履く一般的なものではなく、ごく限られた階層の人びととの履物だった。

会津桐に関しての記録が藩の文献に記されるようになるのは、会津藩に保科正之が入部してからである。当時の家老であった田中玄宰が、初めて藩民の生活安定と産業奨励のために桐の植栽を行っていることが、『会津事始』に記録されている。そこには、慶安二（一六四五）年丑三月に「七木八草四壁竹林御定法事の事」が載せられ、萱、胡桃、朴木、桐木、栗、榛、梅を「要七木」と称し、これらを四民の要木として永く子孫に引き継がれるように植栽を行ない、進んで領外にも出荷して換金するように、生産を奨励した。[*265]

このように桐は「要七木」の一つとして、栗や朴木などと同様に取り扱いされていたことがわかる。しかし逆に言えば、桐は七種の重要な樹木のひとつという位置づけであり、これに含まれていない漆のように、交易品として徹底的な保護管理政策が加えられていたわけではない。

会津藩の公式文書である『会津藩家世実紀』[*266]には、山奉行を設置し、桐の植栽を奨励し増殖方策を指導したり、越国[*267]への移出を規制する留物[*268]に指定されていたとの記述がある。これまでの研究ではこれを、会津藩が桐に保護政策を施していた証左とすることが多いのだが、実際には桐への単独の措置ではなく、あくまで「杉、姫松、二葉松、桐、桂、檜、朴、槻」の八品留物のひとつとしてで、桐だけを特別に藩として保護していた事実はない。[*269]

同じく『会津藩家世実紀』寛保二（一七四二）年にも山守に森林を管理させせつつ、他藩に移出を制限する八種類の制木として「杉、松、姫松、桐、桂、厚朴、檜、欅」を指定している。元文五（一七四〇）年の政令とは樹種に違いがあるが、ここでも桐は八種の制木のひとつとしての扱いで、それ以上でもそれ以下でもない。

同書の寛政八（一七八八）年一〇月一日や文政五（一八二二）年七月八日にも重要な樹木の他藩移出禁止と山野空地への植栽の奨励を郡奉行や山奉行に指示している。ここにも桐が含まれているが、「御国産第一之漆木始杉、桐、樟、檜、梯、大豆、胡桃、桑、茶、からむし、薬種、菓物、（後略）」とあり、第一に記された留物は漆であって、二番目は杉であり、桐はその次の扱いであった。

今日で言えば村勢要覧に近い記載内容になる、会津藩公式文書の「会津風土記・風俗帳」や「村改帳」を見ると、桐を植栽している村の数はごく少数でしかなく、徴税の対象にも入っていない。[*270] 藩の文書類には、桐の植栽に関する詳しい内容や、桐を下駄や箪笥、[*271] 琴など製品として加工して出荷したという記述も存在しない。材としての桐の出荷はあったものの、桐を加工して付加価値を加えた製品としての出荷は行われていないし、藩もそのような取り組みは行っていない。会津藩政時代に、会津桐が藩の重要産物とされていた形跡は見当たらない。しかもこの時代には、会津藩だけでなく周辺の二本松藩、相馬藩、平藩でも桐を含む主要樹木の他藩移出に制限を加えていたのであり、どこでもごく一般的な藩の施策であった。

天保初年（一八三〇年頃）の春には、奥川村大字高陽根字出戸の高橋権太郎が山野を焼き払った跡地に自然に桐が生育したので、これを掘り取って自宅の空き地に植え付け、十数年後に直径一尺内外[*272]の桐樹を二本得て、これを越後の材木商に当時の金二朱で売却した。[*273]

これがその経緯や方法まで明らかになっている、会津地方における桐栽培の最初の記録とされている。藩政時代のこの時点で、林野への火入れ跡地に自然に生育した桐を苗とし、これを山野から自宅周辺へ移植して桐を栽培する方法が述べられている点に、注目したい。[*274] 本稿ではこの桐の育苗法を仮に「火入れ法」と呼ぶことにする。

天保一三（一八四二）年の耶麻郡新郷村大字笹川地内[*275]の蓮沼重左衛門の手記によれば、彼は大沼郡宮下[*276]から桐の種子を持ち帰り、自宅地内に蒔いて育てた。その後桐の苗を他村に分け与え、嘉永から安政年間（一八四八〜六〇年頃）にこの苗を用いて桐が植栽された。[*277]

これは、今でいう「実生法」[*278]による桐の苗づくりであったと考えられ、先の高橋権太郎の栽培方法とは異なった苗木づくりの方法であった。ただ蓮沼の手記によれば植栽した本数は一〇〇本程度であり、「実生法」による桐の苗木づくりは容易ではなく、蓮沼の栽培した苗木がその後の会津桐の普及にそれほど大きく役立ったとは考えにくい。

蓮沼重左衛門は自宅地内に植えた桐を、慶応二（一八六六）年に金二〇両で売却したとされており、当時としてはかなりの高額で取引されたことになる。一方、文久三（一八六三）年頃に、会津地方では山間奥地になる大沼郡では、桐一玉の取引価格は三文で、非常に安価だった。

この頃、会津地方で桐栽培が盛んだった地域はいずれも奥山に位置し、桐の用材のように重量のある生産物の陸路での出荷は難しかった。このため、只見川や阿賀川の流れを利用した「タンサン舟」と呼ばれる筏しか、搬出手段はなかった。

遅くとも文久年間から[*279]この地方の桐は、新潟の桐商人の手によってこれらの川の流れに沿って運ばれ、下流の新潟側に搬出されていた。筏で搬出された会津の桐は、越後長岡藩の新潟湊[*280]で北前船[*281]に積み込まれ、「越後桐[*282]」として日本海を渡り、大阪、関西方面に販売されるという出荷ルートが確立していた。

いずれにしても、桐を買いに来る商人に言われるがままの価格で売るしかない会津藩の山奥の村人の立場は弱く、生産地での販売価格は、非常に低く抑えられていたのだと考えられる。

このように会津藩政時代においては、桐の他藩への移出が制限された時期もあり、その意味では保護されていたのは事実である。しかしそれは、桐以外の七～八種の木材と同様にとられていた措置であり、また藩として第一に保護していたのは、藩の交易や献上品として重要産業だった漆器生産の原料となる漆であり[*283]、桐ではなかった[*284]。

会津藩政時代における桐栽培はさほど盛んではなく、桐の栽培は奨励されてはいたが、実際にその動きが明らかになるのは、幕末に入ってからだった。しかもその桐栽培の発展の歩みは、藩が政策的に進めたものというよりは、民間の個人の試みが原動力となったものであった。

そしてこの幕末期に行われた桐栽培の方法は、山野の火入れ後に自然に発芽した桐を苗とする「火入れ法」や、桐の種から苗を育てる「実生法」によるものだった。

3――明治・大正期における桐生産の拡大発展

明治四、五（一八七一、七二）年ごろから、桐の価格が上昇したため会津地方で桐の栽培熱が高まりはじめ、各地から苗木の注文が集まるようになった。当時上苗一本四〇文、下苗一五文の相場で取引されたが、需要が高まりすぎて発注に応じることが困難になった[*285]。さらに同六年頃に桐の木を三本売却したら米一俵分の価格で売れたという話が流布され、農家からも桐が高収入をもたらすことが注目された。

明治八年には会津若松市で呉服太物卸商を経営していた佐久間忠吉[*286]が、藤野吉兵衛[*287]の紹介で、旧藩主松平容保[*288]の御蔵屋敷跡一万坪の払い下げを受け、桐の栽培を始めた。しかし、最初はあまり良い桐の苗木が育たなかったため、約四年間の研究を続けた。その結果、桐の根を一〇から一五センチメートルの大きさに切り、地に対し平行か少し斜めにして植え、その上に肥料を五～七センチメートル程度かぶせて苗木を育てる「分根法」の開発[*289]に成功した[*290]。佐久間は桐林を造成してその根から苗木を栽培し、会津地方各地に苗木を配布した。

さらに明治一〇年頃からは、佐久間と親交があった大沼郡西方村の小松中正が、佐久間から苗木の分譲を受け、これを育てながら只見川流域の各村に配布した。明治三〇年頃までに、小松がこれらの村に配布した苗木の数は、二〇万本に達したと言われている。これが会津桐産地化の基礎となったと言われている。小松の功績を称えて、旧西方村の小学校前には、その労をねぎらう碑が建立されたほどであった。

明治一二年頃に価格が暴落し、明治一〇年頃に一玉五〇銭前後していた桐材が、一玉六、七銭に下落してしまい、桐の植栽熱が減退してしまった。しかし明治一八年頃には再度需要が増加して価格も回復、安定し、会津地方の農家のほとんどすべてが、桐の木を所有するようになった。また東京方面からも多数の桐商人が入るようになり、桐材が東京方面に出荷されるようになった。この結果、会津桐の高い評価が遠く大阪、四国、九州にまで広まっていったが、桐材の搬出の交通網が整っていないことが弱点であった。

明治二一年から明治二三年にかけて、毎年福島県は植樹奨励補助金を交付している。[*291]しかし明治二三年には桐の材価が再び下落し、[*292]桐を植栽する者は減少した。ただ桐の材価の変動で新たな植栽をやめる者は出るが、すでに造林した桐の造林面積は増えていった。

明治二四年には、会津沼田街道が開通し、牛馬車の往来が可能となった。この街道で会津からは米や酒、上州からは塩や油などが運ばれ、尾瀬沼の三平下辺りで中継されて交易がおこなわれていた。沼田藩初代藩主の真田信之の時代から、沼田藩と会津藩を結ぶ重要な交通路であった。

この会津沼田街道が拡幅改修されて、牛馬車の通行が可能になり、桐材を沼田に輸送出来るようになった。沼田は現在の群馬県北部の市であるが、古くから木材の集積地であり、市場町として発達した。下駄作りも盛んであり、桐材を搬出するにはうってつけであった。

新たな搬出先を得た会津の桐は、当時需要が増えつつあった下駄材としての商品価値が認められ、それまで会津地方で広く植栽されてきた漆に代わって、桐の植栽が盛んになっていった。

東京に市場を得て輸出される桐下駄と甲良[*293]は、最上級品だけを送っていたが、会津沼田街道の改修完了以降は品不足となるほど人気が高まり、品質の良否を問わずに送るようになった。桐下駄と甲良の生産は、明治二〇～二五年までの五年間の平均で、一年当たり五八四〇個、価格にして約三万円だった。[*294]

明治二七年から明治二九年には、日清戦争の影響によって植栽意欲が一時的に衰えたが、明治三〇年には幾分材価が上昇したため、また植栽する人が増えはじめた。福島県は「小学校植栽準則」や「小学校植栽規程」を設け、小学校教育の中で桐の植栽を学ばせている。

この頃大沼郡西方村の磐城屋は、新潟から下駄職人橋本武次を招き、それまでの下駄作りをより効率化した作業工程を取り入れ、下駄作りの採算性を向上させた。会津桐の主産地でありながら、当時まだ交通が不便だった只見川奥地山村でも、下駄作りが行われていたことがわかる。[295]

明治三四年には、福島県は桐の模範林を設定し、桐の造林を奨励した。

明治三七年一月には郡山市と耶麻郡喜多方町[296]を結ぶ磐越西線が開通した。これによって、道路に合わせて鉄道でも会津から桐材を搬出出来るようになり、桐材はさらに高騰した。これを受けて福島県も、明治三七年、三八年の二年間、民間の桐の苗木の圃場設置に補助金を交付し、[297]明治四〇年度からは圃場設置に恒久的な補助規程を定めた。

明治四三年一二月には磐越西線が喜多方町から山都町まで延伸した。これによって、只見川の流れを利用して筏で桐材を出していた只見川の奥地山村は、新潟方面へ送らずに山都駅で陸揚げして、鉄路によって全国の市場へ出荷することが出来るようになったのである。

明治四四年にも、福島県は桐の造林奨励規定を設け、民間の造林にも補助金を交付し、桐の造林を奨励した。

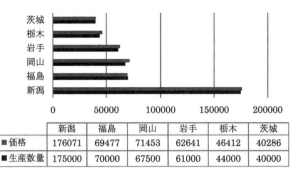

大正二（一九一三）年から大正三（一九一四）年には、磐越西線が山都駅からさらに新潟方面の萩野駅、新津駅に延伸し、これに従ってさらに鉄道での出荷が可能になった地域が広がって、桐の玉価は高騰した。桐材の販売では古い客層を握る新潟商人の手によって、鉄道が延伸した地域の桐材が遠く関西、九州方面に出荷されるようになった。会津桐の品質の良さはさらに全国的に認められるようになっていった。

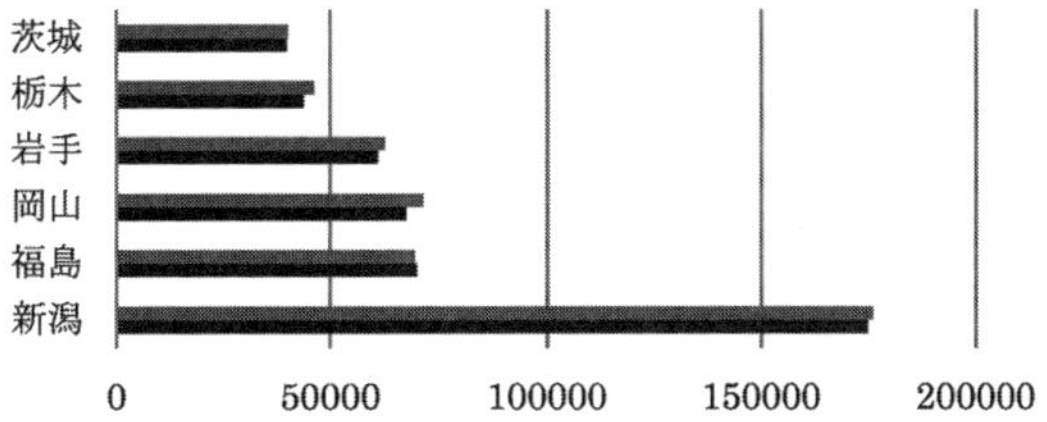

	新潟	福島	岡山	岩手	栃木	茨城
■価格	176071	69477	71453	62641	46412	40286
■生産数量	175000	70000	67500	61000	44000	40000

■価格　■生産数量

図 11　大正４年の全国桐材生産額（生産数量：石、価格：円）（岡、2020 より）

大正四年の全国の主要桐産地[298]の桐材生産額について図11にまとめた。[299]

この時期に、福島県の桐の生産量は「南部桐」の産地である岩手県を上まわっている。しかし新潟と比較すると、その石当たり単価、生産量ともに及ばない。これは、鉄道が開通したものの、生産地は鉄道路線よりも奥地で、道路網も未整備だったため、運搬がまだ不便だったこととともに、相当量の会津桐が、新潟県産として数えられていたと考えられる。

実際に『木材の工芸的利用』[*300]に、「内地桐の産地南部、新潟、大和の内最も多く来るもの（大阪方面）は新潟及び、北陸方面となす。大和地方は刈り尽くしていま殆ど産額なし」とあり、この産地の記述に会津の名が含まれていない。桐業者にとっては、「会津桐」は、まだ古くから知られた当時のトップブランドである「越後桐」に含めて売った方が有利だったのかもしれない。

しかし、大正七年における県別桐生産額順位[*301]（表22）では、すでにその新潟県との桐生産額の差も僅かとなっている。

表22　大正7年の県別桐生産額順位（岡、2020より）

順位	県名	生産額（単位：円）
1位	新潟	593,174
2位	福島	468,943
3位	岡山	263,310
4位	和歌山	260,950
5位	茨城	247,649

『大沼の郡制』[*302]には、「近時桐は著しく植栽を増したるをもって現在の三、四倍に上がるものあらん。総計五〇万円に達せしめ将来一〇〇万円[*303]たらしめんとす」と書かれている。当時の会津桐の主産地の大沼郡役所は、同地で生産される桐が今後さらに高値になっていくと考えていたことがうかがえる。

大正七、八年は、会津地方における「桐植栽の黄金時代だった」[*304]と評され、会津地区内における桐材商同業組合員は三五〇人ほどに増加し、玉価もそれまでの最高値になっていた。第一次世界大戦の好況により、宅地、道路沿線、畦畔、野菜畑、桑園がすべて桐林と化し、水田さえも桐林に姿を変えてしまった。桑樹をすべて抜き取って桐に植え替えてしまったため蚕の食葉が足りず、この地方の養蚕業が不振になってしまったとされ、さらに河川、沼地の堤、山地や山頂まで桐が植栽されるほど、植栽熱が盛んになった。[*305]

それから一七年後の昭和一〇年の調査によれば、耶麻郡奥川村大字小屋字宮野地内には約五九町歩[*306]の大規模桐林が育っており、これはこの大正中期に雑木林を大規模皆伐して植栽されたものであったという。[*307]

現三島町の西方、宮下地方では、畑のほとんどに作物ではなく桐が植栽されたため、野菜類が不足した。このため三島町では、四〇キロメートル以上離れた会津坂下町や会津若松市から、わざわざ野菜類を購入した。この対策として、村長が村内の一字を限定して野菜専用畑に指定し、ここには桐植栽を禁止させる申し合わせを行った、という記録もある。[*308]

このような桐植栽の拡大による野菜不足は大沼郡本名村でも同様で、会津坂下町から牛馬の背によって野菜を購入していた。耶麻郡奥川村でも、夏季は馬車や自動車、冬季にはソリによって喜多方町や会津若松市、及び遠く仙台方面から白菜、ネギ、ゴボウ類を購入運搬した。その年額は、当時の価格で三〇〇〇円あまりに達したといわれる。[*309]

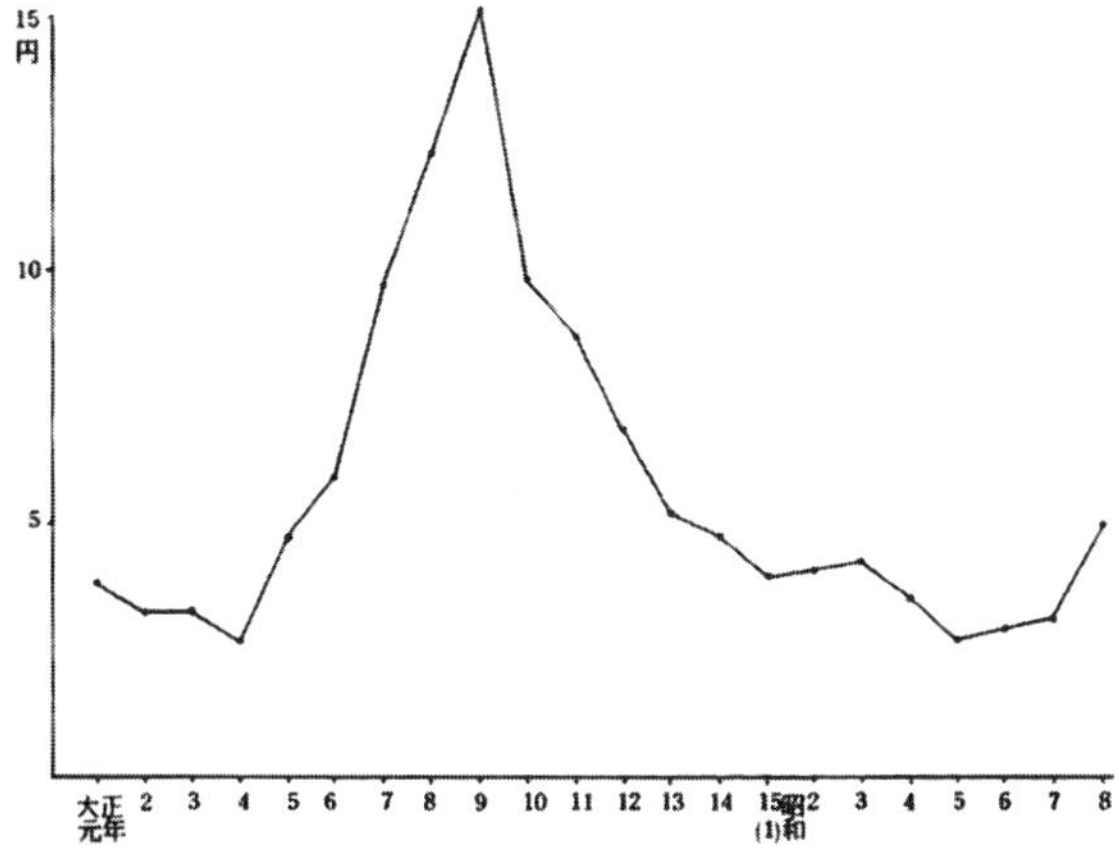

図12　大正から昭和初期における会津桐玉価の推移（岡、2020より）

図12には、大正から昭和初期にかけての会津桐の玉価の推移を示した。ここから読み取れるように、大正期の会津桐の価格は大正五年から上昇し始め、大正九年の玉価一五円を頂点として高騰し、大正初期の約四倍となった。しかし、翌大正一〇年からは下落しはじめる。しかしそれでも大正四年の水準よりも下がることはなかった。

この大正期における桐材の高騰期を「黄金期」と呼び、自給用野菜の栽培のための畑をつぶしてまで、ありとあらゆる場所に桐が栽培されたのも、これらの玉価の急騰を見ればうなずけるところである。

一方、桐の植栽が盛んになったことで苗木が不足し、ラクダギリの苗木[*310]が移入された。しかし、うまく成長させることが困難で、製材しても光沢が出なかったり傷がつきやすかったりしたため短期間で衰退した[*311]。植栽後五、六年でほとんど開花し、成長量が衰えてしまい、植栽したラクダギリの七割は失敗に帰した、とする文献もある[*312]。

大正九年及び一〇年の調査では、会津桐の主産地である大沼、耶麻、河沼郡の桐植栽面積は、約一〇〇〇町歩に達し、この地方の畑地の六割を占めていた。

大正一〇年の桐植林地で一反歩当たり三〇本植栽した場合、一等地で二〇年後の一反歩当たりの収入は二四〇〇円、二等地の二五年後の一反歩当たりの収入は一四四〇円とされている。もっとも収入が上がるのは、一等地の五〇年後で一反歩当たりの収入が二五五〇〇円であると記載されている[*313]。

大沼、耶麻、河沼三郡の桐の植栽面積は、大正一四年においても依然一〇〇〇町歩以上を維持し、当時のこの地域の各家の資産状況は、桐の植栽面積の大小によってわかったといわれる[*314]。

大正一五年一〇月には、会津線が会津若松駅から会津坂下駅まで開通[*315]し、さらに会津桐の販路が拡大した。

このように明治から大正時代は、会津地方における生業としての重要性が高くなかった桐生産が、道の整備や鉄道の開通により、全国的に流通する商品価値を認められるようになった時代だった。これにより「会津桐」は全国的にその価値が認められ、漆器生産と並ぶ、会津地方の名産品となった。

とくに大正時代には、会津地方の山間部の大沼、耶麻、河沼三郡の奥地山村において、野菜類が不足するほど山から畑にまで桐とその苗木を植栽生産し、重要な収入の柱になっていた。

そしてこの会津桐ブランドの確立と発展の起点は、桐の苗木の効率的な生産を可能にした明治初めの「分根法」の発明にあった。

4――江戸から大正期までの桐栽培の指導書と分根法

江戸・明治・大正期における桐栽培に関する書籍を、国会図書館やCiNiiの蔵書検索を基に調べ、表23にまとめた。[*316]

表23　江戸・明治・大正期における桐栽培に関する書籍と分根法の記載（岡、2020より）

発行年	書名	著者	出版社（出版地）	分根法
文化12年	『再板農業全書九巻』	宮崎安貞	山中善兵衛ほか	×
明治24年	『樹木栽培法第2篇』	鳥取県内務部	高橋活版所（鳥取）	○
明治27年	『苗木栽培講話筆記』	岡野惣兵衛	山本仲蔵（京都）	○
明治27年	『草花木竹栽培秘録』	蘭厳仙史	魁真書楼（東京）	×
明治30年	『桐樹栽培法』	梅原寛重	農事調査会（東京）	○
明治33年	『桐樹栽培法』	安東定治郎	安東定治郎（札幌）	○
明治41年	『桐栽培全書』	清水元吉	有隣堂（東京市）	○
明治41年	『寺院僧侶収入増殖良法集』	川口仁定	白露軒（相模国）	△
明治45年	『桐樹栽培法』	内山定一郎	大割野活版所（新潟県）	○
大正2年	『会津桐樹栽培法』	不明	未公刊筆写本	○
大正4年	『富国利源桐樹栽培』	杵淵又七	三田育種場（東京市）	○
大正9年	『桐造林法附南部桐』	北川魏	三浦書店（東京府）	○
大正9年	『桐之栽培』	田中正行	寺林印刷所（秋田県）	○
大正9年	『実験桐樹栽培法』	森岩太郎	熊谷活版所（山形県）	○
大正10年	『桐を植えて十年間に壱萬円を取る研究』	西俣彦四郎	大日本桐樹研究会（大分県）	○
大正11年	『桐速成栽培の栞前後編』	西村儀之助	永盛舎（島根県）	○
大正13年	『桐の仕立て方』	北川魏	岩手県山林会	○
大正13年	『通俗桐栽培の利益と材の利用』	木暮藤一郎	三光堂書店（秋田市）	○
大正13年	『最新桐栽培法講義』	西崎直満	東京出版（東京市）	○

＊国会図書館蔵書検索，同館デジタルコレクション，CiNii検索から作成

前節に述べたように、会津地方で桐の分根法が発明・確立するのは明治一〇（一八七七）年前後であるから、藩政期に出版された『再板農業全書九巻』にその記述がないのは当然で、種から苗を育てる実生法だけが記されている。

桐栽培の方法について記述のある書籍において分根法についての記述がないのは、『再板農業全書九巻』と『草花木竹栽培秘録』の二冊だけであった。

そして分根法が確立して僅か十数年後の、明治二四（一八九一）年に鳥取で発行された『樹木栽培法第二篇』には、桐は元来分根法に依り苗を作るのが普通で実生法は困難であり、本県でも分根法がよいと思われるが参考に、と断った上で、分根法に併せて実生法についても記述されている。

つまりこの時点で、会津で発明された分根法が、

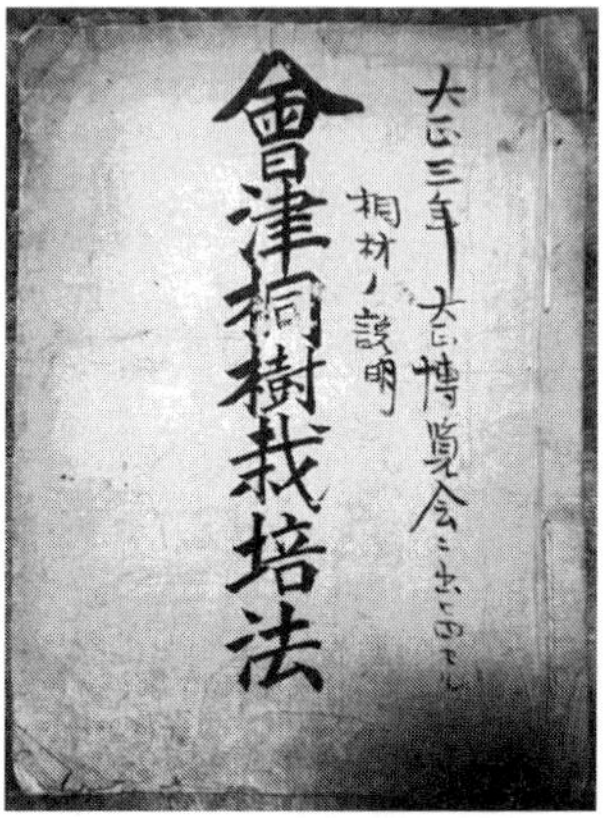

写真 113　『会津桐樹栽培法』書影

既に鳥取でも実生法より優れた育苗法として当たり前に認知されていたのである。分根法は明治中期には全国に広まり、実生法よりも一般的で効率がいい方法として認知されていたものと考えられる。

『会津桐樹栽培法』[*317]によれば、宮下地区から南会津西部へ輸出されていた分根法による桐の苗木は、毎年数万本に及んでいた。これが大正元（一九一二）年の暴風被害により、会津坂下地区からも輸出されるようになったとの記述がある。当時から、只見川流域の現三島町や会津坂下町は、桐の苗木の供給地にもなっていたことがわかる。

桐栽培は農家にとって、植栽から二〇年ほどの時を経て利益が回収される長いタイムスパンを必要とする生業である。しかし桐の苗木は一～二年の短期間で販売出来て利益が得られるため、玉価の高騰と暴落を繰り返す桐栽培よりも、投機的不安が少ない安定的な経営であったと思われる。

『会津桐樹栽培法』では、分根法と併せて実生法による桐の苗木作りも詳述され、実生法と分根法の比較も行われている。実生法の苗木の方が約二〇年経過後も成長が衰えない長所があるものの、苗木育成には三年かかり、手間も多く要するが、分根法は一～二年で苗木を作ることができ効率的であるため、実生法は一般に行われていないと記されている。

分根法の苗木育成の収支については、二年間で一反歩当たり支出一六六円、収入は一反歩から苗木一五〇〇本を得られて価格平均一本一五銭だったから二二五円[*318]で純益五九円と記されている。他に大きな現金収入源のない山村において、わずか一反歩の土地から年間二九・五円の収入が得られる生業は、非常に貴重であったと考えられる。もちろん実際には、桐の苗木栽培にも病気や虫鳥獣害、自然災害などのリスクはあった。

前節で述べたように、会津地方では大正期に第一次世界大戦による好況期があり、この時期に桐栽培が飛躍的に拡大した。会津に限らず第一次世界大戦時は、日本全国津々浦々で景気の好況が続いた時期[*319]であった。そして表23からは、この時期以降にかなり扇情的な題名を冠したもの[*320]も含めて、桐栽培の指導書が刊行されていたことがわかる。このようにしてこの時代、効率的な桐栽培を可能にする分根法は全国に普及していった。

5　桐生産における分根法と焼畑との関係

野本[*321]の聞き取り調査によれば、福島県大沼郡三島町の桐の育苗には三種類の方法があった。第一は桐の実を蒔いて翌年まで育てて苗をとる実生法、第二は山に自生する五〇年物の桐から支根を切り取って畑地に仮植して三年かけて苗に育てる分根法、そして第三は焼畑や炭焼きの跡地に自生した桐苗[*322]をそのままそこで育成したり、三年目に畑地に移植する方法[*323]である。そして聞き取り調査では、この第三の焼畑・炭焼きの跡地に自生した桐苗こそが、特に良質とされていた。

焼畑は東北の山村では広く行われていた生業であるが、その特徴は通常の里畑と異なり、山林で草木を伐り払い焼いた跡地に耕作する。焼畑にする場所は、森林の場合もあれば草地でも行われる。基本的に施肥を行わず、数年耕作すると、土壌中の栄養分が減少したり雑草が増えてくるので放棄し、また別の場所を焼いて耕作する。山林内での耕地の移動を前提とした循環的農法[*324]である。

会津地方では、焼畑はカノと呼ばれ、夏焼で一年目にはソバを、二年目にはアワやアズキ、ダイズのいずれかを撒き、三年目は二年目にダイズ以外の作物を撒いた場合にはそれと異なる作物を撒いたが、ダイズは連作した。三年目にソバを撒くことも多かった。この三年目でカノは放棄した。

カノは、今ではまったく耕作されなくなっている[*325]が、昭和一〇年代には衰退しつつもまだ継続されていた。[*326]只見川沿いの山村である福島県大沼郡川口・本名組合村における当時の調査によると、共有原野の多い地区では焼畑耕作を維持していたが、共有林を各戸に分割した村はそこを常畑化して焼畑耕作をやめ、かつて焼畑耕地のそばに建てられていた出作り小屋もほとんど見られなくなっていた。それでも両組合村の焼畑耕地面積は推定で二〇〇町歩以上あって、焼畑以外の耕地は三二町歩ほどだったというから、この割合から見ればまだまだ焼畑耕作は相当大規模であり、重要な存在であった。

藩政時代の文書類には、焼畑用の耕地の利用を巡って山論まで発生したことが記録され[*327]、近世末期には焼畑が相当に重要な生業であったことが推測されるが、明治以降にこうした焼畑耕地の境界争いは記録されていない。相対的に、近世末期から近代に移るにしたがって、焼畑の重要性は薄まりつつあったと考えられるが、先に述べたようになくなったわけではなく、昭和に入っても耕作が続いていた。

ここまで述べてきたように、会津地方では明治に入ると分根法による従来よりも短期間に手間がかからず多量の桐の苗木を生産出来る技術が開発され、これがその後の交通の発達とあいまって会津桐の名声を高めていく。だから、伝承では本来もっとも良質とされる焼畑や炭焼き跡地に生育する桐を母樹とした苗木による栽培は、焼畑の減少と効率の良い苗木を作る分根法の開発があいまって、次第に行われなくなっていった。そして分根法による苗木栽培を確立し、苗木生産とその苗木を購入して栽培する桐生産地が会津地域内で成立したことが、会津桐の隆盛につながった。つまり明治以降の分根法の開発によって、桐栽培と焼畑経営は分離されていったのである。

6――南部桐における分根法の伝播と焼畑との関係性

会津地方では桐栽培が原初的には焼畑と強く結びついていた。これは他の古くからの桐産地についても当てはまるのだろうか。

岩手における南部桐は、「材質緻密、品質優良、淡紫紅色と絹糸光沢を有し年輪明かにして且つ優美なる」[*328]と評価され、「陸中国下閉伊郡中央部、同国九戸南部地方及び同国稗貫郡内川目地方」[*329]に産してきた。この南部桐の主産地のひとつ岩泉町で、焼畑と桐栽培について畠山剛が報告している。[*330]

畠山の報告をまとめると、おおむね三～四年の焼畑の耕作期間の終了から二年前の春に準備をはじめる。分根法で桐の成木から、指の太さほどの根を掘り出し一五センチメートルくらいの長さに切って、一〇本くらいをまとめて土に埋めておく。新芽が出たら掘り出して、家周りの畑に六〇センチメートル間隔に仮植しておく。翌年の秋にこの苗を、カノと呼ばれる焼畑[*331]に移植する。この時にハンノキの苗と混色する場合も多く、ハンノキだけ植栽する場合もある。その後一五～二〇年で直径が一五～一八センチメートルになれば伐るが、この切株からまた新芽が出るのでこれが生長するまでまた四年ほど焼畑を経営した。この桐は岩泉の下駄屋が買い、泊まりこんで下駄の形に粗削りしてから牛馬の背で店に運んでいったという。[*332]

筆者は、この岩泉の下駄屋[*333]に話を聞いている。彼は、「下駄の原木を買うために山奥の集落の、そのさらに山奥にある焼畑耕地を訪ね、一本一本桐の木を確かめながら購入し、自ら伐採するところから下駄作りをはじめた」と言っていた。そんな山奥まで行かなくても、集落内に植えてある桐の木を買った方が楽ではないかと問うと、「焼畑に育った桐の方が年輪の幅が狭く高品質だから、どんな山奥へも買いに行った、焼畑で育った桐が本当の南部桐なのだ」と言っていた。

南部桐の造林法についても大正期の文献にも、「急峻なる山地に於いて肥沃なる地を選び、一時焼畑を作りて地拵えを為し、之に桐の単純林若くはヤマハンノキとの混淆林を造成するもの多く、而して其の産材は畑地に造林させるものに比して生長遥かに劣ると雖材質緻密光沢優美年輪太くして均一なる南部桐の特質を有し、価格は畑地に生長せるものに比して一倍半乃至二倍に達し成績極めて良好なり」[*334]と記されており、岩泉の下駄屋からの聞き取りを裏づけている。

ところでここで注意したいのは、畠山の調査によれば、岩泉町の場合、会津桐のように焼畑で火入れ後に自然に芽吹いた桐の苗を利用するのではなく、分根法で育てた桐苗を焼畑に植林する方法がとられている。[*335]

先にも引用した大正九（一九二〇）年刊の北川魏の『桐造林法附南部桐』には、他の桐栽培の指導書と同じく実生法と分根法が解説されており、分根法の苗が優れているとしている。そしてこの分根法による苗を畑に造林した場合と、焼畑跡地に造林した場合の収支まで詳述し、どちらも地代の三倍強の純益が得られ「甚だ有利なるものなることを知るべし」と結論している。[*336]

注目したいのは、この著書の苗木の項に「（南部桐の）原産地の一なる陸中国下閉伊郡刈屋村[*337]に於ては（中略）特殊の例として切替畑に於て天然下種に依り発生せる野生苗木を用ふることもあるも造林上何等価値なきものなり[*338]」と述べている点である。北川はまったくその価値を認めていないが、これは「火入れ法」による桐苗による造林方法である。おそらく南部桐も古くは焼畑跡地に自生した桐を苗とする「火入れ法」による栽培が行われていたのではないだろうか。

また同書によると、南部藩領[*339]では南部桐の「本場と称せらるる地方は何れも北上山系に属する山間地方」で「人工造林法の最も発達し且つ山地の焼畑跡地に於て桐樹、ヤマハンノキ混淆造林法の特殊なる作業法最も盛にして範を他に示すに足るものは陸中国刈屋村」であった。刈屋村は「桐樹山地に豊富」で「貴重視すること無」く、明治一〇（一八七七）年頃までは伐採して「簞笥、長持、刀槍入、証文箱、米櫃、棺、味噌桶、蚕箱、雨戸板、縁側の敷板、押込の板戸、板屛風、足駄、下駄、障子の腰板、欄間、柱隠し等」に利用していた。

しかし伐採が増えて桐が減ってきたため、明治一二（一八七九）年に刈屋村の小学校の教師だった齋藤善四郎が桐材の将来を慮り、公務の余暇に陸前国気仙地方より種根[*340]（根苗）を購入し、「分根造林の方法を考案し此処に於て始めて桐樹の繁殖法を地元民に知らしめたり」と記されている。この後も、必ずしもすぐに分根法がうまくいったわけではなく、刈屋村の多くの篤農家が改良を試み、明治二〇（一八八七）年頃からは桐材がそれまでの二倍ほどに高騰して、地域での桐栽培が盛んとなっていく。その後も桐材は価格が上昇し続け、明治二九（一八九六）年頃からは生産される桐材がほとんど分根法によって栽培されたものとなった。[*341]

このように北上山地のほぼ中央に位置する刈屋村に、会津における分根法の技術の確立とほぼ同時期にその方法が伝播され、当然会津とは異なる環境条件への分根法の適応に努力が重ねられながら、明治二九（一八九六）年頃からはほとんど分根法によって栽培された桐を出荷するに至った。[*342]

さらに陸中国稗貫郡内川目村及外川目村は、「古来南部桐の本場の一と称せられ」、「今尚優良なる南部桐の産地として知らるる所」であり、「（南部桐は）山地の焼畑跡地に産するもの最も多し」。当地方の古老は、「桐樹は古来山地に於て或は萌芽に依り或は天然下種に依りて天然に発生し毫も植栽すること無くして之を伐採利用」していたが、価格が高騰し需要が増えたため絶滅の危機に瀕したため、「明治三十年頃小松文助なる者陸中下閉伊地方より始めて桐苗木の仕立法を伝へ爾来分根法に依りて苗木を栽培し漸く桐樹の人口植栽を為すに至り現今に及べり」と述べている。[*343]

ここでも、もともとは焼畑跡地に萌芽や天然下種で育った桐が多く、分根法が刈屋村の属する下閉伊郡から伝えられたのは、明治三〇（一八九七）年であったわけである。

以上から、南部桐はもともと焼畑跡地で、天然に自生した桐の苗によって更新していた可能性が強い。明治以降の桐材の需要増加と価格高騰とともに、山林の官民有区分による官林の設定などで、藩政時代には利用が可能だった焼畑の耕作地が制限され、移動性を持つ循環農法である焼畑が減少していった。[*344]このため「火入れ法」による天然更新では需要に追いつかず、「分根法」による苗木での人工造林が行われたのであろう。しかし下閉伊郡の山村では、食料を自給的に最大限確保しようとする志向性が高い[*345]ため、食料増産につながる焼畑を両立させた形で、焼畑での分根法による桐の苗による造林が行われたのではないだろうか。

7――今後の課題と分根法の功罪

日本には、今回報告した会津地方と南部、岩手地方の他に、桐栽培と焼畑が結びついていた地域がもう一カ所ある。岐阜県の大野郡丹生川村[*346]及び吉城郡河合村[*347]である。

丹生川村で生産される桐は八賀桐と呼ばれる。丹生川村では一年目ヒエ、二年目ダイズ、アズキ、三年目ソバ、四年目アワ、まれに五年目アワ、ヒエを耕作する焼畑の二年目に、分根法または萌芽による桐苗木をハンノキの苗木と混植する。焼畑へのハンノキと桐の混植は岩手の下閉伊郡刈屋村と非常によく似た方法である。この地域におけるさらに詳しい桐栽培と焼畑の関係については今後の課題となる。しかし日本の互いに離れた岐阜、会津、岩手の三地点で焼畑跡地での桐栽培がおこなわれていたことは、かつて日本にはこのような、桐を焼畑で育てるアグロフォレストリーの文化があった可能性を示唆しているのではないだろうか。

第1節でも述べたように、昭和三五（一九〇二）年頃から、会津桐は胴枯れ病などの桐の病気に悩まされ、大径木が生まれにくくなった。もともと桐は病気に弱い樹種だが、特にこれ以降病気の発生が多くなり、桐生産の採算性に影響を与えるようになっていく。日本全体の桐栽培の衰退は、桐下駄や桐簞笥、琴など桐材が利用される製品の需要が、生活様式や生活文化の変化によってすべて減少したことによるが、会津地方の桐栽培の衰退はこの要因と合わせて、桐の病気の増加にあった。

こうした病気の拡大の原因は、栽培適地以外への植栽による連作障害[*348]や、病気に感染した桐の根を用いた「分根法」による苗木にあるといわれている[*349]。一方で焼畑の研究においては、一般的に焼くことの意義として、①整地が容易になる、②灰が土壌酸性を中和し肥料となる、③焼土効果により窒素が分解され吸収されやすくなる、④雑草の種子や病原菌、害虫を駆除できる点があげられる。桐栽培は分根法を取り入れたことにより、この焼畑の意義の四番目にある病原菌、害虫の駆除の機会を失うことになったのである。「もっとも良い桐の苗木は焼畑などの火入れ後の跡地に自生したものだ」とする会津の伝承や、「焼畑に育った桐が本当の南部桐だ」とする南部地方岩泉の伝承からも、山村の人びとは本来の桐やその苗木栽培適地は焼畑であり、山を焼いた跡地に栽培することで桐が病気になりにくくなることを経験的に知っていたのであろう。それ以外の場所での桐栽培を可能にした分根法の採用が、今日の桐栽培の衰退につながったのではないかと考える。

＊　本稿のもととなった岡萌樹による卒業論文をご指導いただいた東京農業大学地域環境科学部森林総合科学科林政学研究室の関岡東生教授からは、卒業論文の改稿と東北文化学園大学総合政策学部紀要『総合政策論集』第一九巻第一号に岡惠介・岡萌樹の連名で発表することについて、ご快諾をいただいた。また今回さらに岡惠介の単著に改稿を加えた上で収録することについてもお許しいただいた。記して感謝申し上げる。

第Ⅴ章

危機に備える重層的レジリエンス

◈森で生きぬく術《すべ》

平成二八（二〇一六）年夏の八月二九日、台風一〇号の甚大な被害を受けた岩手県の北上山地北部の岩泉町安家地区は、私が昭和六一（一九八六）年から一九年間暮らし、結婚し、子育てをしながら調査を行った、故郷のような場所である。その頃に地場のクリやカラマツを用いて建てた家は、今も安家地区の上流集落・坂本にある。

藩政時代から、凶作飢饉を幾度も経験してきた北上山地の山村は、今日においても危機に備えて、在来知による多くの伝統的な保存食料やサブ・ライフラインなどをストックしてきた地域である。これまでも、このような北上山地山村の地域特性については指摘してきた。[*350] そのストックの具体的な実態と変容、災害によって集落が危機に瀕した時に、それがどのように活用されているのか、ごく近年の事例を交えながら見ていきたい。

1――――北上山地山村の自給的な食生活と木の実

北上山地の山村は伝統的な畑作地帯であり、そこに暮らしてきた村人の多くは、畑で生産される雑穀を主食として生きてきた。昭和四〇（一九六五）年以降に開田が進むまでは、ほとんど水田を持たない村が多く、村人の主食はヒエと大麦が大きな位置を占めていた。当時は、地元で「旦那様」と呼ばれる山林大地主の食卓にあっても、白米だけのご飯を食べるのは盆と正月だけで、コメと雑穀や麦を混合した三穀飯《サンゴクメシ》と呼ばれるご飯を主食としていた。

もちろん今日では、水田で収穫したコメを食べ、茅葺屋根をトタンに替え、携帯電話を操り、ネット・ショッピングをする、都市近郊の農村と変わらぬ暮らしが営まれている。畑で雑穀が栽培されることは激減し、あってもかつてのような自給用ではなくほとんどが販売用である。都会の人が北上山地山村に訪ねてきても、町場の暮らしと大して違わない、もう日本の地方の暮らしにも文化風土的な違いはなくなってしまった、通りすがりの人にはそう見えるかもしれない。

しかし藩政時代、この北上山地の山村は凶作常襲地帯と呼ばれるほど、飢饉・凶作に苦しめられてきた。今でも古老たちの語りには、「天保の七年ケガチ」にどこの焼畑で実りがあったのかという記憶が刻まれている。

明治に入っても、大正、昭和を迎えても、この地域は食料の確保に苦労した。急峻な山に囲まれ、川沿いの僅かな耕作地しか持たない山村では、里の畑のほかに、毎年山中で焼畑を造成・耕作していた。[*351] それでも多くの家では、年間に必要な食糧の半分ほどしか収穫できず、常に不足していた。

ではその不足を補うために、食料を購入する現金が潤沢に得られる仕事があったかというと、明治から大正にかけては、育てた子牛と繭の販売、そして川を用いた枕木の流送の賃金ぐらいだった。やむをえず、借金に頼ら

写真114　多量に水を使うため、河原や井戸端など戸外でアク抜きをおこなうこともよくあった

ざるを得ない農民も出てくる。やがて借金の形に山林や畑、時には家屋敷までも失い、小作や名子になるものも増加していった。

　こうしてこの時期、貸し手であった大地主による山林や畑の集積が進み、多くの農家が借財の形に畑や牛の飼育の小作を行うようになる。「旦那様」を頂点とする格差社会へと、村は変貌していった。世に言う「地頭名子制度」の確立である。

　では、限られた現金収入の中で小作化していく村人たちが、食糧自給率五〇パーセントの村でいかに暮らしていたかといえば、それは主に北海道への出稼ぎと、森の恵みに頼ることだった。この地域では、ミズナラやコナラ、カシワなどのドングリをアク抜きし、冬から春にかけての主食の代用としていた（写真114）。

　製炭がはじまり、現金収入が増加する昭和一〇年代までは、木の実を冬から春の主食代わりに食べることによって、多くの村人は暮らしてきた。

　北上山地の森林の原植生は、ブナではなくミズナラが優占することが知られている。その豊富なミズナラが実らせるドングリを主食に代用する在来知が、人びとの生命を守っていたのである。

2——森や畑が恵む保存食料

森の恵みはドングリばかりではない。

食糧が不足すると、牛の採草地からワラビやクズの根茎が掘り取られ、木槌で潰して袋に入れ、桶に張った水の中で揉んで、デンプンを沈殿させる。しかし、このデンプンもまだ渋味があるので、上澄み液を捨て、また真水を加えて攪拌し、沈殿を待つ作業を一日三回三日ほど繰り返す。これによって渋味は水に溶け出し、アク抜きが完成する。ドングリにも、通常行われた加熱と木灰によるアルカリ処理によってアクを抜く方法と別に、このような粉砕してから水にさらすアク抜き法もあった。

こうして、アク抜きを経たデンプンを保存しておく。食べる際には湯を加えて煮詰めながら練り、寒天状のモチにして黄な粉をかけ、食膳に供した。

また、春の山菜、秋のキノコも、山村の暮らしには大切な森の恵みだった。

とくにワラビやフキ、シドケ（モミジガサ）、ボリ（ナラタケ）やシメジ、マイタケは、どこの家でも多量に採集して保存した。私が以前、上流の集落で調査した際には、山菜では七～八割の家でシドケ、フキ、ワラビが、キノコでは六～七割の家でボリ、マイタケ、シメジが多量に塩蔵されていた。

かつて塩の入手が容易でなかった時代には、フキやワラビなどを天日に乾燥して保存することもあった。キノコが塩蔵するほどの量が取れなかった場合には、ひもに通して天日やストーブの傍らなどで乾燥保存される光景が今も見られる。

これら塩蔵された山菜・キノコは、秋から次の春にかけての副食として食膳に供され、あるいは酒の肴としてあてがわれる。

貯えられるのは、森の恵みばかりではない。秋の畑の収穫から、さまざまな保存食品が作られる。

北上山地の畑作は、耕作の基本パターンを二年三毛作と呼んでいる。典型的な例でいえば、初年度春にヒエを播き、秋に収穫後オオムギを播いて、翌年の春にオオムギの畝の横にダイズを播き、夏にオオムギを、秋にダイズを収穫する、二年間で三作を栽培する形式である。一年目のヒエのかわりに、アワやキビ、ソルガム（モロコシ）

などの雑穀を栽培する場合もあり、オオムギの代わりには秋まきのコムギを、二年目のダイズの代わりにアズキなどそのほかの豆類を播くバリエーションがある。また山際などの痩せた畑では、秋まきの作物を省略し、さらに痩せた畑ではソバの単作のみを行うなど、土壌条件と労働力に合わせた畑作が行われてきた。

家から近い畑では、ササゲやカボチャ、ジャガイモ、ダイコン、キャベツ、ハクサイ、ニンジン、ナス、ナガネギ、ニンニク、ミョウガ、シソなどが栽培される。安家地区には、地大根と呼ばれる皮が赤色のダイコンがある。肉質が固く、繊維質に富み、ビタミンCが普通の青首大根の一・五～二倍も含まれており、保存食料である「凍《し》みダイコン」に好んで用いられる。

ダイコン、ジャガイモ、ニンジン、ナガネギ、キャベツは、収穫後、畑に穴を掘って埋め貯蔵する。

「凍みダイコン」を作る時期は、気温が氷点下になる日が続く一月～二月頃である。秋の収穫時に畑に埋めて貯蔵していたダイコンを、雪の下から掘り起こす。このダイコンを洗って、皮を剥き、縦横半分に切り分けて茹でる。この時、湯煙からは甘い香りが漂う。まだ熱いダイコンを取り出し、二切れを一組にするようにクズの茎などを通し、これを寒風の当たるハセ（稲架）や軒下に干す。ハセは、枯れたクリなどを用いて、作物などを乾燥させる目的で農家の庭に建てる、高さ四メートルほどの物干しである。

気温が氷点下となるとダイコンは凍り、日中は太陽を浴びて解凍され、これが繰り返される。冬の寒さを利用した保存食料である。これを二カ月ほど戸外において、「凍みダイコン」が完成する（写真115）。

「凍みダイコン」は、焼豆腐やコンブ、マイタケ、フキ、ニンジンなどとともに煮る郷土料理の「煮しめ」にしたり、後述する干し菜とともに味噌汁の具にする。

「凍み豆腐」も、ダイコンと同様に一月～二月頃、自分の畑で収穫したダイズからの豆腐取りからはじまる。ひと釜で五升のダイズを炊く。この時できる豆乳は、市販のものとは比べ物にならないくらい美味しい。これから二〇丁の豆腐ができ、一丁の豆腐を短冊形に六枚くらいに切り分ける。この豆腐を藁などで編んで戸外に吊るしておけば､同様に凍結と解凍を繰り返し､豆の脂がのった保存食料「凍み豆腐」ができる（写真116）。「凍み豆腐」も「煮しめ」に入れたり、味噌汁に入れたり、鍋物、汁物の具として活躍する。

「凍みイモ」は、ジャガイモを同様の凍結と解凍を繰り返す製法で保存食料にしたものである。収穫したジャガイモの中から小さいクズイモを選び、一月～二月頃、氷点下の外気で凍らせる。戸外に一週間ほどおいたジャガイモは、お湯に入れると、皮が簡単に剝ける。この後、川に一週間ほど漬けてアク抜きをする。これを軒下などにぶら下げて、凍結と乾燥を繰り返させる（写真117）。一カ月ほどしたら、乾燥したジャガイモを水車や唐臼などで粉砕して粉にし、幾度もふるいにかけてゴミを取り除き、クリーム色のジャガイモの粉が出来上がる。

この粉を熱湯でこね、平たい団子状に丸める。これを沸騰したお湯に入れて、浮いてくるまでゆっくり茹で、黄な粉をかけて食べるのが「いもモチ」である。こねたものを三角に切って「カッケバット」と呼ばれるすいとんに似た料理や、細く切って麺を作ってうどんのように食べることもあった。

「干し菜」は、ダイコンやカブの葉茎の部分を冬に戸外で干して作る保存食料である（写真118）。味噌汁の具として、この地域の代表的な存在だ。一度茹でておいて、一回に鍋に入れる分量に小分けし、冷凍庫で保存する家庭が多い。

かつては味噌も、各農家で自家製のダイズから大きな樽に毎年作られ、放牧中の牛の塩分補給にも重用されていた。しかし、近年は牛の飼養農家も減少し、味噌を購入する家も多くなってきた。

「ショウユマメ（ゴト）」は、秋の取入れ以降の寒い時期によく作られる。黒豆を軟らかくなるまで煮て、水を切って厚紙の上に三センチぐらいの厚さに並べる。かつては紙ではなく、アワの茎やワラの上に並べた。その上にまた紙をかぶせ、毛布などで保温する。五日ほどすると白いカビがつき、酒のようないい匂いがしてくる。これをカビが少し残る程度に洗い、湯冷ましの塩水に浸して、二、三日おいて完成である。

カビがつきやすいように、前年作った時の紙を取っておいて再使用したり、最近では麹をかけたり、塩水の代

写真 115　寒中の戸外に吊るして作られる保存食品、凍みダイコン

写真 116　自家の畑で収穫されたダイズから作った豆腐で作る、凍み豆腐

写真 117　小さなジャガイモで作られる凍みイモ

写真 118　ダイコンやカブの葉茎で作る干し菜は、冬の味噌汁の具の定番

写真 119　北上山地独特の発酵食品、ショウユマメ（ゴト）

わりにそばつゆに浸すなど、家ごとに製法のバリエーションがある。ご飯のおかずや酒の肴、山菜やおひたしに醤油代わりにかけるなどして食べる、この地域独特の発酵食品である（写真119）。

納豆も、この地域には水田がなく藁がなかったので、冬季の飼料用に蓄えた山草の間に、煮たダイズを入れて作ることがあった。

タンパク質ではこのほかに、渓流に豊富に生息していたヤマメ、イワナ、ウグイ、カジカを、藁を束ねたベンケイに串で刺し、囲炉裏の上で乾燥保存されていた。この干し川魚でとっただし汁の風味は、忘れ難い。

このように、北上山地の人びとは昔から、森、里、畑の恵みを様々な手段で、貯蔵、保存することで、常襲する凶作・飢饉、雪に閉ざされる冬、食料の不足に最大限の備えとなるように、さらに食料をおいしく食べられるような保存加工の工夫もして、暮らしてきた。試みに、昭和前期の北上山地山村の一般的な通年の食生活を模式的に示せば、表24のようになる。

3――危機に備える保存のための在来知の展開

❖ストッカーの普及

彼らの食の備えは、これまで述べてきたような伝統的な在来知による保存のみにとどまらず、現代の技術革新にも対応して、より多くの食品が保存されるようになっている。それが、この岩泉町安家地区で圧倒的な普及率を誇る家電

表24　北上山地山村の食生活（昭和前期頃）（岡、2018より）

			春～秋	冬
主　食			雑穀＋麦類	ドングリ＊
副　食	タンパク質	植物性	豆類（保存加工食品で通年利用：ナットウ，トウフ，ミソ，ショウユマメなど）	
		動物性	川魚＊（ヤマメ，イワナ，アユ，サクラマス，サケ）	狩猟獣＊（キジ，ヤマドリ，リス，ムササビ，クマ）
	ビタミン・ミネラル		野菜・山菜・キノコ＊（保存加工食品で通年利用：漬物，凍みダイコン，干し菜，凍みトウフ）	

＊は野生動植物

製品、大型冷凍庫だ。ストッカーまたは冷凍ストッカーとも呼ばれる。ここではストッカーと呼ぶ（写真120）。

安家地区（旧安家村）の中心にある元村《もとむら》で、ストッカーについて簡単なヒアリングを行ってみた（二〇一五年の調査）。聞き込みの結果、元村の戸数一四三戸のうち、ストッカーを持たない家は四〜五軒しかなかった。ストッカーを持たないのは、老人の一人暮らしで田畑を持たず、山菜・キノコの採集も行わない世帯や、身体が不自由な方の世帯、畑はあるが病床にある母を抱えた息子の二人暮らしの世帯であった。老人の一人暮らし世帯はほかにも多いが、山菜・キノコを採集する人は、その保存のため必ずこのストッカーを保有している。その大きさも一〇〇リットル程度の小さいものから、三〇〇リットル近くの大型のものまでさまざまで、二台、三台と持つ世帯もある。

写真120　ストッカーと呼ばれる大型の冷凍庫は、北上山地の山村で著しく普及している

元村から上流に一五キロメートルほどさかのぼった集落・坂本では、二六戸ほぼすべてでストッカーを所有している。もちろん、ここにも老人の一人暮らし世帯は多いが、元村よりも買い物に不便で、移動販売車が来る回数も限られているため、ストッカーの必要性はさらに高いのであろう。しかも、山菜・キノコの採集を得意とする老人が多く、保存するものは豊富にある。

これに対して岩泉町の中心街では、コンビニ、スーパーマーケット、ドラッグストアなどもあって、ストッカーは、安家地区ほどの高い普及は見られない。

都市においては、この傾向はより顕著であろう。もちろん、ネットショッピングや生協の共同購入を利用している家庭では、食品がまとめて届くため、ストッカーを備えている場合があり、また渓流や海での釣りや山菜・キノコ採集、狩猟の趣味を持つ人は、ストッカーを保有している場合が多い。

いずれにしてもストッカーは、都市の家庭では山村のように広く一般に普及することはなかった。ストッカーは、都市ほど頻繁に食料を買いに行くわけではなく、ある程度の買い置きが必要で、森や畑から一時期に食べきれない多量のものを集中的に採集・収穫する機会に恵まれた、山村の暮らしの特性にあった家電だった。そしてその背景には、かつて凶作・飢饉の常襲地帯だったという民俗生態史的な特性があったと考えられる。

もちろん、ストッカーを使用するのが、山村だけに限られているわけではない。漁村では魚介類や海藻類、農村では農作物が多量に獲れたときや自家消費分などの貯えのために、ストッカーが用いられていることだろう。ただ、山村が漁村や農村と異なるのは、漁村には魚介・海藻類、農村にはコメや野菜という換金性が高い生計の柱となる生産物があって、その意味では以前からしっかりと市場経済に組み込まれてきた。北上山地の山村の場合のように、多くの小規模な生業を複合して生計をたて、自給的な生業を併存させることで収入の増減に対応しようとする傾向性は弱かったと考えられる。

ストッカーが導入されていく時代において、北上山地の山村は相対的に岩手県内の漁村や農村より経済的に弱い立場にあった。[*352] それでもストッカーを自給食糧の保存の目的で、積極的に購入し、結果として高い普及率に至ったことは指摘しておきたい。

❖ストッカー利用の実態

では実際に、ストッカーにどんなものが貯えられているのか。

山菜では、ウルイ（オオバギボウシ）がよくストッカーで冷凍保存される。ストッカーの普及以前は、ウルイは干して保存されていたが、今ではストッカーで保存されることが圧倒的に多い。

これまでよく塩蔵されてきた山菜では、シドケ、フキは冷凍しない。しかしワラビは冷凍保存が可能で、塩蔵よりもストッカーで保存することが多くなってきている。ただ、「戻した時に筋っぽくなる」と、冷凍保存を嫌う人もいる。

ほかの山菜では、コゴミ（クサソテツ）がよく茹でて冷凍保存される。冷凍保存できるようになるまでは、あまり保存されなかった山菜である。ウドやタラの芽も、茹でて冷凍保存する人もいる。ウドやアイヌネギ（ギョウジャニンニク）を醤油漬けにして、冷凍する人も見られる。

キノコでは、マイタケ、マツタケ、シイタケはそのまま冷凍保存する。秋にマツタケ採集に専従するごく一部の家では、マツタケ用のストッカーを持っている場合もある。マツタケは、塩蔵に向かず良い保存方法がなかったが、冷凍保存できるようになって保存されるようになった。シメジ、ボリ、ワケェ（タモギタケ）、ナメコなどそのほかのキノコは、塩蔵する人も冷凍保存する人もどちらもいる。ただ、塩蔵よりも冷凍保存は手間がかからない上に、塩蔵は水出しして戻す際に旨味が逃げてしまうため、冷凍保存の方がいいという意見もある。このような人による揺らぎが、今もその保存方法を試行錯誤している現状を示していて興味深い。

畑の野菜では、ユウガオやカボチャも、生のままストッカーで冷凍保存する。アズキも収穫したら、ストッカーに入れて保存することもある。

そして「凍み豆腐」も前述したとおり、以前は外に吊るして干して製造していたが、現在では家で作った豆腐を、そのままストッカーで冷凍して「凍み豆腐」にする家も多い。冷凍庫に入れて作る「凍み豆腐」の方が美味しい、という人も多い。「凍みダイコン」もストッカーに入れて作る人もあるという。「干し菜」も冷凍保存した方が、干した場合より葉が青々としたまま保存でき、青物の少ない冬期に味噌汁に入れた際に美しいという。軽く茹でてしぼり、一回に鍋に入れる量ずつ丸めて冷凍するが、干しておくよりもかさも減り、場所をとらない。

ササゲも、冷凍保存できるようになって保存されるようになった畑作物である。エンドウマメ、キクの花なども冷凍保存する人がいる。しかしダイコン、ハクサイ、キャベツ、カブなどは、以前と変わらず漬物にして保存

写真121　仕留めたクマの肉や内臓を分ける安家のマタギたち
© 安家プロジェクト

する。

また、翌年畑に播く種を冷凍保存する人もいる。

このほかによくストッカーで保存されるものとして、郷土料理であるコムギの皮のマンジュウがある。この地域で作られるマンジュウは中の餡が、山で拾ってきたヤマグリだけで、一種の名物であり、たくさん作って近隣の人びとに配られたり、客へのお土産に贈られる。このマンジュウは、ビニール袋に入れたままストッカーで冷凍保存するのだが、冷凍保存できるようになるまでは良い保存方法はなかった。またバリエーションとしては、ドングリをアク抜きしたものに砂糖を加えて餡にしたマンジュウも作られる。

こうしたクリやドングリの餡を冷凍保存しておいて、時間の余裕のある時にマンジュウに作ることもある。あそこの家のマンジュウは美味しいということになると、あちこちから頼まれるため、マンジュウ専用の冷凍庫を持っているという家もある。

このように、ストッカーにより多量の食品を冷凍保存できるようになってから、ほかの保存方法から冷凍保存に切り替えられる食品もあり、それまで適した保存方法がなかった食品が、冷凍保存されるようになっている例も見られる。ストッカーの導入により、保存できる食料の幅が広がり、より美味しく保存できるようになったことは、食糧保存・貯蔵に関する在来知がより深化したととらえることができるのではないか。

海のものでは、サケやイカ、サンマなどをまとめてもらった際に、よくストッカーを利用する。三陸の漁村に親戚がある家では、こうした機会が多い。アワビも冷凍保存が可能である。安家川で釣ったヤマメやイワナ、アユもストッカーで保存する。マタギ*353を行う人がいる家でも、獲物の肉や内臓をストッカーに保存しておく（写真121）。

安くまとめ買いした肉類やホルモンなども、ストッカーに保存される。三〇〇リットル近い大型のストッカーを持つ一人暮らしの女性は、ストッカーのものだけをおかずにしても、二カ月は食べていけると言っていた。それほどの量の食糧を、電気代をかけて貯蔵しておくことが本当に必要なのか、という疑問はあるだろう。旬のものを、その時期に食べるのが山村の暮らしの豊かさではないか、と。しかし、これら北上山地の山村の人びとは、旬の時期に充分に山里の食を愉しんだ上で、まだ有り余る恵みをストックしているのである。そしてそれが実際に役立つ局面も、山村にはそれほど珍しいわけではない。

では、北上山地山村が停電や孤立を伴う危機に瀕した際には、どのようにその事態を乗り越えていたのだろうか。

4――北上山地山村における危機への備えと対応

❖平成二三（二〇一一）年豪雪による停電と一部集落の孤立

平成二三（二〇一一）年は東日本大震災があった年として、いつまでも日本人の記憶にとどめられることになるだろう。しかしその約二カ月前、平成二二（二〇一〇）年の大晦日から平成二三年の正月三が日に、北上山地の山村を含む岩手、青森の沿岸地域で豪雪が起こした出来事は、確実に人びとの記憶から薄れつつある。

平成二二年の一二月は、下旬になっても冬型の気圧配置が続かず、暖かな正月を迎えるかと思われたが、二三日ごろから気温が下がりはじめ、二四日以降、毎日雪が降るようになった。

三一日大晦日になると湿った重い雪が降り続いて大雪になり、岩泉の観測地点で最深積雪はそれぞれ三〇センチメートル、一〇九センチメートルだった。この岩泉と葛巻の観測地点が、岩泉町安家地区から一番近い。

この時期の平年の平均最深積雪量は、五センチメートルだ。いかにこの時の積雪が、この時期には珍しいものであったかがわかる。しかも、三一日の最大瞬間風速は岩泉で秒速一九・七メートル、葛巻で秒速一〇・五メートルと強い風も吹き荒れ、雪嵐の年の暮れとなった。

この強風や、雪の重みによる倒木、雪崩によって県道など四八カ所で全面通行止めとなり、集落は孤立した。また倒木や雪崩により電線の切断などが発生し、三一日から青森県南部や岩手県北部で、大規模な停電が発生した。当時の新聞は、青森で一八市町村、二万一一二四世帯、岩手で二二市町村、七万三二七五世帯、のべ約九万四〇〇〇世帯以上が停電したと伝えている。

復旧作業は深雪や倒木にはばまれて難航し、岩手県北の山間部や沿岸部で停電が続いた。除雪が進まないため山奥の集落の孤立状態は続き、工事車両が通行できないため、電気の復旧もなかなか進まなかった。新聞では停電から二日たった一月二日になっても、約八〇〇〇戸で停電が続いていると報じ、一部の集落の孤立も継続していたのである。

翌三日、最低気温は岩泉で氷点下七・一度、葛巻で氷点下一六・三度まで下がり、オール電化や電気を使った暖房器具を使っている世帯は、三日間暖房なしの厳冬の正月三が日を過ごすことになった。

新聞は四日午後になって、ようやく四日ぶりに停電が全地区で解消したと報じた。四日間で岩手県がこうむった被害は、農林水産関係など約八〇億円に及ぶと報道された。

気象庁は、この平成二二年末から平成二三年二月にかけての雪害を、平成二三年豪雪と命名した。北東北だけでなく、日本海側の北陸や山陰に停電や鉄道・道路の混乱を引き起こした。岩手県内では、約四六〇〇カ所で倒木が確認され、県外からの応援を含め、約一八〇〇人の態勢で復旧作業を続けたが、倒木処理などに時間がかかった。

これほどの災害にもかかわらず、地元紙でさえどこで停電しているのかに関する報道は、旧町村名程度の大雑把なものでしかなく、盛岡でこの事態を気にする私は、調査地の人びとの顔を想いながらやきもきさせられた。もちろん、その後に起きた東日本大震災と比べれば、その規模はずっと小さかったのではあるが、正月を停電で過ごす山村の人びとへの都市部の関心は、まことに薄いと感じた。もしこれが都市部で起こっていれば、どうであっただろうか。

❖ストッカーの貢献とサブ・ライフラインの存在感

大晦日から正月三が日まで停電で、紅白歌合戦も新春スペシャル番組も見られずに正月を迎えた岩泉の人びとも、「今年は正月が来なかったな」と口々に嘆いた。大雪で、大晦日に正月料理の買出しに行けずに正月を迎えた人も多かった。「思いがけず、ストッカーの整理ができた」と苦笑いしていた人もいた。ストッカーの保存食品で、年を越したのであった。

写真122　窓から手を伸ばせば取れる場所に積み上げられた薪

私はこの話を聞いて、「郷蔵」のことを思い出した。「郷蔵」は、昭和恐慌に続く昭和九（一九三四）年の大凶作の後、皇室から救済に下賜された資金をもとに岩手県が建設費を交付し、町村が主体となって倉庫を建て、農家は食料を出し合ってそこに備蓄し、災害に備えた。ストッカーの普及は、この「郷蔵」を各戸に持てるようになった、そんな意味合いもあるように思えたのである。

このように山村では、普段からの過剰気味な食品のストックが、いざ危機を迎えた際のレジリエンスに大きく寄与する場合がある。効率性から無駄と思えるものは、危機管理の上では侮れないのだ。

北上山地山村では、現在も薪ストーブの普及率が高く、村に入るとどこの家でも軒下に整然と薪が積まれているのを目にする（写真122）。多くの家で時計型の薪ストーブ[*354]が室内に設置され、そこで人びとは暖をとり、洗濯物や乾燥保存する食料を干し、薬缶や鍋を温め、燠を取り出して魚やまんじゅう、豆腐を焼き、ストーブを囲んで談笑し酒を酌み交わしてきた。

ずっと以前から、木質バイオマスエネルギーを利用してきたのだ。ごく稀なオール電化にした家以外では、テレビは見られなかったものの、暖房のない寒々とした正月を迎えることはなかった。しかしこの長期にわたる停電でボイラーが凍結して壊れ、買い直すことになった家が多かった。

実は安家地区では、冬期間に積雪や強風による倒木などの影響で停電が一度や二度起きることは珍しくない。私が一九年間暮らす間も、特に一番上流の集落に住むようになってからは、たびたびこうしたことに出くわした。これについては、岩泉町の他の、特に山間地域に暮らす友人たちも同じ状況であると言っている。

いくつもの入り組んだ山や谷に電柱を建て、縫うように電線を引いて暮らしている北上山地の山村では、雪害でどこかを遮断されると、雪崩の危険もある雪山での復旧は、どこでも容易ではない。しかし数時間、長くとも一～二日で復旧することがほとんどで、四日間もの停電はめったになく、ボイラーの凍結に至る経験は珍しかった。

それでもこの地域では、ボイラーを取り換えるまでの期間、そう困った様子はなかった。冬はいつでも薪ストーブを焚いているから、上にのせた薬缶で湯はいつでも沸いている。時計型の薪ストーブは安価だが、三〇リットル程度の水はすぐわかせる熱量がある。何度か沸かせば、風呂にも入れる。九割以上の家庭に薪ストーブが普及しているこの地域だからこそ、ボイラーの破損もさほどの影響はなかった。

また、山から沢水を引いたプライベートな水道を設置している家も多い。水や、暖房や調理のためのエネルギーを供給する自前のサブ・ライフラインが準備されているのである。

これも公共のライフラインだけに頼らない、北上山地山村の人びとの在来知の一例であり、危機に瀕した場合のレジリエンスを支える重要なストックなのである。

❖平成二八（二〇一六）年の台風による停電と集落の孤立

平成二八年に一一番目に発生した台風一〇号は、複雑な進路を辿った台風だった。発生後、数日間西寄りの進路を取った後南下し、八月二一日四国沖で台風となった。二五日には非常に強い台風となってUターンして北東寄りに進路を変え、二八日には最低気圧九四〇ヘクトパスカルを記録する大型で非常に強い台風に発達した。さらに弧を描きながら北西に進路を取り、三〇日一八時前に岩手県大船渡市に上陸し、三一日に日本海で温帯低気圧に変わった。

東北地方の太平洋側に台風が上陸したのは、気象庁が統計を取り始めて以来初めてのことである。

岩手県では、二九日から三〇日にかけて太平洋沿岸地方（北上山地山村を含む）を中心に雨が降り続き、岩泉の観測地点で、一時間雨量が七〇・五ミリ、三時間雨量が一三八・〇ミリとなり、いずれも統計開始以来の極値を更新した。岩手県広聴広報課が、三〇日に発表した岩手県内の道路の全面通行止め箇所は、五五路線九一カ所に及び、岩手県内で死者二一名、行方不明二人という深刻な事態となっていた。

三一日の朝には、岩泉町在住の若い友人たちがSNSに画像入りで、町内の被災状況を投稿しはじめた。その衝撃的な凄まじい被害の画像には、私も震撼させられた。*355

この時すでに、その後大きく報道された、岩泉町の小本川の氾濫で高齢者施設に水が流れ込み、寝たきりの老人九名が死亡するという悲惨な被害が起きていたわけである。その後も、多くの山間集落を結ぶ道が土砂や洪水で寸断されて、停電や電話の不通が続き、集落が孤立した状況が、幾度もマスコミに取り上げられた。

さらに続いて台風一二号が接近し、避難指示が出された[*356]ものの、孤立集落と呼ばれた多くの地域の人びとは、ヘリコプターが迎えに来ても避難しなかった。当時、この住民の行動選択を、さも悪いことのように扱う報道も多かった。

結局、岩泉町における世帯の孤立がすべて解消したのは、九月一九日のことだった（表25）。

❖孤立集落へ

私は九月一日から、道路の復旧とほぼ同時に安家地区の中心地元村へ入り、支援物資を届けながら被害状況を見てまわった。盛岡から車で元村までは通常二時間ほどである。しかしこの時は、盛岡から高速道路を使って八戸自動車道の九戸インターで下り、山道を迂回しながら太平洋岸の久慈市を経て、海沿いの国道四五号線を田野畑村まで南下し、岩泉町の夏節を経由して、岩泉町安家地区に入った。川の増水で決壊していた県道が復旧し、一般自動車が通行できるようになったばかりの安家地区尻高を通って、通常の倍近い時間をかけて元村へ到達した。それほど多くの道路が台風の被害で寸断されていたのである。

この時の安家入りには、盛岡から安家に帰る若者に同行してもらった。彼は、盛岡で水と発電機、ガソリンの携行缶を購入し、近隣の友人の情報を得ながら、通行可能な安家入りのルートを選択した。Google Crisis Response の自動車通行実績情報も役立った。

土砂があちこちで道路をふさぎ、アスファルトの道路があちこち剥がされ、

表25　岩泉町各地区における孤立世帯数（岡、2018より）

岩泉町	9月2日	9月3日	9月4日	9月5日	9月6日	9月7日	9月12日	9月13日	9月19日
岩泉		121	93	34	34	34	3	3	0
小川		51	37	29	26	26	4	0	0
大川		6	11	11	11	9	0	0	0
小本		0	0	0	0	0	0	0	0
安家		113	101	95	11	10	7	2	0
有芸		12	10	10	10	10	0	0	0
合計	428	303	252	156	92	89	14	5	0

流されていた。橋の欄干に無数に刺さった流木。津波の後のように増水した川に家を流され、土台だけ残され、見慣れた風景が一変していた。

旧知の人びとに話を聞く。家が次々に流されていくのを見つめていた夜の恐怖。一度は避難したのに、忘れたものを取りに家に戻って流された人の話。家ごと流されたのにもかかわらず、偶然命を取り留めた人の話。そして流入した泥を戸外に出す、疲れ切った人びと。

床上浸水でコメや食料をだめにした人も多かった。それなのにコメや飲料水を運んできても、「うちはまだ何とかなるから、本当に困った人へ」と断る人が多いのに困りながら、さすが安家の人びとと清々しい気持ちにもなる。停電が続くとみて、発電機を購入する人たちもいた。私も、岩がむき出しになったガレ場のような道を、ガソリンを入れた携行缶を片手にコメを背負って友人宅へ歩いた。

三日は休息と情報収集の日とし、SNSで発信される個人の情報を見て、知人とは連絡を取り、他の安家入りのルートの道路状況や孤立集落の情報を収集した。徒歩で、上流集落にある自分の実家まで往復してきた若い知人と連絡を取り合い、現地の様子の把握に努めた。

四日は前日得た情報から、それまでとは別の葛巻町から安家森を越えるルートで、初めて自分のメインの調査地である坂本集落に入ることができた。道路は、まだあちこちで崩れた土砂やあふれた沢水で寸断され、行けるところまで車で行って、あとは徒歩だった。

山中を歩くことになるのは予想されたので、クマ除けの役に立つかどうかはわからなかったが、この日もラブラドール・レトリバーのルカを連れて行った。ルカは災害救助犬に認定されたイヌなので、行方不明者が出ていた場合の捜索に用いる目的で、初日から車で共に移動していた。*357

デイパックには、大した足しにもならぬとは思いつつ、近隣の家に配る飲料水が入った一・八リットルのペットボトル八本を背負い、ルカと歩き出した。事前の情報では、水に困っていると聞いていたのだが、実際にはすでにあまり必要なかったことが判明した。

坂本集落のある住民は、安否確認にヘリコプターで訪れた自衛隊員全員に、ペットボトルのお茶を配ったという。彼らは、いつでもお客さんが来たときに備えて、缶やペットボトルのお茶やジュースを箱買いで備えている。ヘリコプターによる支援物資の輸送配布を予定していた自衛隊員は、さぞ面食らったことだろう。[*358]

携えてきたペットボトルを台風見舞いに差し出すと、私も缶ジュースや栄養ドリンクを振る舞われてしまう。枝豆を土産にくれる家もある。九月の中旬には、マツタケ、コウタケ、マイタケをもらって帰った日もあった。不謹慎な表現だが、支援にむかったつもりの私は、とんだ「わらしべ長者」になっていた。

橋を流されて対岸に渡れなくなった家に、誰かが沢クルミの木を橋のかわりに使えるように伐倒していた（写真123）。数日後には、沢クルミの木には板が貼られ、橋らしくなっていた（写真124）。あるものを有効利用する山村の人らしい、創意にあふれた被災対応だと思った。

土砂崩れで流されたナラの巨木の丸太が、決壊した道路の脇に置かれていた（写真125）。その後、地域の住民が丸太を伐りそろえ、近くで作業していた国有林の伐採の林道整備に使う重機で沢に並べて土砂をかぶせ、道路を仮復旧した（写真126）。ふだんから山仕事に従事する住民自らの手で、孤立が解消されたのだった。

今回の危機は夏だったため、ストッカーに保存していた食料は、最初の数日は自然解凍で食膳に上がったが、腐って捨てざるを得なくなった家がほとんどだった。

しかし発災後三日もすると、寸断された道路を徒歩で近親者の安全確認や救援に向かった家族や親戚たちが、孤立集落の村人の安否情報をもたらし始め、彼らが運ぶ食料や発電機が徐々に届き始めた。ここでの近親者とは、私が把握した範囲で言えば、孤立集落に住む人の都会に住む息子、娘、その孫、娘婿、兄弟姉妹であった。東京で大工をしている息子二人が、徹夜で高速道路を運転し、盛岡に住む私よりも先に、上流集落に到達していた例もあった。マスコミが孤立、孤立と報道をエスカレートさせていたこの時期に、多くの近親者は道路の寸断箇所

写真 125　道路決壊部に置かれたナラの丸太。手前は連れて行った災害救助犬ルカ

写真 123　沢クルミの橋

写真 126　地域住民がナラの丸太で道路を復旧し孤立解消

写真 124　床板や手すりがついた沢クルミの橋

写真127　沢からの古い私設水道を復旧させようと試みていた孤立集落の夫妻が、子どもたちに自分たちの元気な姿を届けてくれと、写真におさまってくれた

を徒歩で移動し、すでに孤立集落に到達し、孤立集落に必要なものを届けていたのであった。

聞き取りによれば、発災後に多くの世帯は水の確保を優先して、沢の増水や土砂崩れなどで断水した私設の自家水道の復旧に力を入れた。やがて道路を自力で復旧したことで、必要なものを自動車で購入しに行けるようになり、食料や生活必需品と共に、停電の長期化を予想した多くの世帯で、発電機と燃料のガソリンが購入された。

ここには、道路やライフラインが途絶したことが、即、住民の不安を呼び、混乱を引き起こす都会の暮らしとは、異なるライフスタイルがある。[*359]毎年のように、積雪や時には土砂崩れなどによって電柱が倒されたり、倒木、強風などによる断線による停電があり、電気だけに頼っては暮らせなかった。これまでも台風の直撃で道路が破壊され、長期間交通が遮断されたこともあった。

しかし、今より行政の支援が手厚くなかった時代から、そこに住み続けてきた山村の人びとは、いつも自助や共助によって地域の復興を果たしてきた。[*360]今回の地域の動きから、台風一〇号による被害への短期的レジリエンス[*361]には、地域外の都会に住む近親者との「共助関係[*362]」も、重要であったことを確認することができた。

5――ストックの持つ意味と重層的なレジリエンス

❖多様な農山村におけるストックの持つ意味

すでに述べたように、北上山地の山村の人びとは、ドングリを主食の代用とするなど、食文化に様々な野生植物を取り込み、また畑作物から多くの保存食料を開発してその多様性を拡げ、それらをストックして食糧の不足に備えてきた。[*363]

畑作物の場合は、例えば当該年度の気候変動によって、飢饉・凶作などによる食糧の不足が推測可能になった時点から増産しようとしても、播種の適期を過ぎて間に合わない可能性が高い。季節性のある野生植物の場合も、収穫時期が早ければ間に合わない可能性があるが、ドングリやキノコなど秋になってから採集されるものも多い。このため夏までにそうした危機が察知できた場合には、秋にそれらの採集に重点を置いて、食料として確保できる場合もあり得る。

ただ野生植物では、採集からアク抜きなども含む食品化の過程で、時間と労働や手間がかかるものが多く、実際に危機が起きてからそれを行おうとすると、大きなコストを要求されることが多い。かつての飢饉の際には、より多くの食料を確保するために、山の急傾斜面にある牛の採草地などからワラビの根茎を掘り取り、[*364]水さらし法によりアク抜きをして、デンプンを得ようとしたという。[*365]しかしそれに従事した村人の多くが、連日の重労働に疲れ、ワラビを掘った穴に倒れ込んで死んだ、という伝承[*366]が北上山地のあちこちの村で聞かれる。

そこで意味を持つのは、ドングリの貯蔵に見られるような、あらかじめ毎年採集あるいは収穫したものを一定量ストックしておくことである。[*367]ドングリの場合であれば、食料の残量に応じて貯蔵していたものを加熱処理法によるアク抜きを行い食品化していく。あらかじめ貯蔵されていたドングリは、急峻な山を登って採集し、背負って運び下す手間は不要であり、アク抜き法も水さらし法より短時間で行える加熱処理法[*368]が選択されている。

ストックがあることは、食糧の不足に即時対応が可能であり、より労働量が軽減され、量があれば長期間にわたる食料の不足にも対応できることになる。一見、無駄なように思える多量の食料のストックも、時折到来し、食の多様性を確保するだけでは補いきれない食料不足の危機に備えるという意味からは、山村の暮らしに不可欠なものであったのである。

このように北上山地の山村は、食の多様性とストックを組み合せることによって、危機への幾重もの備えとしてきたのだと思われる。

北上山地山村における著しいストッカーの普及について、都市のように毎日食料を購入できず、ある程度の買い置きが必要で、一時期に食べきれない多量のものを集中的に採集・収穫する機会に恵まれた、山村の暮らしの特性および凶作常襲地帯だった民俗生態史的な背景を指摘した。

では北上山地山村以外の、都市近郊であるとか、稲作農村であるといった異なる属性を持つ農山村では、このような自給食料を確保する目的の、ストッカーへの強い需要はあっただろうか。

例えば昭和のはじめの、農村恐慌などが起きた時代の東北の稲作農村では、その時代にストッカーがあれば、都市の近郊であっても需要は高かっただろうと推察される。娘の身売りが問題となり、宮澤賢治が「さむさのなつはオロオロあるき」と表現した凶作が続いたこの時代、気候が不順だったこともあるが、寒冷地で栽培可能な稲の品種改良も、まだ十分に進んではいなかった。

しかし、東北地方から日本全国の稲作農家に視点を拡げれば、事情は異なる。昭和の戦時中の、都市住民の地方農家への闇米の買い出しにおける、多くの苦難に満ちたエピソードを想起されたい。

戦時下にあって食料不足に拍車がかかってくると、都市住民は遠くまで列車などに乗って、コメの買い出しに出かけざるを得なかった[*369]。安定的にコメが収穫でき、ストックできた、広大な平野に位置する農家には、都市へのアクセスが悪くても、様々なコメとの交換物が集積された。筑波山麓のある稲作農家は、この時代を「極楽だった」と表現している[*370]。商品としてのコメを蓄えるためのストッカーには需要があっても、食料不足の危機に備えるためのストッカーなどには興味はなかっただろう。

戦後の農業政策においては、農産物の中でコメが国民の主食として特異的に保護されてきた。毎年政府が決めた額で買い上げられてきたコメは、山村で生産される外部経済に影響を受けやすい生産物とは比べ物にならない、安定的な経済的価値を長らく保持し、コメ農家は市場経済の中で優位な経営を続けられた。そのようなフローの経済の中で暮らし、その環境に慣れ親しんだコメ農家にとっては、ストッカーは自家用の収穫作物の保存・加工目的以外には、必要なものではなかったであろう。

もちろんこれは、すべての稲作農家を対象としたことではない。例えば山間地などのさほど規模が大きくない稲作農家では、コメだけでは生計を立てることは能わず、山村らしい様々な生業を複合して生産を行ってきた。そこではやはり、ストッカーも必要性が高かったであろう。

しかし、東日本大震災や台風一〇号のような大きな災害以外にも、しばしば訪れる停電や道路の決壊などの小さな危機や孤立化と、うまくつきあいながら生きてきた北上山地では、ストッカーの必要性はさらに高いのだと考えられる。

コメという特別な農産物を生業の柱として経営を続けてきた農家が多かった地域と、稲作も含む零細な生業複合の中で生きてきた地域や稲作が安定的に経営できなかった地域、そして山間地で小さな危機とつきあいながら生きてきた北上山地山村では、ストックの持つ意味もそれぞれ異なるのである。

❖食の多様性・ストック・共助の重層的なレジリエンス

これまで述べてきた、木の実も主食の代用として取り込むような「食の多様性」や、様々な保存食料やストッカーの活用などにみられる「自給用食料のストック」と併せて、前節で述べた「共助」をどうとらえればいいのだろうか。以下、これまでの安家地区上流の坂本地区の聞き取りから、この地域の共助について考えてみたい。

この地域は大鳥（九戸）・坂本（八戸）・大坂本（一〇戸）の三つの集落からなり、まとめて坂本地区と呼ばれる。[*371]

ユイトリなどの共同労働としては、春の短角牛の採草地の火入れや畑の耕起・畝立て、草取り、夏の短角牛の冬期間の飼料のサイロ詰め、秋の畑の収穫など、また数十年ごとに茅葺屋根を葺き替えるヤドゴなどでも行われていた。

中でも丸一日の厳しい労働を必要とするサイロ詰めやヤドゴの際は、前者は坂本地区の牛を飼っている全農家と近隣地区の親戚から各家一名ずつ、後者は坂本地区の全戸からと近隣地区の親戚から各家一名ずつが、順番にその日の当該農家に集結し、労働交換を行っていた。[*372] それ以外の共同労働では、主に集落内のユイトリで、労働交換を年内に清算するべく頼まれていないのに隣の集落から手伝いに来る例や、収穫の作業が間に合わないために隣接地区の親戚を電話で頼んで車で来てもらう例もあるものの、おおむね集落内または坂本地区内の共同労働で賄われていた。

調査をはじめた一九八〇年代においては、共同労働の参加者に見られる共助の範囲はこれくらいであった。葬式などでは、死者の子供や配偶者、その孫などの血縁者が東京や盛岡から帰って来て、家から出す葬式や葬列の飾りなどの準備、墓堀りを手伝っていた。だがふだんの共同労働では、東京や盛岡の血縁者が帰ってくる例はなかった。

かつて一九六〇〜一九七〇年代の高度経済成長期に、坂本地区からも関東や東海地方に出稼ぎに出る人が多かった。その場合には地区の年長者が親方となり、地区内の若い者を誘って出稼ぎに行くスタイルが多かったらしい。ところが出身地区で死者が出ると葬式の手伝いに帰らなければならず、それも一人二人ならともかく、地区の者がまとまって帰ることになるので、出稼ぎ先では仕事が滞って嫌がられたという。このようなエピソードに、この地区の「共助」の引力の強さ、あるいは出稼ぎの賃労働よりも葬式の手伝いを優先させる、当時の共同体規制の強さを読み取ることが出来るのかもしれない。そして今回の災害時の共助も、範囲としては葬式の手伝いの際に発動される「共助」の範囲が適用されたとみるべきかもしれない。

また別のケースとして、かつて貧しくて食料が不足していた家の主人が、比較的富裕な家に、食事時になると現れることがあったという。富裕な家ではまったく事情も聞かず、毎日何事もなかったように食事を出していたという。食料が不足してどうしても賄えない時には、このような集落あるいは地区内の富裕農家に頼る道もあったのである。この話を聞かせてくれた老媼は、これを「みすけ」の精神という、と語った。「みすけ」は「見ておいたり、助（すけ）られたり」の略で、助けてあげた人から逆に助けられることもあるから、助けられるときは助けてあげた方が良い、という意味だそうである。

以上の共助に関する安家地区のエピソードからは、①地域全体の共通認識として木の実も主食の代用と認めるような「食の多様性」の許容が基盤にあり、②個人の努力の範囲内で食料の確保を目指す「ストックと自助の重視」が次にあって、それでも対応が出来ない場合には、③共同労働や「みすけ」の事例で見られるような集落内から近隣地区までの広がりを持った「地域内の共助」があり、さらなる支援が必要な場合には、今回の災害や葬式の事例にみられる、④遠方の都市などに出ていった血縁近親者の助力も仰ぐ「地域外を含む共助」があるという、重層的なレジリエンスのための関係性が見られるように思う。

この中で私が今後実践的に試みていきたいと考えているのは、少子高齢化により弱体化しつつある③「地域内の共助」における集落機能低下問題への、救助犬などを用いた補完策である。

第Ⅵ章

野生中大型哺乳類の利用とその減少

◆森の獣を活かす

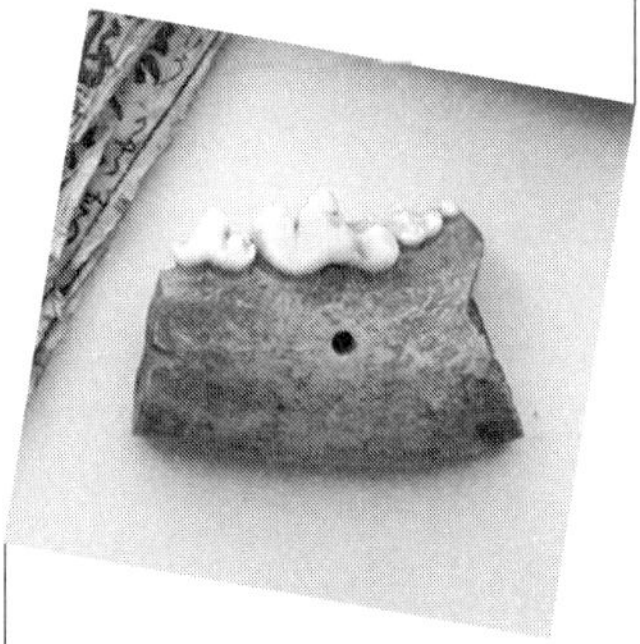

❖マタギ根付

ある日行きつけの骨董屋に入ると、店主が待ち構えていたように傍らから何かを取り出した。見せてもらうと、動物の頭骨の下顎を切り取って作られた根付《ねつけ》で（写真128）、つき出た薄黄色の牙は、大きく鋭かった。この根付と一緒に財布と氏子札、江戸期に発刊された木版の印刷物があり、同じ家からまとめて仕入れたものだという。前にも同じようなものを鑑定してもらったらニホンオオカミのものだった、という骨董屋の話だった。

筆者はこれらを購入し、国立歴史民俗博物館の西本豊弘先生に鑑定をお願いした。その結果、この根付はオオカミではなく、推定される体高五〇～六〇センチメートルという現生のシェパードの牝程度の大型洋犬のもので、時代は加工の方法などから中世から近代のものだった。[*373] 岩手県では、オオカミ以外の山に住む野生の犬を「カセキ」または「カセギ」と呼ぶ。明治以降も県の公文書にこの種名が記載されており、あるいはこの根付はこうした野生化した大型犬のものであったかもしれない。[*374]

ところで根付とは、和装のときに巾着や、印籠、煙草入れなどを落とさないように帯にとめるための工芸品で、

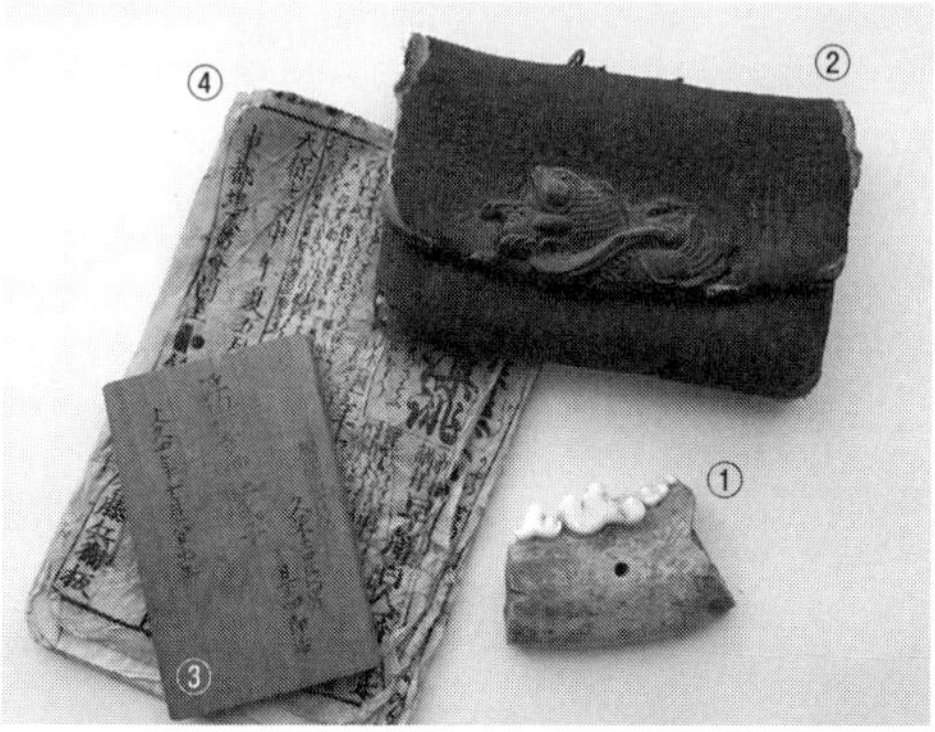

写真 128　①根付、及び一緒に購入した②財布、③氏子札、④木版印刷物

写真 129　マタギ根付
①アナグマの下顎骨　②ツキノワグマの下顎骨
③ニホンジカの角　④ニホンジカの角の基部
⑤ニホンカモシカの角
⑥ニホンカモシカの角（火縄銃の弾入れで袋部分はクマの毛皮）
⑦カモシカの毛皮（鹿笛及び雉笛）

江戸時代のおしゃれを演出する装身具のひとつでもあり、さまざまな意匠のものがある。海外でも多くのコレクターが存在し、一つで数千万円の値がつくこともある。江戸時代のとりわけ文化文政から幕末の頃に盛んに製作され、象牙や黄楊《つげ》などを根付職人が精巧に彫った名品が数多く生み出された。

こうした職人技の粋を集めたような高価な根付とは別に、通称「マタギ根付」とよばれる一群の根付がある。これは、野生動物の骨や角、牙、天然木の瘤や変形部などを用いて、素人がこしらえた根付のことである。骨董としての評価もさほど高くない。

もちろんこれらの根付は、厳密な意味でのマタギが製作し、使用したというのではない。マタギを含む山村の民が、入手しやすい野生動物の骨などを、素人技で加工して根付にしたものである。価格も安く、原材料をわざわざ遠くから仕入れるまでもないこういった根付は、ほとんどが地元のものであるらしい。

私が岩手県内で見つけたマタギ根付の素材になった動物とその部位をまとめると、角を用いるのはシカやカモシカ、歯や牙を用いるのはイノシシ、クマなど、毛皮を用いるのはシカやクマ、下顎骨を用いるのは今回の大型犬の他にクマ、アナグマであった（写真129）。

明治の初めまでは、イノシシやシカは岩手県でもかなり広域に生息していた野生動物である。オオカミも同様である。マタギ根付の存在は、根付という暮らしのファッションに取り入れられるほど、こうした動物たちがかつての山村の人びとにとって、身近で有用な存在であったことを示しているのであろう。

北上山地の山村では、例えばクマは山で最も強い動物であり、その霊力も強く、狩りで獲物としてとらえたときは、きちんと送りの儀式を行わないと人に祟ると考えられている。また野生動物の骨や角には、病気やけがを治す薬効があると信じられ、今も用いている人たちがいる。山に住む野生動物たちの身体から加工した根付にも、当時の人びとは自らにもたらされる霊力のようなものを感じていたのではないだろうか。

❖獣たちの増減と山村の暮らし

筆者はこれまで二十数年にわたって、北上山地の岩泉町（岩手県下閉伊郡）を中心とする山村で、狩猟活動を含む山村の人びとの環境利用について、調査を続けてきた。そのなかで明らかになったことのひとつは、北上山地の山村では、明治初期には現存のツキノワグマやニホンカモシカの他にも、ニホンオオカミ（以下オオカミとする）、ニホンイノシシ（以下イノシシとする）、ホンシュウジカ（以下シカとする）、ニホンザル（以下サルとする）の四種の中大型哺乳類が生息していたということである。

しかしそれらは、明治から大正にかけての時期に、オオカミまたはイノシシが最も早く、その後シカ、サルの順で、次々と姿を消していったと伝えられている。

ただ、いったん絶滅してここ一〇〇年間は姿を見せていなかったシカについては、現在はまた岩泉町周辺でも多くの目撃情報がある。子連れのシカの目撃も多く、繁殖もしていると考えられる。

このように野生の中大型哺乳類が姿を消したり、また増加したりするのは、なぜなのだろうか。一般に、こうした野生動物の減少や絶滅の要因は、そのほとんどが人為的なものと言われている。

しかしひとくちに人為的な要因といっても、その中身はさまざまだろう。まったくのゲームハンティングで、獲り過ぎて絶滅した場合もあるだろうし、生息環境の破壊もその大きな原因のひとつであったにちがいない。

しかし一般にこのような議論において、動物の住処を奪った「人間」が悪いと、簡単に結論がつけられがちである。この「人間」の中には、こうした野生的な自然と密接な暮らしを営んできた人びとと、自然と切り離された暮らしを営む都会の人びととがひとくくりにされているのである。

二〇世紀という時代は、はじめから現在の日本のように、圧倒的な人たちが都市とその近郊に生活していたわけではない。当初は農山村で、自然とともに暮らしていた人たちも数多く存在した。第二次世界大戦前後のように、都市や外地、戦場からこうした地域へ人が移動することもあったのである。

その人たちにとって、自然とその眷属《けんぞく》である野生動物たちとの食糧を生産するための格闘は、食うか食われるかの真摯なものだったはずである。また時には、気まぐれな自然現象のいたずらで、思わぬ天の恵みとして多くの動物たちが獲れてしまったこともあったかもしれない。あるいは中大型哺乳類の体のさまざまな部分が、今とは異なる商品価値や利用価値をもっていて、真に必要とされ、貴重な収入源となっていたのかもしれない。これらの獲物の利用は、単に獲物の大きさや数を争うようなゲームハンティングとは異なる、たとえば骨まで根付に利用するような、暮らしの実態にかかわるものではなかったのか。

私は、人の手がよく入って成立した森林をもつといわれている岩手県の北上山地において、このような中大型哺乳類の利用の実態と、山村の人びとの暮らしとのかかわりの歴史をあぶり出したいと考えた。なお本章では野生中大型哺乳類の中でも、資料や伝承が多く残るシカ、イノシシ、オオカミ、サルを中心に論じていく。

❖獣たちの減少と『岩手県管轄地誌』

岩泉町以外の地域でも、中大型哺乳類たちの減少の過程は記録されている。たとえば岩手県の三陸海岸中部に位置する船越半島周辺には、かつてはオオカミがいて、イノシシが明治二四、二五（一八九一、九二）年頃、シカが明治三八（一九〇五）年頃絶滅し、サルも大正中期頃にはめっきり減り、いなくなっていった。[*375]

遠野市では、オオカミが明治二〇年代に姿を消し、イノシシも明治二〇年代に大量に病死し、シカは奥山に大正年間までいた。[*376] サルは現在も目撃情報がある。

遠野市にもほど近い五葉山周辺域では、シカは明治末から昭和二〇（一九四五）年頃までは減少し、絶滅の危機を迎えていたが、戦後回復に向かい、昭和四〇年代以降は急激な個体数増加を続けて分布域を広げ、農作物への被害が大きな問題となっている。オオカミは明治二〇（一八八七）年頃、イノシシは明治中期から末期に絶滅したが、サルは現在も生息している。[*377]

青森県下北半島では、イノシシは明治一四～二三（一八八一～九〇）年頃、オオカミは明治二四～三三（一八九一～一九〇〇）年頃、シカは明治四三～大正八（一九一〇～一九）年頃に絶滅したと言われている。[*378] そしてサルは、北限のサルとして今日まで命脈を保っている。

このように北上山地では、オオカミ、イノシシ、シカは、数が若干前後しながらも明治から大正にかけて、絶滅、減少していった。下北半島でも、ほぼ同時期に同じような絶滅が起きたのである。

それではその絶滅、減少の要因は何だったのか。いつ、どのような人によって、どのような方法で、なぜ滅ぼされたのか。逆に絶滅しなかった地域の中大型哺乳類はなぜ残り得たのか。人の狩猟活動や獲物の交易、流通、狩猟の成果を利用する側の嗜好や利用方法の変化は、そこにどのようにかかわっているのか。多くの疑問が浮かんでくるのだが、ここでは、これまでの文献と現地での調査にもとづいて、明治、大正期の中大型哺乳類と人との関係性や絶滅、増減とその利用について、明らかにしていく。

明治九～一八（一八七六～八五）年までに岩手全県で編纂された岩手県立図書館所蔵の『岩手県管轄地誌』には、物産として中大型哺乳類を産出することが記載された村がある。[*379] この一部を動物種ごとに図化して資料として用いた。

物産としての記載であるため、当該の村に生息していたかどうかが記されているわけではない。物産としての記載がない村でも本稿で対象とする中大型哺乳類が生息し、狩猟の対象となっていた可能性はあるし、記載者が郡ごとに異なるため、その取捨選択により狩猟獣に関する記載に濃淡があるのもやむをえない。ただ記載のある村では、実際にその中大型哺乳類が生息し、狩猟の対象となり、猟果があったと推測できる。

さらに、この明治一八（一八八五）年までの時期は、まだ主として火縄銃が猟に使用されていた時代である。つまり火縄銃時代の狩猟の実態を裏書きする資料としても意味をもつものだと考えられる。

❖明治以降の岩手のおけるオオカミの記録

オオカミが本州から絶滅した時期は明らかではないが、最後の捕獲は明治三八（一九〇五）年の奈良県東吉野村鷲家口《わしかぐち》における若いオスであったと言われている。また最近では、明治四三（一九一〇）年における福井城址での捕獲個体もオオカミであったとする説もある。現在に至るまで生存説は絶えないが、検証にたる証拠はなく、明治期にオオカミはほぼ姿を消したとするのが妥当であろう。

そのなかで岩手県は、オオカミが比較的多く生息していた地域だったと考えられる。[*380] たとえば、現在日本にはオオカミの標本は三体しかないが、そのうちのひとつ、東京大学農学部に保管されている標本は、明治一四（一八八一）年に岩手県の業者から購入したものだとされている。

南部藩のお抱え絵師であった川口月嶺[*381]の墨彩作品にも、耳が小さく口が大きく裂け、足が太いという当時のオオカミを描く際の約束事を踏まえながらも、比較的写実的にオオカミを描いたものがある。

また、岩泉町における筆者の聞き取りによれば、幕末の頃には、オオカミが山頂部に放牧中のウシを襲うので、放牧地の周りに牧柵を設け、夜は火を焚いて警戒にあたった。放牧地を共有していた隣村の隣接集落と共同で、集落総出で落とし穴を掘ってオオカミの仔を囮《おとり》に使い、仕留めた話が伝えられている。落とし穴は、一二尺（約三・六メートル）の深さに掘ったという。さらに山伏に頼んで、近隣にオオカミがすめないように呪ってもらうなど、牛馬を夏季に長期間にわたって山に放牧する北上山地の山村では、幕末から明治にかけてのオオカミの脅威は重大なものであった。

明治期におけるオオカミの捕獲への賞金制度は、明治八（一八七五）年八月に始まった。賞金額については、牡七円、牝八円と言われているが、異説もある。以後、明治九（一八七六）年にも、畜産奨励のために狼退治の布達が出された。

明治九（一八七六）年における岩手県への明治天皇の行幸の際には、多くの岩手県の産物が天覧に供された。大型哺乳類では、オオカミとサルの皮が出品され、また生きたオオカミの仔も出品された。

図13　川口月嶺「狼の図」

このオオカミの仔について、『盛岡市奉迎録』には「明治の初年頃までは野猪、狼は山野を徘徊し居りて野猪は田畑を荒し狼は人畜を害せり。特に冬期に至れば狼は年々近郊に来り人畜之が為に脅嚇せらるること少からず。嶋県令之を憂ひ賞を懸け撲滅を謀る狼の子は一頭金参円牡は金五円牝は金七円妊めるものは金九円と各等級あり（賞金の金額に異説あり）、村人または猟人之に応じ或は之を罠にし或は之を銃殺しわずか数年にして其の害を除くことを得たり、狼の子は先年親狼を殺して得たるものなり」と述べられている。[*382]

岩手県二戸郡浄法寺町では、明治一二（一八七九）年頃にはオオカミが多くて、集団で牛馬を襲い、困っていた。[*383]

明治一九（一八八六）年三月には、獲狼賞与規則が牝五円、牡四円、仔一円に改定されたという記録がある。金額は下げられたが、制度が存続されたということは、この時点でもオオカミの被害が心配なくなったという認識はなかったということであろう。ちなみに明治一九年頃の米一俵の価格は約二円であり、賞金の魅力はまだ十分にあったと思われる。

このように、明治中期の岩手にはオオカミが生息していたが、脅威であっただけでなく、信仰の対象でもあった。筆者の聞き取りによれば、盛岡市川目地区にある山の神神社では、明治一九年にオオカミを描いた木版の神札が、一枚一銭三厘で出版されている。

遠野では、明治二〇（一八八七）年頃に、突然山犬たちが気が狂って大変な噛み合いを始めたという伝承がある。人にも馬にも噛みつくので、田舎では戸外に出ることを控えたという。その後、山犬はめっきりいなくなり、日清戦争後の明治二八（一八九五）年には、ウマを山に放しても心配することがなくなった。[*384]

また二戸市上斗米《かみとまい》字上野では、蛇沼政恒が明治九（一八七六）年にヒツジ一五頭を購入し、翌年牧場を開いた。しかしヒツジを襲う七～一五頭のオオカミの群れにいく度も被害を受け、壊滅的な打撃を受けた。[*385] 明治四三（一九一〇）年に蛇沼牧場で撃ちとられたとされるオオカミの毛皮が二戸市内に現存している。[*386] この毛皮がオオカミのものである確証はないが、授乳中と思われる乳首が残るメスの個体で、散弾で撃たれているという。散弾銃が庶民の手に入ってくるのは、明治の末頃からだったといわれており、[*387] 捕獲時期の伝承と一致している。生物学的にはオオカミの毛皮ではなくても、民俗学的には当時オオカミと考えていたケモノの毛皮として、重要な価値をもつといえよう。

このように明治以降もオオカミは岩手県に生息しており、明治の末期頃までにはその姿を消していた。

❖物産としてのシカ・イノシシとその増減

文久二（一八六二）年に盛岡に生まれた新渡戸稲造は、幼少期の記憶として、「私たちはいつも、鹿肉の煮込みが火鉢の上で湯気を立てているご馳走を歓迎した。家族はよく、居間で鹿鍋をかこみ夕食をした」と述べている。[*388]

明治中期には、みぞれ雪の降る一二月末頃になると、「ヤーマートド、ヤマトド」というふり売りの声が盛岡の町に響き、カモシカなどの肉を売りにきた。明治二〇（一八八七）年頃で、カモシカの前足が四五銭、後足五〇銭、ヒレ肉にあたる部分はスグミとよび、ロースにあたる胸肉はザルと言っていた。[*389]ヤマトドは方言で、山の親父といった意味になる。

盛岡の大正期を中心とする町方の冬の暮らしでは、一二、一、二月頃の賄いとして、キジ、ヤマドリ、ツグミと並んでシカ、イノシシ、家畜ではウマの肉が鍋物や味噌汁の具として食用に供されていた。[*390]現在精肉店に並んでいるようなウシやブタの肉は、当時はまだ一般的な食品ではなかった。

また盛岡と並んで岩手の城下町である遠野では、表向きは獣を食べれば穢れると考えられていたものの、藩政時代から若者の酒盛りには山鯨《やまくじら》と称してイノシシやシカの肉が持ち込まれたり、大病人には薬と称してその煮汁を飲ませることがあった。日露戦争から帰った凱旋兵をもてなすために、山狩りをしてイノシシを探したこともあった。[*391]

このようにイノシシやシカ、カモシカの肉は、当時の岩手における食肉としてウシやブタよりも一般的なものであった。

『岩手県管轄地誌』の物産の項におけるシカの分布は図14に示した町村である。盛岡周辺や北上山地山村にも

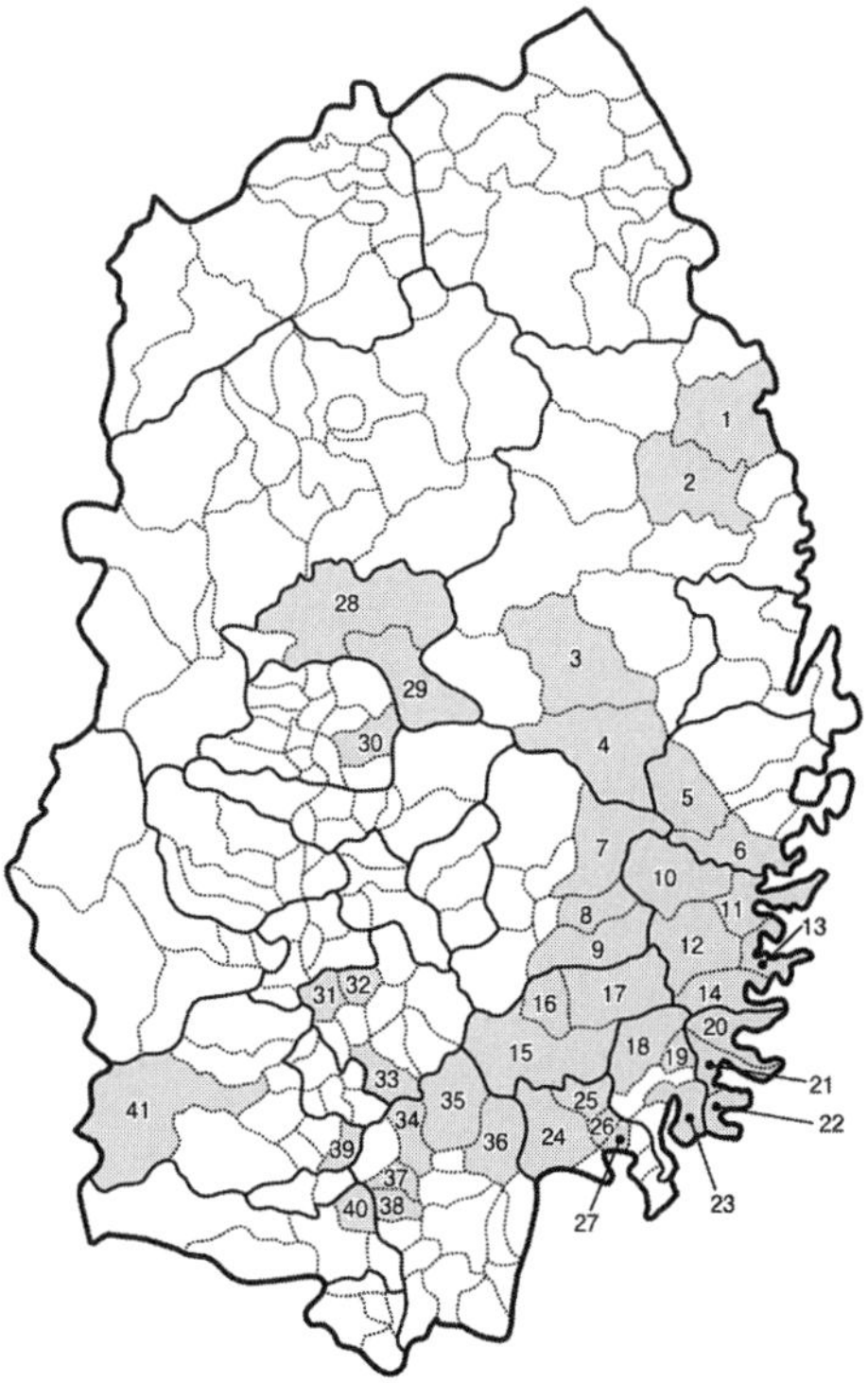

番号	旧市町村名	番号	旧市町村名
1.	田野畑村	22.	綾里村
2.	岩泉村	23.	赤崎村
3.	川井村	24.	矢作村
4.	小国村	25.	横田村
5.	金沢村	26.	竹駒村
6.	大槌村	27.	高田村
7.	土淵村	28.	盛岡市
8.	青笹村	29.	簗川村
9.	上郷村	30.	赤沢村
10.	栗橋村	31.	稲瀬村
11.	鵜住居村	32.	広瀬村
12.	甲子村	33.	田原村
13.	釜石町	34.	猿沢村
14.	唐丹村	35.	興田村
15.	世田米村	36.	大原村
16	下有住村	37.	長坂村
17.	上有住村	38.	松川村
18.	日頃市村	39.	生母村
19.	立根村	40.	舞川村
20.	吉浜村	41.	胆沢村
21.	越喜来村		

※番号が入っているのはシカを物産としている旧市町村

図14　『岩手県管轄地誌』による明治期の物産としてのシカの分布（岡、2011より）

見られるが、特に県南の三陸海岸に近い気仙地方に、広く分布が見られるのが特徴である。この地域の中心にあるのが、五葉山である。

イノシシを物産にあげた町村も、さらに県北に範囲を広がるものの、気仙地方を中心とするシカと類似した分布を示している（図15）。

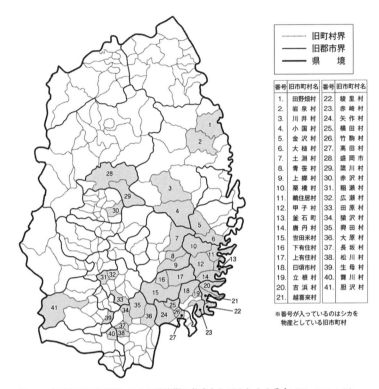

『五葉山』*392は、地元の新聞社によって五葉山周辺域の歴史、文化をまとめた優れた郷土誌であり、シカなどの大型哺乳類の生態と狩猟活動の歴史と実態が、研究者や記者の取材によって詳述されている。

この本によれば、五葉山山麓は、藩政時代には伊達藩直轄の御留山《おとめやま》であった。「御留山」とは、動植物資源の採取が禁じられた山であり、ここでは、シカの干し肉、毛皮、角などが年貢代わりにされてきた。五葉山が御留山だ

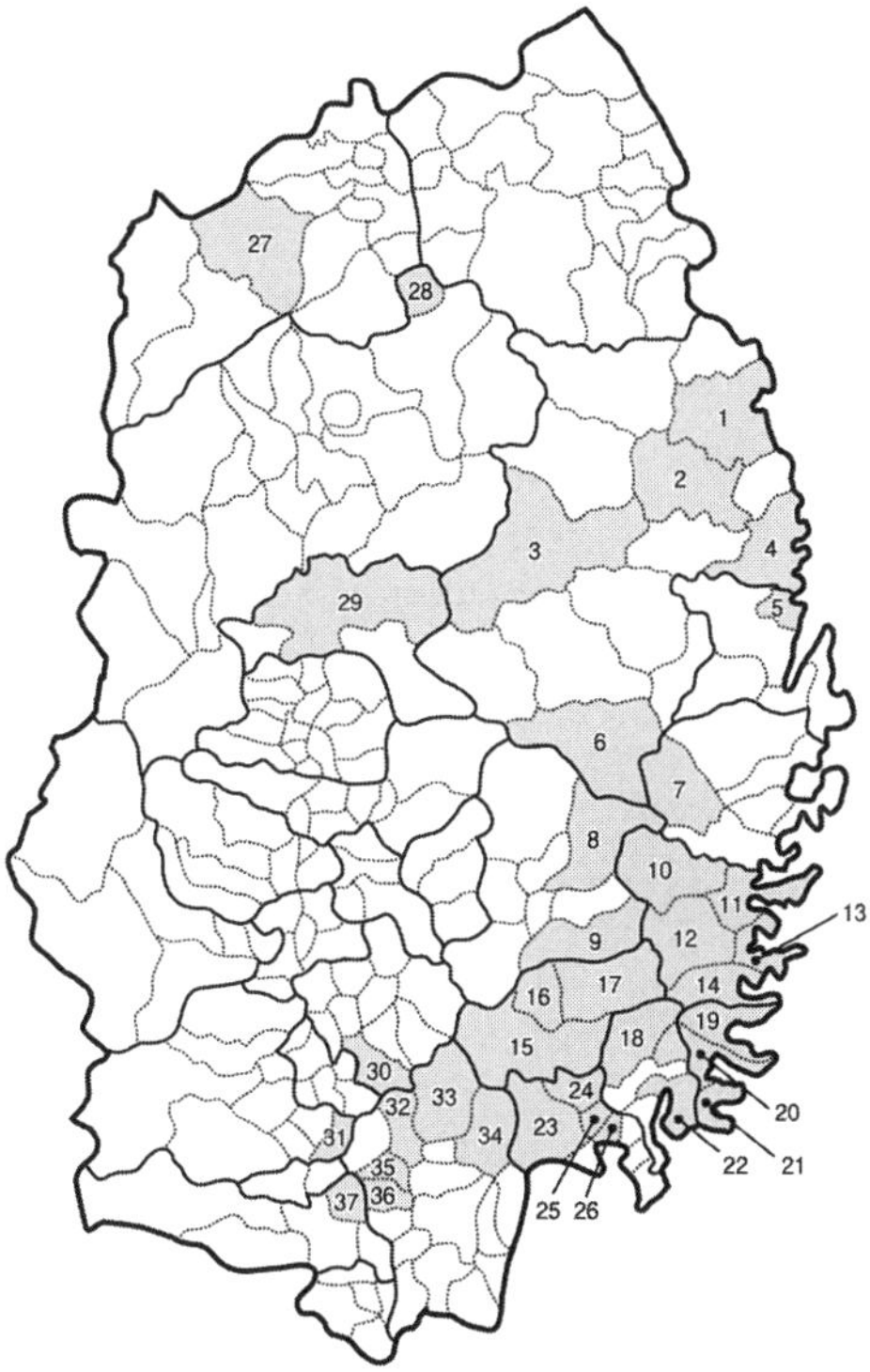

…………	旧町村界
――	旧郡市界
━━	県　境

番号	旧市町村名	番号	旧市町村名
1.	田野畑村	20.	越喜来村
2.	岩泉村	21.	綾里村
3.	大川村	22.	赤崎村
4.	田老町	23.	矢作村
5.	崎山村	24.	横田村
6.	小国村	25.	竹駒村
7.	金沢村	26.	高田村
8.	土淵村	27.	浄法寺町
9.	上郷村	28.	田部村
10.	栗橋村	29.	盛岡市
11.	鵜住居村	30.	田原村
12.	甲子村	31.	生母村
13.	釜石町	32.	猿沢村
14.	唐丹村	33.	興田村
15.	世田米村	34.	大原村
16.	下有住村	35.	長坂村
17.	上有住村	36.	松川村
18.	日頃市村	37.	舞川村
19.	吉浜村		

※番号が入っているのはイノシシを物産としている旧市町村

図 15 『岩手県管轄地誌』による明治期の物産としてのイノシシの分布（岡、2011 より）

ったのは、火縄銃には欠かせない火縄の原料となるヒノキアスナロの檜皮《ひわだ》の産地であり、伊達藩にとっては軍事的に重要であったからである。寛永年間には、五葉山から毎年、一万四〇〇〇尋（一尋は一・五メートル）の火縄を伊達藩に献納していたという記録が残っている。

写真 130　左が鹿笛、中が金属製の雉笛、右はカモシカの毛皮の根付。鹿笛は鹿の骨を加工して仔鹿の皮を張って作るといわれている

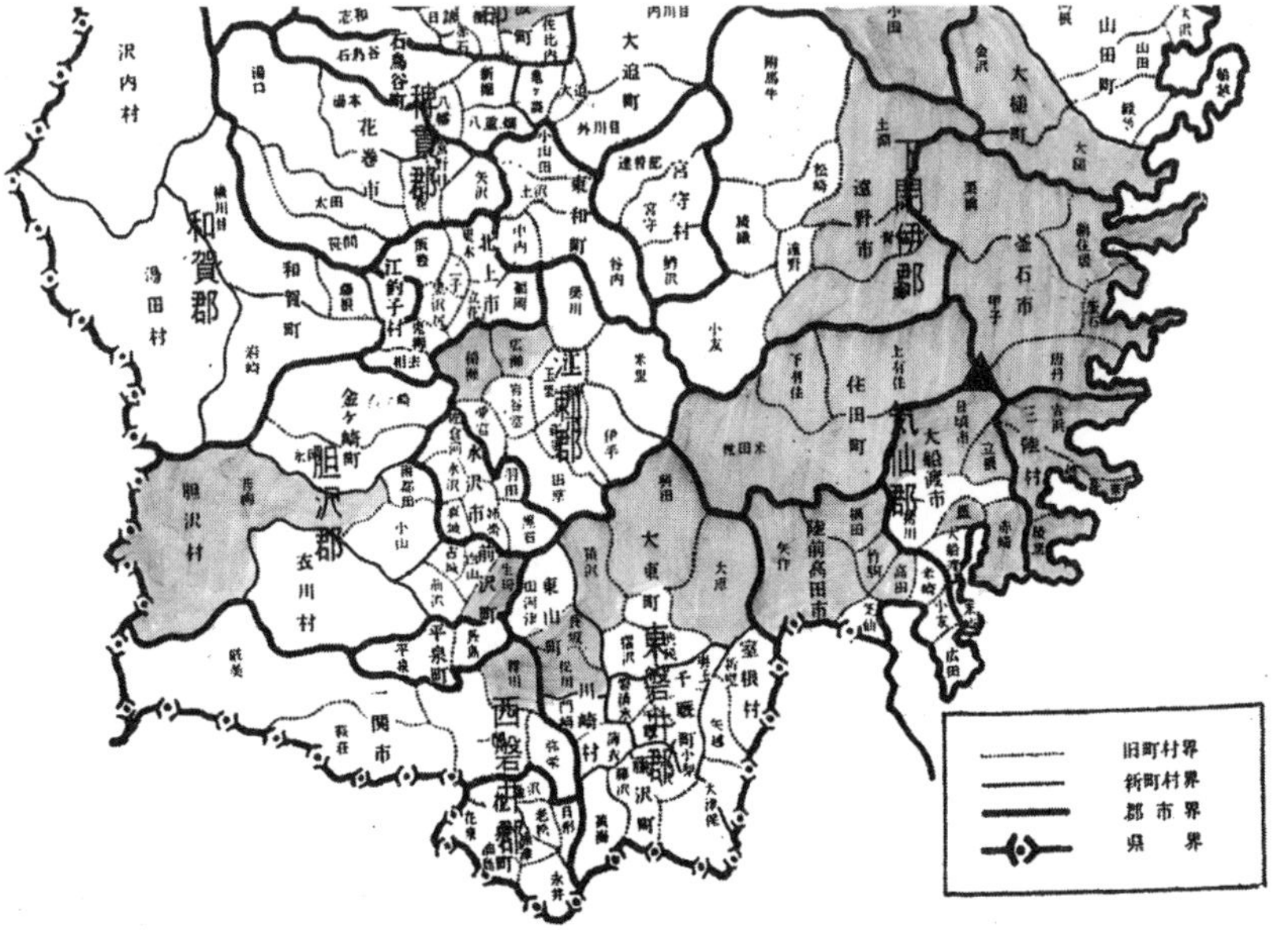

図 16　五葉山周辺で明治期にシカを物産とした町村（灰色部分）（岡、2011 より）

　また、イノシシやシカの農作物被害の対策のために、藩に火縄にする檜皮の払い下げを願う古文書も残っている。五葉山周辺の農山村では、藩政時代から藩直轄地という特殊な条件下にあり、森林の伐採は制限され、銃を用いてイノシシやシカを獲る猟が行われてきた地域であった。[*393] また鹿笛も猟に用いられた（写真130）。

　明治期の五葉山にはシカは多くいたが（図16）、明治一九（一八八六）年から炭焼きによる伐採が始まり、オオカミがこの頃姿を消す。明治二四〜二五（一八九一〜九二）年の大雪の年の冬、製炭者によって約二〇〇頭のシカが撲殺された。明治二九（一八九六）年頃からは周辺山村で火縄銃に代わる新型の村田銃が普及し始め、明治三五（一九〇二）年の大雪の年にも一〇〇頭以上が縄の罠などによって捕獲され、以降シカはめっきり減少した。明治末期にはイノシシが姿を消している。[*394]

　大正期にはシカの減少により、県による一〇年間の全県禁猟などの保護対策が講じられたが、解禁となった昭和初頭にも数日かけてやっと一頭を捕獲するような状況で、その数は非常に少なかった。このため県は昭和八（一九三三）年からさらに一〇年間の禁猟とした[*395]。

第二次世界大戦後、シカは徐々に増加に転じ、昭和四六（一九七一）年以降は急増し始め、この頃から農作物への被害も聞かれるようになっていった。北上山地の多くの村々では明治期に姿を消したシカが、五葉山周辺域では絶滅の危機を乗り越え、その後の個体数急増の母胎となった[*396]。

❖シカ・イノシシの皮の利用

ところで『岩手県管轄地誌』では、郡ごとの物産についても記載がある。五葉山に隣接する気仙郡では、シカの皮の製品について、以下のように記されている。「鹿皮、越喜来《おきらい》村ヨリ出ルヲ最良トス。一ヶ年出高凡《およそ》壱千枚陸中ニ輸出ス。鹿皮衣、日頃市《ひころいち》村ニ出ルヲ良品トス。一ヶ年出高凡弐百五拾枚三陸渡嶋国《おしまのくに》ニ輸出ス」（ルビは引用者）、つまり捕獲されたシカはこのように地元で製品化され、遠く北海道（渡嶋国）までも輸出されていたのである。

日頃市村にはシカ皮の専門職人「皮師」がいて、シカ皮を鞣したり、縞や絣、紋付などを染め、羽織などに仕立てていた。この皮師はかなりの人数がいて、冬場になると、シカ皮の豊富な宮城県桃生《ものう》郡方面に出稼ぎに出ていたという。また地元のシカ猟師たちも、大正から昭和初期にかけての一〇年間の禁猟期には、宮城県牡鹿半島まで出猟していた[*397]。筆者の日頃市での調査でも、なめしたシカの皮を盛岡に運んで物々交換し、銀と交換したつもりが、だまされて鉛だったため没落した家があったという伝承が聞かれた。

大正末期から昭和初期に最も使われた獣皮はシカの皮で、衣服、敷物、帽子、足袋、手甲、股引きが作られた。特にシカ皮の半纏は二頭分の皮で一着作られ、「カゲン」または「カワゲン」、「カギン」とよばれ[*398]、成人男子の防寒用衣服として広く用いられ、大切にされた（写真131）。

気仙地方にはシカ猟だけでなく、その皮を加工、製品化する技術文化が伝承されていた。そしてその資源が減少すると他地域まで出向いて鹿皮生産の維持を図っており、製品は輸出されて少なからぬ経済価値を生んでいたと考えられる。

「イノカータビ（猪の皮足袋）」も、気仙地方でかつて使われていた。[*399] イノシシが減少しその皮の入手が困難になると、シカやクマ、ブタ、イヌの皮でも作られ、戦前まで使用されていた。雪道や漁、また森林の伐採時にもこのイノカータビが着用された。イノシシの大きさはこのイノカータビが何足分とれるかで言い表された。[*400] またイノシシの皮は細工も容易であり、チョッキや脛あてにも加工して用いられた。

写真131　カワゲンを着た男（大船渡市日頃市町）

このようなイノシシやシカの皮の衣服、履物への利用は、気仙地方に限ったことではない。たとえば北上山地中部の川井村においても、シカ皮は小糠《こぬか》で脱脂して柔らかくし、胴着（皮胴着と称する）、手甲、脚絆、裁縫用指貫、靴などが作られたし、イノシシ皮も毛沓《けぐつ》に加工された。[*401]

川井村と同様の利用は、筆者の調査地岩泉町でもあった。かつてイノシシ、シカが生息していた地域では、これらの皮が、生活の基本となる「衣」として積極的に利用されていたのだと考えられる。

一般にイノシシやシカの皮は、他の大型哺乳類の皮と比べて柔らかく、加工しやすい。特にシカの皮は、藩政時代においても袴《はかま》など狩衣《かりぎぬ》としても用いられ、胴丸や武具類もシカの皮でなくてはならなかった。武具としてのシカの毛皮や皮は、柔軟で軽く、日本刀で切っても切れにくく、ショックを吸収し、耐久性もあり、染色によって独特の色落ちをし、紐にしても柔軟で扱いやすいといった利点をもつ。日本では、印伝などのシカ皮の装飾技術や意匠も発達してきた。

このため藩政時代の大名狩りは、秋田佐竹藩においても、南部藩においても、シカが中心であり、最も多く獲られたのもシカであった。

さらにシカやカモシカの角は、カツオやイカ釣りの疑似餌針として、漁民の間に高い需要があった。ウシの角でも代用されたが、シカやカモシカの、しかも飴色をした角が最上とされていた。写真132に示したのは岩泉町小本地区で採集したイカ釣りの擬似餌針である。北上山地の猟師だけでなく、秋田のマタギもカモシカの角を三陸の漁民に供給していた。[*402]

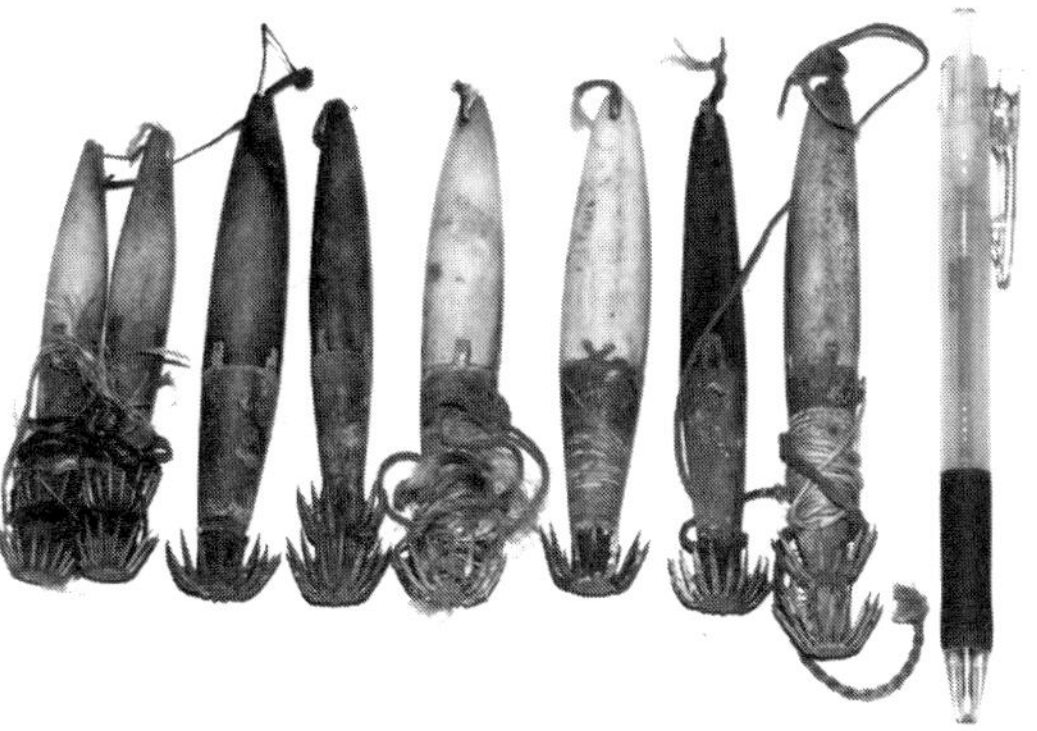

写真 132　シカまたはカモシカの角を加工したイカ釣りの疑似餌針

岩泉町では、シカの角で賭博に使うサイコロを作ったという伝承があるが、これは岩泉に限らず日本各地で広く行われたシカの角の利用法であった。

なお気仙郡赤沢村では、物産として猪胆《いたん》があげられており、[*403] イノシシの胆嚢《たんのう》が薬用に製品化されていた可能性を示唆している。ただし千葉は、[*404] イノシシの胆嚢が熊胆の偽物として作られていたことを述べている。

五葉山周辺の山村、住田町上有《かみあり》住甲子《すかっし》地区では、狩猟の全盛期は明治三〇年代であった。当時の獲物は、シカ、カモシカ、キツネ、ムジナ（タヌキ）、テン、ウサギ、キジなどで、ツキノワグマはあまり獲らなかった。猟師宿では、個人猟、またはシシヤマ（シカ猟）に来た郡内外の猟師が泊まったり、飲食したりした。その際の宿への礼は、金銭ではなく、シカの肉、角、胆嚢などでまかなわれることが多かった。[*405]

三陸海岸中部の船越半島の村では、獲ったシカの肉は定期的な市の立つ日に売り、仲買人はそれをウマの背につけて盛岡に運んだ。[*406] 明治三〇（一八九七）年頃、シカのよい肉は一頭分一五円もしたという。気仙地方や船越地方などの三陸沿岸でとれたシカの大消費地は、城下町盛岡だったようである。

❖岩手・秋田のサル猟

さて、ここで話は秋田県に移るが、大正初め頃までは、角館町の魚屋には、毛つきのままのサルやキツネ、ムジナ（タヌキ）、カモシカ、ヤマドリ、ヤマウサギ（ノウサギ）などがぶら下げられ、食肉として販売されていた。[*407]この地域は奥羽山脈沿いに位置し、こうした野生動物の肉の流通には、マタギがかかわっていたと考えられる。

ここで注目されるのは、獣肉として岩手の盛岡では最もポピュラーだったイノシシやシカの肉が含まれていない点である。秋田ではこれらの肉は食されなかったのであろうか。

ここに興味深い指摘がある。大正初め頃まで仙岩峠（秋田、岩手県境）で、気仙沼や三陸地方あたりで盛んに獲れたシカの食肉と秋田のサルの食肉が物々交換されていた、[*408]というのである。三陸で獲れたシカの肉が、この時代秋田県まで流通していたことになる。そして岩手には秋田のサルの肉が入ってきていた。岩手県と秋田県において、それぞれ違った種類の獣肉の需要があり、交易によってそれを満たしていたという事実は注目に値する。

それでは岩手県における物産としてのサルはどうだったのだろうか。岩手県のサルの分布の減少についてはすでに詳細な研究がある。[*409]ここでは、「サルを急激に消滅させ、分布を縮小させ、広大な分布空白域を作り出したのは、江戸後半から大正にかけての、特に明治一〇（一八七七）年ほどから顕著になる強力な狩猟圧であった」と結論づけられている。そしてサルの狩猟圧の増大の要因は、江戸後期のたびたびの凶作、飢饉による飢餓と、明治の性能のよい新たな猟銃の普及が指摘されている。後者については筆者の調査地である岩泉町や宮古市では、明治後期に村田銃の普及とともに山の獣が少なくなったという話がよく聞かれる。

『岩手県管轄地誌』における サルを物産とする市町村を、図17に示した。明治二（一八六九）年の『南部藩物産調』[*410]におけるサルおよび猿胆を物産とする地域と比較すると、明治一八（一八八五）年までに編纂された『岩手県管轄地誌』ではサルを物産とする市町村の範囲が狭くなっている。両者の物産についての解釈の違いや、調査の背景や意図、猟法とその効率の変化についても検討する必要はあるが、明治中期の物産としてのサルへの興味は、明治初期よりも減少していたように解釈し得る。

なお、筆者のこれまでの調査では、サルの場合は猟の話があまり聞かれず、いわゆる「サンコ焼き」とよばれる、頭を黒焼きにして薬として用いた話がよく聞かれる。「サンコ焼き」は、日本各地でかなり広く利用された民間薬で、石川県白山や四国地方のサルの黒焼きが特によく知られており、高価だった。[*411] 北上山地山村では婦人の精神病の薬などとして知られている。ほかにも、サルの丸煮汁は結核の薬に用いられ、[*412] サルの薬用価値が知られていた。また猿胆は馬の良薬とも言われ、[*413] 岩手の馬産の伝統とかかわりがあったのかもしれない。

旧郡市界

番号	旧市町村名
1.	唐丹村
2.	日頃市村
3.	吉浜村
4.	御明神村
5.	沢内村
6.	横川目村
7.	岩崎村
8.	生母村

図17　『岩手県管轄地誌』による明治期の物産としてのサルの分布（岡、2011より）

　北上山地の山村では、サルが人のそばに寄って来て、農作業や麻糸作りなどの所作を猿まねした、あるいは石を投げてきたという、牧歌的な伝承も聞かれる。自給的な性格が強かった明治、大正期の農耕においては、農作物への獣害は即、自らの食料の不足につながっていた。しかしサルにまつわる伝承では、サルを害獣視するものはあまりない。

一方で、明治、大正期に積極的にサルを対象とした狩猟を行っていたという記録は、奥羽山脈側に位置する、秋田県の阿仁《あに》や仙北地方のマタギの調査[*414]ほかで見られる。阿仁から来たマタギがサルを獲り尽くしたといった記録も見られる。[*415]秋田のマタギがいわゆる「旅マタギ」で北上山地へ遠征し、猟を行ったという記録もわずかだが存在する。[*416]

阿仁地方の人びとの出稼ぎは、狩猟を業とする者と薬の行商に分化し、各地の猟師を訪れてクマの胆とともにサルの頭を買い集める者がいた。[*417]先に述べたサルの頭は薬用に加工されるとともに、厩猿《うまやざる》信仰の対象としてその頭骨が用いられたことが知られている。[*418]

秋田の仙北マタギでは、サルの頭は、厩につるして病気よけの呪いにするため、米五升で取引されており、牛馬の売買や仲介を業とするバクロウたちは、サルの頭と手をウマの魔除けとして高く買っていった。[*419]また、明治、大正期に、かばんにサルの頭を詰めこんで村々を行商する秋田、山形方面の猟師がいた。[*420]秋田のマタギが獲ったサルは、厩猿信仰のためにも売買されていたことになる。こうした人びとによって、サルは市場経済の商品に組み入れられていったのであろう。

「岩手県北部地域のどこの家の厩にも、「おそうぜん様＝蒼膳様」といわれる厩ザルが祭ってあった」[*421]とする文献もある。しかし、少なくとも筆者の北上山地山村の調査では、牛飼養農家はオソウゼンサマは信仰しているが、厩猿の信仰はまったく見られない。前出の文献は山形村（現・久慈市）の例を根拠にしているものと思われるが、実際にはこれは北上山地山村で唯一の例といってもよい。

山形村とは隣接する岩泉町安家地区でも、こうした厩猿関係の信仰は見られない。マヤマツリ（厩祭り）とよばれる牛馬の安全祈願を行う宗教的職能者は、近年まで秋田方面からこの地方にやってきて、各農家の厩で祝詞をあげ、お札を置いていった。筆者は実際に会って話したことがあったが、サルにかかわる儀礼を行うことはなかった。

遠野では、大正期に解剖用の人体が不足するため、その代用としてサルがほしいという注文が医科大学からきたが、地元の猟師はあまりサルを獲らなかった。[*422] 北東北の事例ではないが、日清、日露戦争時には、軍馬の薬として白山山麓で多くのサルが捕獲された。[*423]

このようにサルは、人の薬として、あるいは呪術具として、また医学の発展のための献体として、戦争遂行に不可欠な軍馬の薬として、経済的価値をもっていたのである。

ほかにも鳥海山麓、山形県小国、[*424] 奥会津地方や秋山郷など、サルの群れの狩猟に積極的だった地域がある。しかし北上山地に限定して言えば、サル猟が積極的に行われた痕跡は見られず、薬用以外には伝承された利用方法もあまりない。

❖北上山地山村における中大型哺乳類の利用と絶滅

表26に、これまで述べてきた北上山地における中大型哺乳類の利用についてまとめた。

中大型哺乳類において自給的な利用についても、商品生産についても、最も多様な用途に加工されたのはシカである。皮も肉も有用であり、角も漁業の疑似餌針に、骨はサイコロや根付に加工されていた。イノシシは、特に皮足袋としては最も優れており、一頭からとれる肉の量が多かった。カモシカも一頭あたりの肉の量が多く、骨は骨接ぎの薬として削って服用され、角は疑似餌針に加工された。クマは何といっても胆（胆嚢）が高価で取引され、肉や皮としての有用性も高かった。こうした違いは、それぞれの動物の利用部位のもつ特性や利用しやすさ、経済的価値によって生じるものである。

オオカミとサルは、これに比べてあまり暮らしの中で利用されていなかった動物である。オオカミについては、

表 26　北上山地における主要な狩猟獣の利用

		ホンシュウジカ	ニホンイノシシ	ニホンカモシカ	ツキノワグマ	ニホンザル	ニホンオオカミ
自家利用	衣服	●	●	●	●		
	敷皮	●		●	●	△	
	足袋	●	●		●		
	手甲	●	●				
	脚絆	●	●				
	帽子	●					
	股引	●					
	指貫	●					
	袋物	●					
	弾入れ	●					
	火薬入れ	●					
	鹿笛	●					
	サイコロ	●					
	食肉	●	●	●	●	△	
	薬用		△	●	●	●	
	根付	●	●	●	●		●
商品生産	皮	●		●	●	△	●
	食肉	●	●	●	●		
	薬用		△	●	●	●	
	疑似餌針	●		●			

●：利用あり
△：稀に利用

明治一八（一八八五）年に岩手県が作成した「農業上有功有益有害鳥獣類調書」の中で、体色が軟柔良質なので敷皮に用いることや、毛から筆を作ることが述べられているが[*425]、山村の伝承には、これらの利用は聞かれない。オオカミの場合はその絶滅が早かったため、利用の伝承が途切れて残っていない可能性もあるが、サルはこの可能性は低い。頭部を薬用にすることはよく知られているが、一方では人に似ているために、鉄砲で撃つのがためらわれた、という地元のマタギたちの伝承も数多く聞かれる。サルの肉はうまいらしいという伝聞の伝承はあっても、このようにマタギがあまり獲らないから、実際の体験として食味を語る人はいない。サルを積極的に大量に獲ったという奥羽山脈側山村で聞かれるような伝承は、北上山地側の山村ではほとんど聞かれないのである。

表27に、これらの動物の猟法についてまとめたが、サルの猟法は銃猟にかぎられ、その他の方法の猟は発達していなかったようである。この理由には、個々の動物の生態や環境利用の特性が反映していると思われる。鉄砲を持たない農民でも、大雪などの気象条件下で別の猟法で獲ることが可能であったシカやカモシカのような動物と、そうではない動物がいたことは指摘しておきたい。

このように、明治以降に絶滅、減少した動物の中でも、その利用度や猟法の発達には差異が存在する。そして、クマやカモシカのように、暮らしの中での利用度が高かった動物が、必ずしも壊滅的な減少を遂げたわけではない点は興味深い。

表27　北上山地における主要な狩猟獣の猟法

		ホンシュウジカ	ニホンイノシシ	ニホンカモシカ	ツキノワグマ	ニホンザル	ニホンオオカミ
猟法	鉄砲	●	●	●	●	●	●
	槍	●	●	●	●		●
	投縄猟	●					
	罠猟	●	●	●	●		●
	撲殺	●	●	●			
	毒殺						●

●：利用あり

さらにシカについては多くの北上山地の山村において、その大幅な減少や絶滅が、特定の年の大雪によって動けなくなったところを、罠や猟銃、こん棒などで大量に捕殺したことによって生じたとする伝承が聞かれる。こうした例は、狩猟圧とはいっても、自然災害という外的要因が相乗効果を生んだ側面があることを示している。現在よりも交通が不便な時代に大雪で流通が閉ざされれば、食料不足の心配から食肉をストックしようと行動するであろうことは容易に想像できる。

五葉山周辺を除く北上山地でほぼ絶滅したサルが、表26のように薬用以外では生活の中であまり用途がなかったことも興味深い。オオカミやイノシシについては、狩猟圧だけでなく、伝染病が絶滅の要因のひとつであったとする可能性も、これまで述べてきた伝承や記録の中からも読みとることができる。

北上山地の中大型哺乳類は、濃淡はあってもさまざまな形で地域の人びとの暮らしの中で利用されてきた。その減少・絶滅には単純に人間の身勝手な狩猟圧だけとは言い切りがたい、複合的な要因が存在していたと言えるのではないだろうか。

これからの北上山地の人びとと中大型哺乳類との関係を考えると、過疎・高齢化の波の中で、山村が疲弊していくことは間違いない。一方でイノシシやシカは北上し、かつてのすみ家である分布域に戻りつつある。思えば北上山地の山村がこれらの獣害に悩まされずに暮らせたのは、たかだかこの一〇〇年間あまりのことであった。

今日の急激なイノシシやシカの増加は、森の植生をこれまでとは大きく変えていく。我々がこれからの森林の野生動植物の管理を考えていくとき、そのモデルをどの時代に想定するのか、たとえばイノシシ、シカがいなかったここ一〇〇年の生態系をモデルにするのか、江戸・明治期や現状のイノシシ・シカがいるモデルなのか、後者ならばその野生動物という資源を我々の暮らしにいかに活かしていくのか、その選択によって森林管理の方向性はまったく異なってくるのである。

[注]

⊙注番号の上の頁数は掲載頁を示す。

第Ⅰ章（一～三三頁）

P1 ＊1 「ナニャトヤラ」は、旧南部藩領に伝わる盆踊り唄で、盆の夜に男女間で即興的に謡い交わされ、歌垣を想起させるが、ある程度の定型の歌詞がある。柳田国男も「清光館哀史」でこれに触れている。

P1 ＊2 集落内で共通する、労働力が集中的に必要な労働に、各戸から決まった人数が参加して、各戸を順番に共同で働き、労働交換をおこなうこと。ユイコともいう。

P1 ＊3 以前は屋根のカヤをふきかえることを意味したが、近年はカヤをおろしてトタンにかえること。

P2 ＊4 毎年木が生えてこないように山の一部に火入れをおこない、草原状態を維持している牛の採草地のこと。

P2 ＊5 当時岩手県の数少ない高度辺地校として、知る人ぞ知る存在だった。平成三年に大平小中学校に統合され、その大平小中学校も平成二〇年に安家小中学校に統合された。地域の少子化が進んでいる。

P5 ＊6 上（カミ）と下（シモ）は、安家川本流の上流側（または上流集落）と下流側（または下流集落）のことを意味し、空間的位置を示すのによくつかわれる。

P5 ＊7 嶽（ダケ）は、標高の高い奥山を意味する。

P5 ＊8 川魚が川床を掘って産卵の準備をすることをホル、ホリと呼ぶ。川を上から見ると、ホッた川床だけ白く見える。

P5 ＊9 山草を刈り、三角形にまとめたもの。二三頁の写真49参照。

P7 ＊10 子牛の競り市のこと。この日ばかりは農家は大金を手にし、学校は休みになり、出店が並び、民家でも軒先で豆腐田楽やヤマメを焼き、テント張りの臨時居酒屋が設けられ、安家の秋祭りのようであった。

P9 ＊11 雑穀の黍（キビ）の一種。ご飯に混ぜて食べる。

P11 ＊12 平成一八年に久慈市と合併し、久慈市山形町となっている。

P11 ＊13 新里村は平成一七年、川井村は平成二二年に宮古市と合併した。

P14 ＊14 荏胡麻（エゴマ）のこと。

P14 ＊15 皮が赤く非常に辛みの強い大根で、最近ではスローフードとして販売もされている。

P14 ＊16 淵澤圓右衛門「軽邑耕作鈔」（一八六二ころ）〔『日本農書全集2』（一九八〇）農山漁村文化協会〕

P14 ＊17 安家ではケガチ、ケガツと呼ぶ。

P14 ＊18 積雪地方農村経済調査所（一九三九）「畑作に関する調査（岩手県下閉伊郡安家村）」

P16 ＊19　岩泉の下駄屋の話では、アラキに植えた桐がもっとも品質がいいという。アラキに植えた桐は年輪の幅が狭いからだ。本物の南部桐下駄は、アラキの桐で作ったものなのだと語っていた。

P18 ＊20　山口弥一郎（一九三七）「北上山地に於ける山村の生活」『地理学』五巻一号、二号

P19 ＊21　堅果類とは、クリ、クルミ、ドングリ、トチノミのように、表面が硬い殻や皮に包まれた食用の果実または種子の総称。

P20 ＊22　安家ではハナと呼ぶ。

P23 ＊23　バクロウ（博労）は、家畜商のこと。

P23 ＊24　千葉明（一九八七）『岩手のあか牛物語』岩手出版

P23 ＊25　主としてショートホーン種を用いたため、短角の名前につながっている。

P23 ＊26　正式には日本短角種だが、本稿では一般的に用いられている短角牛と呼ぶことにする。

P24 ＊27　シナノキの内皮のことで非常に強い繊維が取れ、北上山地山村ではヒモやオモヅラ、ミノ、ハバキ、モッコなどを作る。この場合、オモヅラをかけた家の牛を境内に繋いで安全を祈願する意味だと思われる。

P26 ＊28　コムギを挽いたときに出る皮のかす。

第Ⅱ章（三五～七三頁）

P36 ＊29　昭和二〇～二五年ごろまで物資の配給がとだえがちだったにもかかわらず、畑の収穫物が供出され、地域の人びとがもっとも食糧不足に悩まされた時代。

P38 ＊30　小山修三（一九八四）『縄文時代』中央公論社

P38 ＊31　畠山剛（一九八六）「木の実食」『いわいずみふるさとノート』岩泉民間伝承研究会。私が昭和五九年にドングリのアク抜きについて報告した翌年、同じ岩泉町内の教員だった畠山剛氏から、今度ドングリの研究をはじめるから論文のコピーが欲しいと言われ、送ったことがあった。その後完成されたのが、この報告だった。

P39 ＊32　山本紀夫（一九九二）『インカの末裔たち』日本放送出版協会

P39 ＊33　辻秀子（一九八三）「可食植物の概観」『縄文文化の研究2　生業』雄山閣出版

P40 ＊34　小山修三（一九八四）『縄文時代』中央公論社

P40 ＊35　辻稜三（一九八五）「韓国におけるドングリの加工と貯蔵に関する研究」『季刊人類学』一六—四、（一九八九）「わが国の山村における堅果類の加工に関する文化地理学的研究」『立命館文学』五一〇

P40 ＊36　和田稜三（二〇一〇）「堅果食の地域的な類似性に関する文化地理学的研究」『立命館地理学』九—二三。和田も述べているように、韓国ではコナラやクヌギなどのドングリのなる木は冷温帯広葉樹林帯に分布し、照葉樹林帯は朝鮮半島の南端のごく一部にすぎない。しかしドングリのアク抜き法は、ほぼ全域で水さらし法によっている。これはこの章の最後で述べる、ドングリの水さらし法は照葉

樹林帯に対応する技術であるとする照葉樹林文化論の所論への反証となる事実である。

P41 ＊37 窪田幸子（一九九二）「アボリジニの伝統の味、メディアソテツのパン」『木の実の文化誌』朝日新聞社

P41 ＊38 小谷凱宣（一九九二）「カリフォルニア・インディアンのドングリ利用」『木の実の文化誌』朝日新聞社

P42 ＊39 瀬川清子（一九六八）『食生活の歴史』講談社、千葉徳爾（一九七一）『地域と伝承』大明堂など。

P42 ＊40 渡辺誠（一九七五）『縄文時代の植物食』雄山閣出版、（一九八一）「トチのコザワシ」『物質文化』三六、佐々木高明（一九八二）『照葉樹林文化の道』日本放送出版協会、（一九八三a）「稲作以前の生業と生活」『稲と鉄―様々な王権の基盤』小学館、（一九八三b）「日本文化の源流を求めて」『日本農耕文化の源流』日本放送出版協会、松山利夫（一九七二）「トチノミとドングリ―堅果類加工法に関する事例研究」『季刊人類学』三―二、（一九七七）「野生堅果類、とくにトチノミとドングリ類のアク抜き技術とその分布」『国立民族学博物館研究報告』二―三、（一九八二）『木の実』法政大学出版局、（一九八三）「東アジアのドングリ食品」『週刊朝日百科世界の食べ物』三九三、辻秀子（一九八三）「可食植物の概観」『縄文文化の研究2　生業』雄山閣出版、岡恵介（一九八四）「かつて木の実は山人の糧だった」『アニマ』一四〇ほか。

P42 ＊41 松山利夫（一九八二）、佐々木高明（一九八六）『縄文文化と日本人』小学館

P42 ＊42 数多いが、上山春平・佐々木高明・中尾佐助（一九七六）『続・照葉樹林文化』中央公論社をあげておく。

P42 ＊43 松山利夫（一九七七、一九八二）

P42 ＊44 畠山剛（一九八六）「木の実食」『いわいずみふるさとノート』岩泉民間伝承研究会

P45 ＊45 スノコ状になっていて、ここで囲炉裏の煙を当てながらドングリやトチノミ、クルミ、キノコ、ユウガオなどさまざまなものを乾燥して貯蔵する。

P45 ＊46 カマドのこと。

P45 ＊47 葉が開き生長したワラビのこと。

P46 ＊48 自家の畑で採れたダイズを自家製粉した粉。

P46 ＊49 天日で乾燥したシラボシと呼ばれるヒエを一升五合炊きの鍋ならお椀で一杯半ぐらいを入れて水分を多めにして炊いた粥《かゆ》。

P46 ＊50 本稿では、ドングリをアク抜きしてできた食品のことは、シタミと呼び、ドングリと区別することにする。

P46 ＊51 十分な満腹感があって、なかなか腹がすかない、という意味。

P47 ＊52 瀬川清子（一九六八）も岩泉町内大川地区で、ドングリを五石拾い、冬の三カ月はこれを食べて暮らしたと報告している。

P47 ＊53 松山利夫（一九八二）

P48 ＊54 鉄砲による狩猟活動を意味する。

P49 ＊55 この場合のコウジは、麦のフスマを蒸かし、ヨモギの黄色い花粉を落とすか、またはゴマギの葉をのせ、密封して作った自家製のものを使用することもあった。

P50 ＊56 フルイのこと。

P50 ＊57 木材をくりぬいて作ったオケ。飼葉などを入れることが多い。

P50 ＊58 デンプン粉のこと。

P51 ＊59 千葉徳爾（一九七一）、松山利夫（一九八二）など多数ある。

P52 ＊60 飢饉のこと。

P54 ＊61 雑穀の一種モロコシで、おもに粉にして、キビダンゴを作って食べる。

P55 ＊62 松山利夫（一九八二）

P55 ＊63 畠山剛（一九八六）

P56 ＊64 川井村（一九六二）「川井村郷土史・下巻」。ただし、トチノミについては、製法が悪ければ下痢をするという注意書きがある。

P56 ＊65 筑波大学北上プロジェクト遠野班（一九八〇）「とおののおと」未公刊。

P56 ＊66 邑設計事務所（一九七九）「山村地域商工業振興計画―山形村をモデルとして」岩手県商工会連合会

P56 ＊67 古沢紀夫編（一九八三）「なにゃとやら」熊谷印刷出版部

P56 ＊68 注36参照。

P58 ＊69 冬という植物資源が得にくい季節の存在する地域であるため、貯蔵技術が大切になってくる。

P59 ＊70 松山利夫（一九八六）『山村の文化地理学的研究―日本における山村文化の生態と地域の構造』古今書院

P59 ＊71 小林茂（一九八八）「ほん（書評）…山村の文化地理学的研究―日本における山村文化の生態と地域の構造」『民博通信』第四〇号

P60 ＊72 掛谷誠「生態史と文明史の交錯―白神山地における自然と生活の生態史をめぐる諸問題―」（掛谷誠編『白神山地ブナ帯域における基層文化の生態史的研究』弘前大学、一九九〇年）

P60 ＊73 岡惠介「自給性を維持してきた山村の生活原理―岩手県・岩泉町・安家地区―」（掛谷誠編『白神山地ブナ帯域における基層文化の生態史的研究』弘前大学、一九九〇年）

P63 ＊74 刻み込んだものをご飯に混ぜる増量材。

P63 ＊75 定期市のこと。

P64 ＊76 新芽のこと。

P66 ＊77 アカザは中国原産で、古くは野菜として栽培されたといわれており、現在は雑草として扱われるものも、この栽培品種が野生化したものと考えられている。

P71 ＊78 佐々木京一（一九八一）「安家村川口の俊作の日記・俊作雑攷」（『'81いわいずみふるさとノート』岩泉民間伝承研究会）

P72 ＊79 岩泉町教育委員会（一九七一）『岩泉町の古文書』一七五頁「一、御百姓渡世ニ下ル物之類、麦、粟、ひへ、大豆、蕎麦、楢の木の実、葛の根、わらび之根、かぶ、ふき、うるい、渡世ニ被下候」

第Ⅲ章（七五～一三九頁）

P75 ＊80　無明舎出版編（一九九一）『新聞資料　東北大凶作』無明舎出版

P75 ＊81　折口信夫（一八八七―一九五三）民俗学者、国文学者、釈迢空として詩人、歌人。柳田国男の高弟として柳田とともに日本民俗学の基礎を築く。折口の北上山地行については、松本博明（一九九八）「昭和五年の折口信夫」『國學院雑誌』九十九巻十一号や、同氏が歌誌「白鳥」に二〇〇二～二〇〇三年に連載された「奇妙な符合」⑴～⑺に詳しく、参照した。

P75 ＊82　佐々木喜善（一八八六―一九三三）遠野生まれで、柳田国男に「遠野物語」の元となる民話を話したことで知られる。自身も民話を収集し、「東奥異聞」、「聴耳草紙」などを著した。晩年の宮沢賢治とも親交を持った「日本のグリム」。

P75 ＊83　吉増剛造（一九九九）『生涯は夢の中径―折口信夫と歩行』思潮社

P75 ＊84　よその土地を訪れて、歴史や民俗の資料を集める旅のこと。

P76 ＊85　折口信夫『折口信夫全集第三一巻　日記・書簡』中央公論社文庫

P76 ＊86　ただし現在の荒沢口から鈴峠を越えて坂本に降りる道は車道開削時にルートを変更しており、折口が歩いた山道とは若干異なる。折口が歩いたこの旧道には、小さな「石神様」の祠が今もある。

P76 ＊87　折口は、枕詞にもあり、古くは神事や出産などの際魔除けに鳴らす弓（鳴弦）でもあって、東北の口寄せ巫女であるイタコが交霊の際にも用いる「梓弓」の梓が、どんな樹種だったのか、当時諸説があったため興味を持っていたと思われる。現在では、正倉院の梓弓の顕微鏡観察により「ミズメ」であると考えられている。

P77 ＊88　この話者はかつて安家天皇と呼ばれた地元の実力者（ダンナサマ）であり、この地域には珍しい明治大学出身のインテリだった。

P77 ＊89　畠山剛（一九八九）『縄文人の末裔たち』彩流社

P77 ＊90　積雪地方農村経済調査所（一九三八）「畑作に関する調査」積雪地方農村経済調査所報告第二六号

P78 ＊91　たとえば明治九年、明治天皇の東北巡幸で岩手に訪れた際に、勧業場で天覧に供した産物のなかで注目を浴びたのは、ニホンオオカミの子とともに、「岩手県下、下閉伊郡、九戸郡の山中に住む、尤も貧弱なる者の衣服と食物」のなかの「栃の実又は楢の実を搗き砕きて湯を透し、蕨の粉や稗などを雑ぜて団子の如くしたる物」だった。この時この団子を一口味見したのは、木戸孝允だった。

P78 ＊92　岡惠介（二〇〇八）『視えざる森の暮らし』大河書房

P79 ＊93　山口弥一郎（一九〇二―二〇〇〇）福島県会津美里町に生まれ、中学を出たのち小学校の教員、高等女学校教諭に奉職しながら東北の村々の調査を展開した。のちに学位を取得し、大学教員となる。昭和の三陸沿岸の津波災害と集落移動についても綿密な現地調査をおこなっており、この研究成果は東日本大震災後にも注目された。

P79 ＊94　佐々木高明（一九二九―二〇一三）民族学者。国立民族学博物館元館長。日本を含むアジアでの豊富な現地調査と文献の渉猟をもとに縄文文化までを照射した「照葉樹林文化論」の主唱者の一人。

P79 ＊95 野本寛一（一九三七―　）日本全国をフィールドワークしてきた民俗学者。一九八四年発刊の『焼畑民俗文化論』は、すでに過去のものと思われていた日本の焼畑研究がまだ可能であり、それが環境や生態という視点で分析できることを実証した。

P79 ＊96 山口弥一郎（一九四四）『東北の焼畑慣行』恒春閣

P79 ＊97 佐々木高明（一九七二）『日本の焼畑―その地域的比較研究』古今書院

P79 ＊98 ただし山口は、第一次世界大戦による好景気が続いた時期に現金収入が増大したため、それ以降、切替畑の耕作は衰微していたとしている。

P81 ＊99 安家地区年々集落の焼畑について最初に報告したのは山口弥一郎（一九三七）「北上山地に於ける山村の生活」『地理学』五巻一、二号と、同じく山口（一九四四）『東北の焼畑慣行』であり、次が岡（一九八七）「山村におけるヤマ資源利用と自給性の確保」『九戸文化』四号である。

P81 ＊100 数十年前の細かな作業の労働量をヒアリングでどこまで正確に聞けるのかは疑問のむきもあろう。しかしこの点については話者の側から明確に話してくれ、その記憶の確かさに圧倒された。かつて一家を取り仕切り、この作業にだれを何日振り向けるかを手配・指揮していた老母ならではの記憶だと思った。

P81 ＊101 かつて畑または焼畑だった場所、休閑地を安家ではソーリとよぶ。安家のある農家は、大きなソーリを持つところから家号は「オオゾーリ」といった。

P82 ＊102 当時の年々集落の総戸数は一一戸であった。

P82 ＊103 方名ジカ。

P82 ＊104 フミスキは北上山地の畑の耕起に用いる農具として、かつては一般的だった。

P83 ＊105 鍬柄、フミスキの自然木の柄の部分。

P83 ＊106 手ごろな太さの枝が幹と同じ方向に適度な角度で上に向かって伸びたイタヤカエデやオノオレカンバ。

P83 ＊107 注2でも述べたように集落内の共同労働で、対価は伴わず、労働してもらった分は労働で返す、昔からの相互扶助労働。

P83 ＊108 北上山地の畑作で一般的にみられる農具。クワに似た機能を果たすが、刃の形が三角形で底辺の中央に柄がついている。

P85 ＊109 一緒に家に帰りましょうの意味。

P85 ＊110 二反歩弱から四石ということであるから、一反歩当たりの収量は二石以上ということになり、安家の常畑について積雪地方農村経済調査所が昭和一三年に調査した数年分の平均反当たりの収量一・一四三石と比較して、二倍近い値である。同調査所の調査によれば、とくに豊作だった年の平均収量も、大正一二年が一・四五八石、昭和二年が一・四六八石で、これと比較してもこの焼畑での収量は大きい。

P85 ＊111 シロピエ。

P85 ＊112 アカピエと呼ばれる在来種。

P86 ＊113 畑の隅に直径一メートルほどの円形の穴を掘り、肥料を入れて種と混ぜ合わせて播種する。この穴をボタアナとよんだ。常畑でヒエを播く際にも、人糞尿をボタアナに入れてヒエの種と混ぜ合わせ、これを手桶に汲んで、手でつかんで肩の高さから畝に向けて振り下ろすように播種をおこなった。この播種法をジキフリと呼ぶ。

P87 ＊114 天保三（一八三二）年から七年間続いた飢饉。三行後の「作があった」は作物が実ったという意味。

P87 ＊115 佐々木高明（一九七二）『日本の焼畑』古今書院

P87 ＊116 楮（こうぞ）はクワ科の植物で、内皮が和紙の原料となる換金作物である。

P87 ＊117 三椏（みつまた）はジンチョウゲ科ミツマタ属の落葉低木で、内皮が和紙の原料となる換金作物である。

P87 ＊118 佐々木高明（一九七二）『日本の焼畑』古今書院

P89 ＊119 その理由として、明治初期の山林の官民有区分の際に、同じ安家地区でも下流側と上流側では担当官吏の方針が違い、上流では山林の私有がほとんど認められなかったことにあると伝承されている。それでも官民有区分の際に実際に焼畑をおこなっていた場所は、さすがに私有が認められた。現在も国有林内に島状に残る私有地、図4で小さな白い点状に分布しているのがこれである。

P89 ＊120 佐々木高明（一九七二）のアラキ型焼畑が北東北の耕地拡大を担った技術であったという指摘によく合致する事例である。佐々木がアラキ型焼畑を、東北農山村の開拓の技術としてとらえようとしていた点は、高く評価したい。

P90 ＊121 オモガエシである。

P90 ＊122 山林の私有が認められなかった要因として、先に注記した官民有区分の際の担当官吏の方針の違いとともに、それまで山林に課せられていなかった徴税を恐れて、あえて私有としなかった例も多かったという。おそらくこの二つの要因があったのであろう。

P91 ＊123 クズの繁茂した場所は、土が良く肥えているといわれている。

P91 ＊124 採草地では、ワラビのほかにもシオデ、オオバギボウシなどが採集される。

P93 ＊125 山口弥一郎（一九三七）「北上山地に於ける山村の生活」『地理学』五巻—一、二、（一九二九）「東北地方の焼畑（其一）」『地学雑誌』一、（一九四〇）「東北地方の焼畑（其二）」『地学雑誌』二、（一九四四）『東北の焼畑慣行』恒春閣

P93 ＊126 佐々木高明（一九七一）『稲作以前』日本放送出版協会、（一九七二）『日本の焼畑』古今書院

P93 ＊127 斉藤功（一九八六）「温海カブの焼畑栽培と生産地域の拡大」『日本の山村と地理学』農林統計協会

P93 ＊128 畠山剛（一九八三）「カノとその周辺」『'83いわいずみふるさとノート』岩泉民間伝承研究会

P93 ＊129 野本寛一（一九八四）『焼畑民俗文化論』雄山閣出版、（一九八七）『生態民俗学序説』白水社

P93 ＊130 佐々木高明（一九七二）『日本の焼畑』古今書院

P96 ＊131 前にも述べたように労働量をヒアリングでおさえるのは難しいと思われるが、大川地区の話者たちも、はっきりと何人で何日かかるということを記憶しており、おおよその目安とはなるのではないかというのが聞き取りをした実感であった。

P96 ＊132 畠山は、アラキ型とカノ型に東北の焼畑が類型化されていることを知らなかったので、岩泉の地名をとって中倉型と外山型に分類

している。この中倉型がアラキ型に、外山型がカノ型にほぼ当てはまる。

P98 ＊133 山口弥一郎（一九四四）『東北の焼畑慣行』恒春閣

P98 ＊134 佐々木高明（一九七二）『日本の焼畑』古今書院

P98 ＊135 ここでの町村名はすべて平成の大合併前のものである。この本では、調査時点の町村名で表記することをご理解いただきたい。現在の市町村名では、広すぎて調査地点の位置がとらえにくいと思われるからである。

P98 ＊136 野本寛一（一九八四）『焼畑民俗文化論』雄山閣出版

P98 ＊137 佐々木高明（一九七二）『日本の焼畑』古今書院

P98 ＊138 小形信夫（一九八九）「早池峰山西麓山村の焼畑習俗—大迫町黒森の焼畑を中心として」『岩手の民俗』八・九号

P99 ＊139 山口弥一郎（一九四四）『東北の焼畑慣行』恒春閣

P99 ＊140 当時私に焼畑の話を聞かせてくれたのは、ほとんどが明治二〇年代～大正生まれの人たちだった。

P101 ＊141 野本寛一（一九八四）『焼畑民俗文化論』雄山閣出版

P101 ＊142 野本寛一（一九八四）『焼畑民俗文化論』雄山閣出版

P101 ＊143 野本寛一（一九八四）『焼畑民俗文化論』雄山閣出版

P103 ＊144 新暦の六月六日ごろ。

P103 ＊145 通常のシャクシよりも、刃先が四角く草木の根を切りやすい。

P103 ＊146 山口弥一郎（一九四四）『東北の焼畑慣行』恒春閣

P104 ＊147 佐々木高明（一九七二）『日本の焼畑』古今書院

P105 ＊148 集落内の共同労働のこと。

P105 ＊149 山口弥一郎（一九四四）『東北の焼畑慣行』恒春閣

P105 ＊150 山口弥一郎（一九四四）『東北の焼畑慣行』恒春閣

P105 ＊151 野本寛一（一九八四）『焼畑民俗文化論』雄山閣出版

P107 ＊152 集落の共同労働。

P109 ＊153 イタドリのこと。

P109 ＊154 話者は一貫目（三・七五キログラム）近かったであろうと語っていた。

P109 ＊155 午前一〇時と午後三時の休憩時間。

P110 ＊156 怠け者の播き方だということ。

P110 ＊157 アラキアワといった。

P110 ＊158 アラキビエといった。

＊159　東北の農村恐慌の対策として政府がおこなった時局匡救事業の一環だったと思われる。これがいわゆる公共事業のはじまりである。　P112

＊160　アラキ用のカマ。　P112

＊161　アラキ用のクワ。　P112

＊162　高橋九一（一九六八）「僻地の食生活」『近代日本風俗史五巻』雄山閣出版によれば、軽米近隣の大きな町だった福岡町、現二戸市では、近隣の農家から玄ヒエを買入れ、これを蒸して日干しし精白する蒸し稗に加工し、販売する専業者がいた。明治三〇年ごろから昭和二〇年まで年中おこない、福岡町内はもちろん、岩手県内の二戸郡、九戸郡、下閉伊郡、海岸の久慈へ販売した。これらの地域は雑穀生産地帯だが、耕地が狭く収量が悪いため生産量が足らず、ヒエを購入していた。もっと大規模にヒエの買取り販売をおこなっていた穀物問屋の販路は、青森県の田名部、大湊など下北半島にまで及んでいたという。　P113

＊163　うどんに似た郷土料理。　P113

＊164　すいとんに似た郷土料理。　P113

＊165　ソウリは、畑や焼畑を耕作したあとに休閑した場所のこと。休閑することをソラスという。川井や有芸、軽米では、ソウリと発話される。　P114

＊166　写真108参照。　P114

＊167　アラキ用のモッタは、刃の幅は狭く、長さは長くなるように鍛冶屋に注文して作った。　P114

＊168　クリの丸太を削って枕木を作る人。　P115

＊169　休閑させたの意。　P115

＊170　これをカタキルという。　P115

＊171　人糞尿を入れた樽。　P116

＊172　田植えの終了後のお祭り。　P116

＊173　池田克也（一九九〇）「山林利用と地域社会」弘前大学人文学部卒業論文　P118

＊174　青森県立郷土館（一九七八）「青森県の農具」　P118

＊175　東洋大学民俗研究会（一九七七）「上郷の民俗」　P118

＊176　この雑木林の下生えは、おもにササである。　P119

＊177　一反歩は約一〇アール、一〇反歩が一町歩。　P119

＊178　一寸は約三センチメートル。　P119

＊179　これをトジウジという。　P119

＊180　人糞尿のこと。　P120

P120 ＊181 エゴマ（荏胡麻）のこと。
P123 ＊182 農林省山林局（一九三六）「焼畑及切替畑ニ關スル調査」
P123 ＊183 青森県三戸郡の中央南部にあった村で、昭和三〇年に合併して名川町、平成の大合併で現在は南部町の一部になった。
P123 ＊184 昭和三一年に合併して岩泉町となる。
P123 ＊185 山口弥一郎（一九四四）『東北の焼畑慣行』恒春閣
P123 ＊186 佐々木高明（一九七二）『日本の焼畑』古今書院
P124 ＊187 佐々木高明（一九七二）『日本の焼畑』古今書院、一六二頁
P124 ＊188 佐々木高明（一九七二）『日本の焼畑』古今書院、一六一頁
P124 ＊189 佐々木高明（一九七二）『日本の焼畑』古今書院、一六四頁
P124 ＊190 佐々木高明（一九七二）『日本の焼畑』古今書院、一六五頁
P124 ＊191 佐々木高明（一九七二）『日本の焼畑』古今書院、一七二頁第五九表、二六頁第二図
P124 ＊192 佐々木高明（一九七二）『日本の焼畑』古今書院、一六六頁
P127 ＊193 山口弥一郎（一九四四）『東北の焼畑慣行』恒春閣
P127 ＊194 山口弥一郎（一九四四）『東北の焼畑慣行』恒春閣、野本寛一（一九八四）『焼畑民俗文化論』雄山閣出版
P127 ＊195 青森県立郷土館（一九八一）「浦田の民俗」
P127 ＊196 青森県立郷土館（一九八九）「世増・畑内の民俗」
P127 ＊197 青森県立郷土館（一九九〇）「西越・田中の民俗」
P127 ＊198 青森県立郷土館（一九九一）「川内町上小倉平・下小倉平の民俗」
P127 ＊199 青森県立郷土館（一九九一）「平賀町小国の民俗」
P127 ＊200 青森県立郷土館（一九九四）「菖蒲川の民俗」
P127 ＊201 青森県立郷土館（一九九〇）「西越・田中の民俗」
P127 ＊202 青森県立郷土館（一九九四）「菖蒲川の民俗」
P127 ＊203 高橋九一（一九八六）『くらしの風土記』法政大学出版局
P127 ＊204 青森県立郷土館（一九七八）「青森県の農具」や小川原湖民俗博物館の展示など。
P127 ＊205 比良野貞彦（一七八八—一七八九　復刻一九七三）『奥民図彙』青森県立図書館
P127 ＊206 青森県立郷土館（一九九四）「菖蒲川の民俗」
P127 ＊207 詳細はこれまでに述べてきた。
P128 ＊208 最上徳内（一七五四—一八三六）「蝦夷草紙」（大友喜作編（一九四三）『赤蝦夷風説考・蝦夷拾遺・蝦夷草紙』）北光書房

P128 ＊209 萱野茂（一九七八）『アイヌの民具』すずさわ書店

P128 ＊210 氏家等（一九九三）「踏鋤の諸形態と系譜」（佐々木高明編『農耕の技術と文化』）集英社

P128 ＊211 山口弥一郎（一九四四）『東北の焼畑慣行』恒春閣

P128 ＊212 工藤紘一（一九八九）「北上山地の畑作習俗―九戸郡軽米村鶴飼」『岩手の民俗』八・九号

P128 ＊213 青森県立郷土館（一九九四）「菖蒲川の民俗」

P129 ＊214 岡惠介（一九八九）「北上山地岩泉地方の焼畑の類型・分布・労働力の比較」『岩手の民俗』八・九号

P129 ＊215 唐鍬のこと。

P129 ＊216 前節までに述べたとおり。

P129 ＊217 佐々木高明（一九七二）『日本の焼畑』古今書院、一七一頁。資料は山口弥一郎（一九四四）『東北の焼畑慣行』恒春閣による。

P129 ＊218 人糞尿などの肥料と作物の種をあらかじめ混ぜ合わせた上で畑に播いていく、播種と施肥を同時におこなう方法であるが、小川（一九八四）にしたがって、ここではそれを混合播と呼ぶことにする。

P129 ＊219 小川直之（一九八四）「焼畑と摘田」『日本民俗研究大系第五巻（造形伝承）』国学院大学

P131 ＊220 軽米町と隣接する名川町（現南部町）で秋播きのムギやコムギを作付けする輪作がある。このような焼畑の輪作体系への麦類の導入事例は、商品価値が高かったことと関係があると思われる。この地域は名だたる馬産地であり、麦の製粉過程で生じるフスマが、濃厚飼料として重要であったことも、その商品価値を高めていたのであろう。

P131 ＊221 高橋九一（一九六八）「僻地の食生活」（注162参照）によれば、この地域には明治三五、六年までは穀物商はなく、二戸の「市日」に周辺の村々から馬で運搬してきて取引をおこなった。このため商品となる穀物を預かって小売りをおこなう「市子宿」が発達し、明治中期に二戸で八軒あった。そして明治の後期から、近郷の村に出張して多量に玄ヒエを買い入れ、蒸しヒエに加工して、注162で述べたように、遠くは下北半島の村まで売りさばく業者が育っていく。当然これらの業者のなかにはヒエばかりでなくムギ類を扱う業者もいたはずである。

P133 ＊222 佐々木高明（一九七一）『稲作以前』日本放送出版協会

P133 ＊223 佐々木高明（一九七二）『日本の焼畑』古今書院

P133 ＊224 野本寛一（一九八四）『焼畑民俗文化論』雄山閣出版

P133 ＊225 篠原徹（一九九五）『海と山の民俗自然誌』吉川弘文館

P134 ＊226 赤坂憲雄（一九九八）『東北学へ三　東北ルネッサンス』作品社

P134 ＊227 佐々木高明（一九九九）「東と西の基層文化」『東北学』一、佐々木高明ほか（二〇〇一）「ブナの森、ナラの林の文化論」『東北学』四

P134 ＊228 佐々木高明（二〇〇六）『山の神と日本人』洋泉社

P134 ＊229 六車由美（二〇〇四）「焼畑研究ノート　焼畑研究プロジェクトの課題」『東北学』一〇

P134 ＊230 岡恵介（一九九八）「アラキ型焼畑の多様性」『民俗の技術』朝倉書店、（二〇〇一）「東北の焼畑―アラキ型焼畑をどう読むか」『東北学』四

P135 ＊231 佐々木高明（二〇〇六）『山の神と日本人』洋泉社

P135 ＊232 実際にはこの佐々木の議論はこの前段に畑神去来信仰の系譜を巡る問題提示がなされているのだが、本稿とは直接かかわらないので、ここでは省略する。

P135 ＊233 佐々木高明（一九七二）『日本の焼畑』古今書院、岡恵介（一九九八）「「アラキ型」焼畑の多様性の意味」『民俗の技術』朝倉書店

P135 ＊234 ちなみに北上山地の山村では実際にこの呼び方は用いられない。「ジキフリ」が一般的である。

P136 ＊235 佐々木高明（一九七二）『日本の焼畑』古今書院

P136 ＊236 横山英介（二〇〇三）「北海道における焼畑跡」『物質文化』七五

P136 ＊237 佐々木高明（二〇〇六）『山の神と日本人』洋泉社

P136 ＊238 もうひとつの特色としてあげているのは、アワ―ダイズの輪作を繰り返し、輪作期間がきわめて長い点である。これについて、必ずしもアラキ型焼畑の共通する特徴ではないことは、すでに述べてきた。

P137 ＊239 岡恵介（二〇一一）「登って枝を打つか、地上で切り倒すか―ザンビア北東部・ベンバの焼畑造成―」『焼畑の環境学―いま焼畑とは』思文閣出版

P137 ＊240 野本寛一（一九八四）『焼畑民俗文化論』雄山閣出版

P137 ＊241 アラキ型焼畑だけがこうした柔軟性を示すのか、カノ型などのほかの焼畑もそうなのかについては、今後十分な検証が必要である。

P137 ＊242 佐々木高明（二〇〇六）『山の神と日本人』洋泉社

P137 ＊243 山形大学農学部食料生命環境学科准教授（当時）

P138 ＊244 六車由美（二〇〇四）「焼畑研究ノート　焼畑研究プロジェクトの課題」『東北学』一〇

P138 ＊245 篠原徹（二〇〇二）「人類の経験としての自然と人の関係性」『理戦』七一

P138 ＊246 今西錦司（一九四〇）「飛騨の四日」『山岳省察』弘文堂書房

P138 ＊247 杉山是清（一九八五）「飛騨地方のワラビ根掘り」『日本民俗文化体系一三　技術と民俗（上）―海と山の生活技術史―』小学館

第Ⅳ章（一四一～一六三頁）

P141 ＊248 福田要（一九五六）『会津桐』日本産業研究所。なお、以下の記述や図表もこの著書を参考にした。

P142 ＊249 福島県林務部（一九五四）『会津桐の沿革について』から引用。

P142 ＊250 福田要（一九五六）『会津桐』日本産業研究所による。
P143 ＊251 山三郷の桐は堅く、板にして数年後も黒ずまないところが珍重された。
P144 ＊252 福島県林務部（一九五四）『会津桐の沿革について』から引用。
P144 ＊253 農林水産省「特用林産物生産統計調査」をまとめて図化した。
P144 ＊254 青木茂ほか（一九九七）「会津桐の栽培技術体系化に関する研究」『福島県林業試験場研究報告』第二九号から引用。以下の文もこの論文を参考にしている。胴枯れ病は寒害による凍傷、日焼け、虫害による樹皮部の損傷から病原菌が侵入することによって起きる。
P144 ＊255 昭和四〇年代、高度経済成長の後期に入り所得水準が上昇すると、消費の高級品化が進み、下駄や琴の需要は減少傾向にあったが、桐箪笥は高級家具として再評価されて需要が大きく伸び、これが桐材価格を押し上げていた。
P144 ＊256 三島町（一九八二）『会津桐振興計画調査報告書』。この時期に、市場価格一〇〇〇万円といわれた銘木が二〇〇万円に、四〇〇～五〇〇万円といわれた桐は八〇～九〇万円に下落し、それでも買い手を探すのが困難な状況となった。「足跡も肥やし」と言い習わし、手をかけて桐の銘木を育てることを尊んできた会津桐生産の主産地三島町でのこの事態は、生産者の意欲を著しく損なったと考えられる。
P145 ＊257 野本寛一（二〇〇六）「会津桐の民俗土壌」『会津学』Vol. 2、奥会津書房、福島県林務部（一九五四）『会津桐の沿革について』、三島町史編纂委員会（一九六八）『三島町史』ほか多数。
P145 ＊258 福島県林務部（一九五四）『会津桐の沿革について』、および三島町史編纂委員会（一九六八）『三島町史』
P145 ＊259 福島県林務部（一九五四）『会津桐の沿革について』、および三島町史編纂委員会（一九六八）『三島町史』
P145 ＊260 三浦、山内、河原田、長沼の四家である。
P145 ＊261 農山漁村文化協会（一九九〇）「江戸時代人づくり風土記7　ふるさとの人と知恵　福島」による。
P145 ＊262 この古民家は昭和二九年時点において、築後四五〇～五〇〇年のものと推定されていたので、室町後期から戦国時代の建築物ということになる。
P145 ＊263 胴差は建物の上下階の境を支える横架材床を支える構造物で、建物の腰部分を強固にする重要な部材である。三尺×五間は九〇センチメートル×九メートルで、かなり大きな木からしか取れない。
P145 ＊264 宗形芳明（一九八八）『会津桐　歴史と風土』会津若松林業事務所、福島県林務部（一九五四）『会津桐の沿革について』による。以下の文章もこの文献を参考にした。桐は年輪幅が狭いものほど上質とされる。
P146 ＊265 伊藤豊松（刊行年不明）『会津における林政史上の桐について』会津桐の博物館、http://kirihaku.com/news/itol.html（二〇一七年一〇月一〇日アクセス）
P146 ＊266 会津藩（一八一一～一八一五）『会津藩家世実紀』（復刻、吉川弘文館、一九七五～一九八九、会津藩家世実紀刊本編纂委員会）

P146　＊267　越国は現在の新潟県である。

P146　＊268　会津藩『会津藩家世実記』元文五（一七四〇）年庚申一一月一二日

P146　＊269　伊藤豊松（刊行年不明）『会津における林政史上の桐について』会津桐の博物館、http://kirihaku.com/news/itol.html（二〇一七年一〇月一〇日アクセス）

P147　＊270　伊藤豊松（刊行年不明）『会津における林政史上の桐について』会津桐の博物館、http://kirihaku.com/news/itol.html（二〇一七年一〇月一〇日アクセス）。以下の記述もこの文献を参考にした。

P147　＊271　一方、新潟の新発田藩では、天明年間から加茂地方で桐簞笥の製造が行われており、現在も加茂市の桐簞笥の生産量は日本一である。

P147　＊272　約三〇センチ。

P147　＊273　福島県林務部（一九五四）『会津桐の沿革について』から要約して引用した。以下もこの文献を参考にしている。

P147　＊274　この方法は、その後の苗木栽培に用いられる種子から苗木を育てる「実生法」でも、根を切って苗木を育てる「分根法」でもない。

P147　＊275　現在の西会津町。

P147　＊276　現在の三島町宮下地区。

P147　＊277　これが藩命によるものだったとする文献もあるが、実際の栽培の試みは個人で行われ、自分や知人の土地に植栽したに過ぎない。

P147　＊278　実生法の苗木作りは、今日でも非常に難しい。

P148　＊279　福田要（一九五六）『会津桐』日本産業研究所

P148　＊280　新潟湊は、北前船最大の寄港地と謳われた港であった。

P148　＊281　北前船は、江戸時代から明治時代にかけて日本海海運で活躍した、主に買積みの北国廻船の名称である。買積み廻船とは、商品を預かって運送をするのではなく、航行する船主自体が商品を買い、それを売買することで利益を上げる廻船のことを指す。当初は近江商人が主導権を握っていたが、後に船主が主体となって貿易を行うようになった。

P148　＊282　このため大阪、京都の簞笥などの大消費地にある桐材業者は、会津で生産された桐を、会津桐ではなく越後桐として評価していたのだと考えられる。この時代には越後桐の評価は高く、よく知られていたが、会津桐はそこまで世に知られた存在ではなかった。

P148　＊283　会津若松史出版委員会編（一九六五）『会津若松史　第三巻　文化』会津若松市。また会津本郷焼の陶器製造も、会津漆器と合わせて藩によって保護された会津藩の二大重要産業だった。

P148　＊284　伊藤豊松（刊行年不明）『会津における林政史上の桐について』会津桐の博物館も同様の見解を述べている。

P149　＊285　福島県林務部（一九五四）『会津桐の沿革について』による。以下の記述もこの文献を参考にした。

P149　＊286　佐久間は、大沼郡西方村（現在の三島町西方地区）の出身であり、桐の栽培については知識があったと思われる。

P149 ＊287 藤野は北前船で財を成した近江商人であったから、佐久間の生業であった呉服太物製品と合わせて、桐も扱っていたと推定できる。藤野の店は、後のアケボノ缶詰会社の前身である。

P149 ＊288 松平容保は明治五（一八七二）年から東京で蟄居していた。

P149 ＊289 佐久間の分根法開発は、福田要（一九五六）『会津桐』日本産業研究所や福島県林務部（一九五四）『会津桐の沿革について』など多数の文献に記載。会津藩政時代の「実生法」とは異なる新たな苗木の育成方法であり、画期的な新技術の開発だった。

P149 ＊290 この文脈から、分根法の開発は明治一二（一八七九）年頃のことだったと考えられる。

P150 ＊291 明治二一年度、二二年度、二三年度にいずれも五二五円の補助金を交付している。

P150 ＊292 玉価二円三〇銭になったと記録されている。

P150 ＊293 差し歯下駄の台のこと。

P150 ＊294 会津若松史出版委員会（一九六六）『会津若松史6　明治の会津』会津若松市、以降の記述もこの文献を参考にした。

P151 ＊295 維新後に、大沼郡西川村でも新潟出身の婿を迎えて「越後屋」と名乗り、下駄製造を行った例がある。また、会津若松市（一九六六）『写真・図説近代会津百年史』には、下駄屋の背後に屋根よりも高く下駄材が輪積みにされた図が掲載されている。

P151 ＊296 現在の喜多方市。

P151 ＊297 明治三七年度九六二円、明治三八年度一二八〇円を補助した。

P151 ＊298 桐材生産額は国有、公有、社寺有の計とし、年産四万石以上の県である。

P151 ＊299 福島県林務部（一九五四）『会津桐の沿革について』の記載から図表を作成した。以下の記述もこの文献を参考にしている。

P152 ＊300 農商務省山林局編（一九一二）『木材の工芸的利用』農商務省、八三三頁

P152 ＊301 福島県林務部（一九五四）『会津桐の沿革について』の記述から表を作成した。

P152 ＊302 福島県大沼郡役所（一九一八）『大沼の郡制』からの引用。

P152 ＊303 現在の金の価値に換算して約五～一〇億円。

P152 ＊304 福島県林務部（一九五四）『会津桐の沿革について』

P152 ＊305 福島県林務部（一九五四）『会津桐の沿革について』から引用。

P152 ＊306 東京ドーム一二・五個分にあたる面積になる。

P153 ＊307 福島県林務部（一九五四）『会津桐の沿革について』

P153 ＊308 福島県林務部（一九五四）『会津桐の沿革について』

P153 ＊309 福島県林務部（一九五四）『会津桐の沿革について』による。奥川村は当時戸数一〇〇戸前後、人口七〇〇人前後の農村集落で、現在の金に換算して一五〇～三〇〇万円以上となる。

P154 ＊310 会津桐は基本的にニホンギリである。ラクダギリは明治から大正期に中国大陸から入った外来種。

P154 ＊311 大城康、浜田幸絵（二〇〇四）『にしかた　福島県大沼郡三島町西方民俗調査報告書 文化史実習Ⅱ（民俗学）』成城大学文芸学部文化史学科も参考にした。

P154 ＊312 明永久次郎（刊行年月不明）「桐増殖上の注意」『農業教育時報』

P154 ＊313 年収に換算すればこの五〇分の一であるから、分根法による一反歩当たりの年収二四五〇〇円が、いかに短期間に多くの収入を得られる経営形態であったかがわかる。

P154 ＊314 福島県林務部（一九五四）『会津桐の沿革について』

P154 ＊315 この間に会津若松・西若松・会津本郷・会津高田・新鶴・会津坂下の各駅が開設された。以後昭和三年には柳津駅まで、昭和一六年には現三島町の西方駅、宮下駅まで延伸していった。現在の只見線。

P155 ＊316 『会津桐樹栽培法』は未刊行本ではあるが、こうした桐栽培や桐の苗木の栽培法の技術解説書としては古いものに属し、会津桐についての書籍としては明治・大正期を通じて唯一のものである。

P156 ＊317 この文献は紙紐綴じの毛筆書きで、郡山市の古書店から購入した。筆者や発行所、発行年は不明だが、「大正三年大正博覧会ニ出品セル桐材ノ説明」という副題があり、前年に暴風被害があったとする記述や付図の鉄道の延伸状況から、大正二年頃にまとめられたものと推定される。

P156 ＊318 企業物価指数から、これを現在の金の価値に換算すれば約三万円であり、仮に一町歩経営すれば三〇万円の収入になったことになる。

P157 ＊319 「大戦景気」、「大正バブル」と呼ばれ、大正四年から九年まで第一次世界大戦の参戦国でありながら圏外にあった日本では、商品輸出が激増して空前の好景気となり、その影響は奥地山村にも及んだ。

P157 ＊320 例えば『桐を植えて十年間に壱萬円を取る研究』という題名の本。

P157 ＊321 野本寛一（二〇〇六）「会津桐の民俗土壌」『会津学』Vol.2、奥会津書房、野本寛一（二〇一四）「樹木の実用民俗」、野本寛一、三国信一『人と樹木の民俗世界』大河書房

P157 ＊322 ただし焼畑は畑とする山の広範囲を全面的に焼くが、炭焼で焼かれるのは炭窯周辺の一定範囲に過ぎず、焼畑の跡地が主であったと考えられる。

P157 ＊323 第2節で仮に「火入れ法」とした方法である。

P157 ＊324 焼畑は英語では shifting cultivation と表記され、焼くことよりも畑を移動させることに着眼した呼称も存在する。

P157 ＊325 ただし近年、三島町では良質な会津桐を育てるために、焼畑を復活させようという試みも行われていた。三島町（二〇〇七）「本当の桐の里づくり　焼き畑で最高級の桐を　カノヤキ組」『広報みしま』六月号

P157 ＊326 山口弥一郎（一九四四）「東北の焼畑慣行」恒春閣書房による。カノは、戦後すぐの頃まで耕作されていた。

P158 ＊327 三島町史編纂委員会（一九六八）「三島町史」三島町。ここでの山論は、村や集落間で山林内の焼畑用耕地の境界争いを意味する。

P159 ＊328 北川魏（一九二〇）『桐造林法附南部桐』三浦書店

P159 ＊329 北川魏（一九二〇）『桐造林法附南部桐』三浦書店により、現在の市町村でいえば、宮古市（旧川井村の他、旧川井村、旧新里町、旧田老町）、岩泉町、花巻市大迫町。

P159 ＊330 畠山剛（一九九七）『新版 縄文人の末裔たち』彩流社

P159 ＊331 岩泉町内には、焼畑をカノと呼ぶ地域とアラキと呼ぶ地域が混在している。

P159 ＊332 畠山剛（一九九七）『新版 縄文人の末裔たち』彩流社

P159 ＊333 八重樫清氏（生年月日不詳）

P159 ＊334 北川魏（一九二〇）『桐造林法附南部桐』三浦書店

P160 ＊335 逆に言えば分根法を用いても焼畑で造林し、焼畑との分離が起こらない。

P160 ＊336 北川魏（一九二〇）『桐造林法附南部桐』三浦書店

P160 ＊337 現・宮古市。刈屋村の焼畑の桐栽培は、急峻な焼畑の作付け一年目に同時に桐苗を植栽し、四～六年の耕作期間終了時にヤマハンノキの苗を混植する。

P160 ＊338 北川魏（一九二〇）『桐造林法附南部桐』三浦書店

P160 ＊339 嘉永五（一八五二）年四月、諸木植立吟味方栗谷川仁右衛門から南部藩公に建言された山林立木並諸木植立についての事項中には、桐樹の植立も提言されており、南部藩での最も古く、かつ唯一の桐の造林に関する記録である。

P160 ＊340 明らかに分根法の苗と思われる。「宮城県塩釜地方より移入せられたものの如し」との注釈がついている。会津で分根法が確立したまさに明治一二年に分根法が伝播されており、塩釜地方で会津とは別に分根法が考案された可能性も否定はできない。しかし証明する資料もないので、ここでは会津の分根法が伝播したと考えておく。

P161 ＊341 北川魏（一九二〇）『桐造林法附南部桐』三浦書店によれば、玉価で明治一五年頃一五～二五銭、同二〇年頃三〇～四〇銭、同二五年頃七〇～八〇銭、同二九年頃一円五〇銭～二円、同三五年頃二円～二円五〇銭、大正二年には三円～三円五〇銭、同四年は三円五〇銭～四円と上昇を続けており、この約四〇年間で価格が約二七倍に高騰したことになる。

P161 ＊342 北川魏（一九二〇）『桐造林法附南部桐』三浦書店

P161 ＊343 北川魏（一九二〇）『桐造林法附南部桐』三浦書店

P161 ＊344 岡惠介（二〇一六）『山棲みの生き方（初版）』大河書房、山林の官民有区分後の焼畑への制限は、下閉伊郡安家村など北上山地の山村で広く見られた。

P161 ＊345 岡惠介（二〇〇八）『視えざる森の暮らし』大河書房

P162 ＊346 堀敏男（一九五二）「焼畑に於けるハンノキと桐樹の混植栽培」『林業技術』一二九号、一五～一六頁で、大野郡丹生川村（現・高山市丹生川町）の事例が詳しい。

P162 ＊347 農林省山林局（一九三六）『焼畑及切替畑に関する調査』に大野郡丹生川村、および吉城郡河合村（現・恵那市笠置町河合）で、切替畑で桐栽培がおこなわれている旨の記載がある。

P162 ＊348 青野茂、飯塚三男（一九九六）「桐の連作障害について」『林業福島』一七八号

P162 ＊349 南舘昌（一九七八）「キリの実生苗養成」『岩手県林業試験場報告』一一号など。

第Ⅴ章（一六五～一九一頁）

P165 ＊350 岡惠介（二〇〇八）『視えざる森の暮らし』大河書房、岡惠介（二〇一六）『山棲みの生き方（初版）』大河書房など。

P166 ＊351 山口弥一郎（一九三七）「北上山地に於ける山村の生活」『地理学』第五巻第一・二号

P174 ＊352 当時の平均所得水準や生活保護世帯の多さなどから見ても、またかつての主産業であった製炭がほぼ完全に消滅した後の時期であることからも、その差は山村の地域住民からも認識されていた。

P177 ＊353 北上山地山村では鉄砲を用いた狩猟のことを、一般にマタギあるいはマタギをするなどと表現する。

P180 ＊354 薄い鉄板で作られた薪ストーブで、上から見ると柱時計の形をしていることから、時計型と呼ばれる。寒冷地の雑貨屋やホームセンターなどではどこでも購入でき、価格もおおむね三〇〇〇円程度と手ごろである。北上山地の山村では、鋳物などで出来た高価な薪ストーブを使う家は少ない。

P181 ＊355 一例をあげると、三一日午前七時四六分投稿の岩泉町の中心部に住む若い友人のSNSでは、一四枚の画像とともに「岩手県岩泉町。甚大な被害です。壊滅的な被害です。断水、停電はもちろん、家族の安否もわからない状況です。主要道路も塞がっていて身動きが取れないそうです。食料、水、生活用品も不足しているとのこと。（中略）協力お願いします。家族を。友達を。故郷を助けてください。（後略）」とあり、拡散されていった。

P182 ＊356 久慈市では久慈川と長内川が氾濫し、久慈の中心商店街を含む広域が浸水した。岩手県は九月一日、岩泉町の九〇〇人を含む少なくとも一一〇〇人が孤立していることを発表し、岩泉町は九月四日、台風一二号の接近に備え、町内の四五八七世帯、九九四七人に避難指示を出し、孤立集落の住民をヘリコプターで緊急避難させようとした。これは、岩泉町全域に避難指示を出したことになる。しかし久慈市では岩泉町と隣接する山間部の住民、一二七九世帯三〇〇八名には、避難準備情報を出すにとどめている。岩泉町のみが町民全員に避難指示を出したのは、台風一〇号が接近した際の避難情報や指示が遅れたのではないか、というマスコミなどからの強い批判に応えたものであったとみられる。

P183 ＊357 今日のように山村が過疎化高齢化した現状では、行方不明者の救助などにも機能していた消防団のような従来の組織も、高齢化や団員の減少といった問題に直面している。これに対する試みとして、こうした地域への災害救助犬の活用の可能性を探ることが、私の現在の研究テーマの一つであり、この実践のためにルカを災害救助犬として育成してきた。

P184 ＊358 私が訪問したある家では、「孤立と言えば、いつでも孤立しているようなものだから」と、北上山地の山村の人独特の自虐ギャク

で、苦笑していた。

P186 ＊359　一方では山村に住んでいても、今回もっとも復旧が遅れた（一カ月以上復旧しない地域も多かった）携帯電話を含む電話が使えないことによって、外部との連絡や情報が得られず不安感が続いた若年層がいたとの指摘もある。こうした山村地域内の世代間の危機対応の差異は、今後の課題としたい。

P186 ＊360　今回の台風一〇号による孤立化から自力で道路を復旧した住民らは、高齢化したとはいっても六〇代の人びとだった。これが一〇年後、みんなが七〇代になったら、同じことができるだろうか。そのような懸念は大いにある。坂本集落では、住居への被害も人的被害もなかった。安家地区で台風被害がもっとも軽微な集落のひとつだった。それでも、八月三〇日から九月四日まで孤立していた集落から、誰一人として避難せず、そして自力で孤立を解消したことも事実である。もちろん、災害弱者や高齢で困っている人への支援は必要である。しかし、だからといって山村の住民がすべてそこから去ってしまえば、これまで自助・共助で危機を乗り切ってきた地域の営みは断ち切られてしまう。今後はこのような視点からも、災害時における孤立集落の対策が考慮される必要があるのではないだろうか。

P186 ＊361　都市部などからの一般のボランティアが入ってくる前の時期を想定している。

P186 ＊362　逆に山村出身で都会に住む近親者たちは、おそらく山菜やキノコなど、生まれ育ったふるさとの味を享受するといった相互関係で想定できる。もちろんそこにはマツタケのように、非常に高価な食材も含まれているわけである。また地元出身者であるから、一般道が決壊していても、地形や沢、山道の状況についての知識があって、迂回して目的地に到達できることも重要であった。

P187 ＊363　なお、食料のほかにも薪や自家水道などのサブ・ライフラインのストックも重要であるが、この節ではとりあえず、食料のストックに絞って述べていく。

P187 ＊364　北上山地の山村では、ワラビが多い採草地は良い採草地であると伝承されている。

P187 ＊365　ワラビの根茎から採集されるデンプン（根花）には商品価値もあり、平年であれば売り買いされていた記録もある。よって、金銭を得るためにこの労働を行っていた可能性もある。しかし、藩政期の記録に人肉も食べたとされる悲惨な飢饉の状況下において、ワラビの根花を売って食料を買うといったことが可能であったかどうかは疑わしい。

P187 ＊366　おそらく、藩政時代のことと推定される。

P187 ＊367　北上山地の山村における伝承では、野生植物の中で、ドングリと並んでワラビやクズの根茎も、救荒食として利用されたことが知られている。しかし、これらの根茎類の場合は、多量に貯蔵する民俗例はない。

P187 ＊368　ドングリのアク抜きの場合、水さらしでは三日間ほどの日にちを必要とするが、加熱処理法では約八時間程度でアク抜きが完了する。ワラビの根茎の水さらし法によるアク抜きも、ほぼ同様の日にちを要する。なおワラビの根茎のアク抜きでは、加熱処理法は用いられない。

P188 ＊369　このような行為は、コメの私的な流通を禁じる食管法に違反しており、取り締まりの対象となった。

P188 ＊370 例えば、木村哲人著『戦争中は〝極楽〟だった―記憶ファイル・村の一九四〇年代―』に描かれたような戦時下の農村では、コメをストックしていることで多くの交換物を入手でき、モノに溢れていた。

P188 ＊371 地元ではこの集落のことをブラクと呼んでいる。

P190 ＊372 近隣地区とは、坂本地区と隣接し、道路距離にして片道最大一二キロメートル以内の折壁地区や大平地区である。

第Ⅵ章（一九三～二一四頁）

P193 ＊373 岡惠介、西本豊弘（二〇一二）「根付に用いられたイヌ下顎骨」『動物考古学』第二九号

P193 ＊374 岩手県文書保存庫所蔵の狼関係の岩手県布達や「獲狼回議」、「狼回議」などの文書による。中沢智恵子（二〇一〇）「明治時代東北地方におけるニホンオオカミの駆除」『野生生物保護』一二（二）、一九～三八頁にも詳しい。

P197 ＊375 遠藤公男（一九七五）『帰らぬオオワシ』偕成社

P197 ＊376 吉田政吉（一九七二）『新遠野物語―伝承と歴史―』国書刊行会

P197 ＊377 東海新報社（二〇〇一）『五葉山』五葉山刊行委員会

P197 ＊378 平田貞雄（一九八五）『青森県の動物たち』東奥日報社

P198 ＊379 岩手県（二〇〇三）『岩手県管轄地誌（復刻）』東洋書院

P198 ＊380 岩手県におけるニホンオオカミに関する伝承や儀礼についての報告で最近のものとしては、菱川晶子（二〇〇九）『狼の民俗学―人獣交渉史の研究―』東京大学出版会（増補版、二〇一八）や遠藤公男（二〇一八）『ニホンオオカミの最後』山と渓谷社がある。本稿ではこれよりも古い文献の記述を紹介する。

P199 ＊381 一八一一年生まれ、一八七一年没。字は有度、円山四条派の鈴木南嶺に学ぶ。

P200 ＊382 盛岡市役所（一九二八）『盛岡市奉迎録』盛岡市役所

P200 ＊383 野村純一編（一九八二）『浄法寺町昔話集』荻野書房

P200 ＊384 吉田政吉（一九七二）『新遠野物語―伝承と歴史―』国書刊行会

P200 ＊385 名須川溢男編（一九八四）『明治大正昭和　岩手県の一〇〇年・歴史ものがたり』岩手出版

P200 ＊386 その後岩手県立博物館に寄託された。

P200 ＊387 千葉徳爾（一九七五）『狩猟伝承』法政大学出版局

P201 ＊388 新渡戸稲造（一九八五）『新渡戸稲造全集　第一九巻』教文館

P201 ＊389 川原喜太郎（一九五九）『盛岡屠場誌』盛岡屠場

P201 ＊390 小林美代（一九八一）『南部盛岡　町方ぐらし』熊谷印刷出版局

P201 ＊391 吉田政吉（一九七二）『新遠野物語―伝承と歴史―』国書刊行会

P202 ＊392 東海新報社（二〇〇一）『五葉山』五葉山刊行委員会
P204 ＊393 東海新報社（二〇〇一）『五葉山』五葉山刊行委員会
P204 ＊394 東海新報社（二〇〇一）『五葉山』五葉山刊行委員会
P205 ＊395 東海新報社（二〇〇一）『五葉山』五葉山刊行委員会
P205 ＊396 東海新報社（二〇〇一）『五葉山』五葉山刊行委員会
P205 ＊397 東海新報社（二〇〇一）『五葉山』五葉山刊行委員会
P205 ＊398 大船渡市（一九八〇）『大船渡市史　第四巻　民俗編』大船渡市、および陸前高田市（一九九一）『陸前高田市史　第五巻　民俗編（上）』陸前高田市、三陸町（一九八八）『三陸町史　第五巻　民俗一般編』三陸町
P206 ＊399 大船渡市（一九八〇）『大船渡市史　第四巻　民俗編』大船渡市、および陸前高田市（一九九一）『陸前高田市史　第五巻　民俗編（上）』陸前高田市、三陸町（一九八八）『三陸町史　第五巻　民俗一般編』三陸町
P206 ＊400 三陸町（一九八八）『三陸町史　第五巻　民俗一般編』三陸町
P206 ＊401 川井村（一九六二）『川井村郷土史　下巻』川井村郷土史編纂委員会・川井村役場
P207 ＊402 太田雄治（一九七九）『マタギ　消えゆく山人の記録　郷土研究2』翠楊社、千葉克介（二〇一九）『消えた山人　昭和の伝統マタギ』農山漁村文化協会
P207 ＊403 岩手県（二〇〇三）『岩手県管轄地誌（復刻）』東洋書院
P207 ＊404 千葉徳爾（一九九五）『オオカミはなぜ消えたか』新人物往来社
P207 ＊405 東海新報社（二〇〇一）『五葉山』五葉山刊行委員会
P207 ＊406 遠藤公男（一九七五）『帰らぬオオワシ』偕成社
P208 ＊407 太田雄治（一九七四）『みちのくたべもの誌』現代美術
P208 ＊408 太田雄治（一九七四）『みちのくたべもの誌』現代美術
P208 ＊409 三戸幸久（一九九二「東北地方北部のニホンザルの分布はなぜ少ないのか」『生物科学』第四四巻第三号
P208 ＊410 岩手県（一九七九）『岩手県農業史』岩手県
P209 ＊411 廣瀬鎮（一九七九）『猿（ものと人間の文化史三四）』法政大学出版局
P209 ＊412 吉田政吉（一九七二）『新遠野物語―伝承と歴史―』国書刊行会
P209 ＊413 廣瀬鎮（一九七九）『猿（ものと人間の文化史三四）』法政大学出版局
P210 ＊414 秋田魁新報社（一九六七）『秋田マタギと動物』秋田魁新報社、および千葉徳爾（一九六九）『狩猟伝承研究』風間書房、武藤鉄城（一九六九）『秋田マタギ聞書』慶友社
P210 ＊415 千葉徳爾（一九八六）『狩猟伝承研究　総括編』風間書房

P210 ＊416 武藤鉄城（一九六九）『秋田マタギ聞書』慶友社、および太田雄治（一九七九）『マタギ　消えゆく山人の記録』翠楊社

P210 ＊417 千葉徳爾（一九八六）『狩猟伝承研究　総括編』風間書房

P210 ＊418 千葉徳爾（一九六九）『狩猟伝承研究』風間書房

P210 ＊419 秋田魁新報社（一九六七）『秋田マタギと動物』秋田魁新報社

P210 ＊420 千葉徳爾（一九九五）『オオカミはなぜ消えたか』新人物往来社

P210 ＊421 三戸幸久、渡邊邦夫（一九九九）『人とサルの社会史』東海大学出版会

P211 ＊422 吉田政吉（一九七二）『新遠野物語―伝承と歴史―』国書刊行会

P211 ＊423 廣瀬鎮（一九七九）『猿（ものと人間の文化史三四）』法政大学出版局

P211 ＊424 安斎徹（一九七四）『熊・樹氷・自然』中央書院

P212 ＊425 中沢智恵子（二〇一〇）「明治時代東北地方におけるニホンオオカミの駆除」『野生生物保護』一二（二）、一九〜三八頁

[図表出典文献]

岡恵介
（一九八七）「北上山地一山村におけるアク抜き技術」『岩手の民俗』第七号、岩手民俗の会……図3、表1〜3
（一九九〇）「山に生きる　自給自足体制の危機回避システム」『季刊民族学』第五四号、民俗学振興会……図1
（一九九二）「北東北地方の焼畑聞書一　─北上山地中北部─」『岩手の民俗』第一〇号、岩手民俗の会……表16〜18
（一九九六）「季節と動植物」『講座日本の民俗学4　環境の民俗』雄山閣出版……表4〜8
（一九九八）「「アラキ型」焼畑の多様性の意味」『現代民俗学の視点第一巻　民俗の技術』朝倉書店……図6、表19〜21
（二〇〇一）「東北の焼畑　アラキ型焼畑をどう読むか」『東北学』第四巻、作品社……表9、10
（二〇〇七）「北上山地に混在するアラキとカノ」『東アジアのなかの日本文化に関する総合的な研究　研究成果報告書Ⅰ』
東北芸術工科大学東北文化研究センター……図5、表12、13
（二〇〇八）『視えざる森の暮らし　北上山地・村の民俗生態史』大河書房……図4
（二〇一一）「近代山村における多様な資源利用とその変化　─北上山地の野生動物の減少と山村の暮らし─」
『山と森の環境史　日本列島の三万五千年　─人と自然の環境史5─』文一総合出版……図14、15、16、17
（二〇一八）「食の多様性・ストック・共助の重層的レジリエンス　─北上山地における危機への対応事例から─」
『やま・かわ・うみの知をつなぐ　東北における在来知と環境教育の現在』東海大学出版部……表24、25
岡恵介・岡萌樹（二〇二〇）「本当の桐は焼畑で育った　─分根法の伝播と功罪─」『総合政策論集』第一九巻一号
東北文化学園大学総合政策学部……図10、11、12、表22、23
佐々木高明（一九七二）『日本の焼畑　その地域的比較研究』古今書院……表11、15
畠山剛（一九八九）『縄文人の末裔たち　ヒエと木の実の生活史』彩流社……表14
福島県林務部（一九五四）『会津桐の沿革について』……図8、9
松山利夫（一九八二）『ものと人間の文化史47　木の実』法政大学出版局……図2
矢口高雄（一九九二）『蛍雪時代　ボクの中学生日記　第2巻』講談社……図7

おわりに

岩手県下閉伊郡岩泉町字安家で調査をはじめたのは、一九八二年からだった。前年の夏には、はじめてのフィールドワークを遠野市附馬牛《つきもうし》町小出《こいで》、大出《おおいで》、大野平《おおのだいら》地区で、ゼミの指導教官だった故・掛谷誠先生（当時・筑波大学）や大学院の先輩や同級生と経験していた。しかし遠野と比較して安家はより深く山中にわけいった感があり、とっつきにくいのになぜか魅かれる不思議な気配を漂わせたムラだった。

独身の男ばかりの青年会の飲み会にはよく誘われた。彼らは兄弟姉妹が多く、たいてい家に残った長男以外は都市部に出て就職し、結婚していた。山村には同世代の女性は少なく、生まれ故郷に残った彼らは疎外感を持っていて、その都会からなぜこの山奥に、と私を見ていぶかしげだった。

しかし山村はどこでも過疎化していると思い込んでいた私は、森林伐採に従事し、家の畑作や牛飼いを手伝い、季節や天候によって狩猟や川猟を愉しむ彼らの、自然への深い造詣とそれに裏打ちされた暮らしの技能の高さに憧れを感じた。突然交通が遮断され、山で自給的に暮らすことになったら、このなかで最初に死ぬのは自分だと感じていた。同世代の若者が生き生きとした暮らしをしている山村は、人が言うほど捨てたものじゃないとも思っていた。

この山村にもっと若い人びとがたくさん生きていた時代へと、私の興味は広がっていった。かつて焼畑を耕した森を近所のお爺さんと巡礼し、トチの巨木を見上げながら当時の話を聞いていると、すぐそこで当時の農民がアラキスキで焼畑を耕起しているような気がした。「天保の七年ケガチでも、ここのアラキだけにはアワが僅かに実った、だからここのアラキは絶やすな」という飢饉の伝承を聞いた時には、一六〇年前にタイムスリップして飢饉を体験した農民の声を聴いた気がして、心が震えた。

そのころある老父に「俺はビアク島の生き残りだから、その話を教えてやる」と言われたが、そのまま聞きに行かなかった。戦争の話は自分の研究とは関係ない、と思っていた。ビアク島がどんな激戦地だったかも調べず、今は亡き老父の誘いを無視した非礼を悔いている。しかし本書で詳述した木の実や焼畑、野生動物とのつきあいのテーマだけでも、多くの老人らが語る明治・大正・昭和の北上山地の山村の話は、どれも興味深かった。次々に話者が見つかり、それ以外のテーマを聞きに行く余裕が、私にはなかった。

関東軍にいたころの堂々たる軍人姿の写真を自慢していた老人の語る満州の思い出や開拓の夢、四国の物部村と共通する動物を生き埋めにして神にするという「敷地神《しきちがみ》」の伝承、かつてニホンオオカミを毎年捕獲した名猟師の記憶も、話者の年齢的な問題もあって、深めることができなかった。面白いと思った話を、そのうちもっと詳しく聞きたいと思いながら時が過ぎ、話者は鬼籍に入っていった。

安家には大学生が、教育や福祉などさまざまなテーマを持って毎年のようにやってきた。女子学生も含む彼らは、地元青年会が開く交流会に招かれることになる。私も誘われてよく行った。だんだん青年会の仲間たちは昔のことを聞かれると、「そういうのはこの人に」と私にげたを預けるようになった。一番いろんな老人の話を聞いてるから、と。確かに戦前の木の実食や焼畑の話を詳しく聞きたがる者は、ほかにはいなかった。

安家に移り住んだころ、トヨタ財団の研究費を得て購入したカメラで、西田止規先生（当時・筑波大学）と、安家川の河口から最上流集落まで車で溯上しながら撮ったビデオテープがあった。カメラを回していると、自転車で川遊びにいく少年たちが、幾度も映り込んできた。それから十数年後、安家に調査に来た大学院生が研究室の隅で埃をかぶっていたそれをみつけて再生したらしく、「岡さん、昔は安家にもずいぶん子どもがいたんですね」と言った。

ドキッとした。

いつしか安家にも高齢化が進行し、気がつけばあの青年会のメンバーも結婚しないまま四〇代を過ぎ、それより若い年齢層は、長男までも都会に出たまま、ほとんど誰も帰ってきてはいなかった。

私は調査しながらその都度発表してきた論文をきちんとまとめ、北上山地の村人から受け継いだ山村の民俗文化を次の世代に伝えなければいけないと思うようになった。けれども、論文を並べてみるといろいろな穴が見えて、それを埋めようとしているうちにまた月日が経っていった。手薄なデータや状況の変化について再調査を行う必要があったのだが、平成二三年度から五年にわたって科学研究費基盤研究（C）「森林資源の利用技術としての畑作と野生動物の管理に関する民俗環境史的研究」を得たおかげで、ようやく初版『山棲みの生き方』をまとめることができた。

二〇一六年三月に発刊した『山棲みの生き方―木の実食・焼畑・短角牛・ストック型社会―』（大河書房）の初版における拙論の初出と章との関連は、次のようになっていた。

【第Ⅰ章】
「山に生きる　自給自足体制の危機回避システム」（『季刊民族学』第五四号、民族学振興会、一九九〇年）
【第Ⅱ章】
「かつて、ドングリは山人の糧だった　山村・安家に見るアク抜き技術と木の実の利用」（『アニマ』第一四〇号、平凡社、一九八四年）
「北上山地一山村におけるアク抜き技術―民俗社会の中での生態学的位置―」『岩手の民俗』第七号、岩手民族の会、一九八七年）
「木の実のあく抜き」（『週刊朝日百科植物の世界』第三四号、朝日新聞社、一九九四年）

「季節と動植物」（『講座日本の民俗学4　環境の民俗』雄山閣出版、一九九六年）

【第Ⅲ章】

「北上山地岩泉地方の焼畑の類型・分布・労働量の比較」（『岩手の民俗』八・九号、岩手民俗の会、一九八九年）

「北上山地中北部の焼畑経営の変異の諸相」（『アレン短期大学紀要』第七号、一九九〇年）

「北東北地方の焼畑聞書―北上山地中北部―」（『岩手の民俗』第一〇号、岩手民俗の会、一九九二年）

「「アラキ型」焼畑の多様性の意味」（『現代民俗学の視点第一巻　民俗の技術』朝倉書店、一九九八年）

「東北の焼畑―アラキ型焼畑をどう読むか」（『東北学』第四号、作品社、二〇〇一年）

「東北の焼畑再考」（『季刊東北学』第一一号、東北芸術工科大学東北文化研究センター、二〇〇七年）

「北上山地に混在するアラキとカノ」（『東アジアのなかの日本文化に関する総合的な研究　研究成果報告書Ⅰ』東北芸術工科大学東北文化研究センター、二〇〇七年）

【第Ⅳ章】

「山村における牛飼養の意味―アカバネ病発生時の住民の対応から―」（『アレン短期大学紀要』第六号、一九八九年）

【第Ⅴ章】

「ストックのある暮らし　限界集落の余裕」（『森林環境二〇一四』朝日新聞出版、二〇一四年）

Ⅰ、Ⅱ、Ⅲ章については、かなり順序や構成を変えて大きく改変しており、とくにⅢ章の後半は分析や図表を書き下ろして、まったくの新稿となっていた。

今回、初版を出していただいた大河書房の佐野昭吉さんに、七月社の西村篤さんをご紹介いただき、『山棲みの生き方』の増補改訂版を出していただくことになった。増補改訂版『山棲みの生き方』の内容は、第Ⅰ章からⅢ章までは初版のまま最低限の修正にとどめたが、Ⅳ章、Ⅵ章は新たに加えた章であり、Ⅴ章も初版のⅤ章を全面的に改稿している。増補改訂版『山棲みの生き方』のⅣ章以降の初出は以下のとおりである。

【第Ⅳ章】
「本当の桐は焼畑で育った―分根法の伝播と功罪―」(『総合政策論集』第一九巻一号、東北文化学園大学総合政策学部、二〇二〇年、岡萌樹との共著だが、第二著者岡萌樹から筆者の単著書へ収録する許可を得た)

【第Ⅴ章】
「食の多様性・ストック・共助の重層的レジリエンス―北上山地における危機への対応事例から―」(『やま・かわ・うみの知をつなぐ　東北における在来知と環境教育の現在』東海大学出版部、二〇一八年)

【第Ⅵ章】
「近代山村における多様な資源利用とその変化―北上山地の野生動物の減少と山村の暮らし―」(『山と森の環境史　日本列島の三万五千年―人と自然の環境史5』文一総合出版、二〇一一年)

第Ⅳ章とⅥ章は初出時からの修正を最低限にとどめ、初版の第Ⅳ章は全体のページ数との兼ね合いで削除した。第Ⅳ章では、第Ⅲ章で明らかにした北上山地山村の焼畑の実態をふまえ、同じように焼畑跡地に桐を造林する会津地方の桐栽培について通時的にその変容を明らかにし、あわせて北上山地の焼畑における跡地の桐造林との関連性についても俯瞰した。会津地方で開発された、桐栽培を焼畑と切り離し村里での造林を可能にした「分根法」という新たな桐の育苗法は、短期間で全国に普及し一時期はとくに会津地方の桐産業を隆盛に導いた。しかし結果的には桐樹の病気を全国に蔓延させる一因となり、今日の桐栽培の衰退を招いたことを示した。元来、病気に弱い特性を持つ桐の栽培は、国内の離れた場所で伝承されてきたように、焼くことによる土壌の殺菌効果がおのずと行われる焼畑との組み合わせが、もっとも健全でふさわしかったのではないかと思われる。このような視点は、日本の山村文化のなかで育まれてきた生業複合の意義について考える際に、参考になるのではないだろうか。

第Ⅴ章は羽生淳子先生（現・カリフォルニア大学バークレー校人類学科教授）にお誘いいただき、公益財団法人日本生命財団の学際的総合研究助成による「ヤマ・カワ・ウミに生きる知恵と工夫」の報告書に寄稿させていただいたものである。初版『山棲みの生き方』の第Ⅴ章に、二〇一六年の台風一〇号による被害時に「孤立集落」化した北上山地山村の住民の対応の分析に加え、レジリエンスという視点から北上山地山村の危機への対応について、①食の多様性、②ストックと自助の重視、③地域内の共助、④地域外を含む共助からなる重層性を指摘し、復興への復元力の基盤を明らかにした。

第Ⅵ章は北上山地の野生動物、とくに中大型哺乳類は明治以降、昭和期まで個体群が減少し、絶滅が危ぶまれた時期もあったのだが、近年は逆に増加し、むしろ増え過ぎた野生動物の管理が問題になっている点を通時的に描いた。そしてかつてそれらの中大型哺乳類が豊富に生息していた時代に、北上山地山村の人びとが、それらの野生動物にどのように関与し、いかに暮らしの中で利用していたのかを明らかにした。ジビエだけでなく、野生動物の様々な利活用が、今後もっと検討されていかなければならないと思う。

これらの章の追加によって、北上山地山村の過去から現在に至る暮らしについて、初版『山棲みの生き方』と比べ、より広い視野から山棲みの生き方の諸相を提示することが出来たと考えている。過疎高齢化や人口減少、限界集落論など多くのマイナス要素の陰で視えにくくなっている、循環型社会としての北上山地山村の山棲みの生き方から、本当の豊かさとは何かを考える時のヒントにしていただきたい。

初版『山棲みの生き方』のあとがきでは、「二〇〇八年に前著『視えざる森の暮らし―北上山地・村の民俗生態史―』をまとめていたころ、机下には黒いラブラドール・レトリバーのチャコがいた。翌年彼女は虹の橋を渡り、今は同犬種でイエローのルカがそこにいる。東日本大震災以降、私は思い立ってそれまで家庭犬として飼っていたルカを、災害救助犬の訓練に出しはじめた。これまで直接調査でお世話になることは少なかったものの、さまざまな関わりを持ってきた三陸の人びとに、何もできなかったという思いがあった。山に入った人が行方不明になるというモチーフは、遠野物語のなかにも繰り返し出てくる。しかしその行方不明者を山狩りで捜索した村人や消防団が今や高齢化し、力を失っていることも気がかりだった。特定の原臭ではなく、浮遊臭をもとに捜索を行う災害救助犬は、山野の行方不明者を捜索することもできるので、過疎・高齢化による集落の維持機能の弱体化を補完できる可能性を持っている。一昨年、遅咲きの五歳ではあったが、ルカは災害救助犬の資格を得、昨年は私とのペアで災害救助犬認定試験に合格した。私もようやくルカのハンドラーとして活動できる資格を得た。同時に岩手県の嘱託警察犬にも合格した」と述べた。

これにならえば現在の私の机下には、一二歳になったルカとその娘であるビアンカ四歳が寝息を立てている。

この間、ルカは本書にも述べた二〇一六年八月三〇日の台風一〇号の洪水被害時に岩泉町安家字大坂本へ私に同行し、二〇一八年九月六日の北海道胆振《いぶり》東部地震発災時には所属する災害救助犬団体の仲間と仙台からフェリ

災害救助犬としての服従訓練をかねて参加した訓練競技会にて（左：ルカ、中：筆者、右：ルカの娘ビアンカ）

ーと車で厚真《あつま》町に向かい、捜索を行った。嘱託警察犬としても、山菜採集で行方不明になった老人の捜索に出動している。ビアンカは母のあとを継いで、二〇一九年に災害救助犬と岩手県警の嘱託警察犬に認定されている。ルカやビアンカの訓練や資格受験、認定審査会などに参加する中で、犬の訓練士など犬の訓練にかかわる多くの人びとに知己を得た。その方々から昔からの話を聞くうちに、戦後の犬の訓練士たちの業界には、戦前から戦中に主に満州で軍用犬の訓練士だった人びとが大きな影響を与えてきたことがわかってきた。最近はこのテーマに興味を持ち、昨年から沖縄県など各地で、戦後すぐに活躍した訓練士たちを知る人たちからヒアリングを行っている。

太平洋戦争時に出征が決まった青年が、自分の愛犬を軍用犬として戦地に送りたくないため、沖縄の離島に匿まってくれるように知人に言い遺し、世話を頼まれた島の少年がそのシェパードの賢さに驚き感心して、戦後、修業を重ね、シェパードのブリードと訓練士を生涯の仕事とするに至る、犬と戦争に人生を変えられた人びとの話も聞いている。

日本では小型犬のブームが続き、犬が愛玩、癒しの対象としてしか見られなくなりつつあるように思う。かつては医者や商売で成功した人が警察犬などになりうるシェパードなどを飼い、訓練士に預けて訓練することがひとつのステータスであった時代もあった。しかし近年各地の県警では、民間で飼われている犬を審査して警察犬に任命する嘱託警察犬の頭数が減少して苦慮している。盲導犬団体にも、犬を人のために働かせるのは可哀想だとクレームが来るという。

しかしいくら科学が進んでいても、盲導犬も警察犬も、その仕事を代替できるロボットが本当の意味で実用化されたという話は聞かない。災害救助犬についても、ロボット化の研究には公的な研究助成金が以前からつけられているが、いまだ実用化には至っていない。公がまったく助成をしない民間ボランティアの救助犬たちが、近年とみに増えた災害や遭難に毎回出動しているのが現状である。癌や、最近では新型コロナの感染を嗅ぎ分ける使役犬もいるし、ホテルでは室内やベッドが害虫などの発生がなく衛生的な環境にあるか、匂いで嗅ぎ分ける犬たちが活用されている。

人類が科学を進歩させ便利な暮らしを作ってきたことはもちろん認めるが、犬たちの優れた嗅覚と状況判断力と従順さの助けがいらなくなったわけではない。愛玩犬ばかりでなく、使役犬たちを育て働いてもらうことが、まだまだ我々の社会にとって必要であることを認めたほうがいいのではないか。

私は今後もルカやビアンカとともに、身体が動く間は要請があれば、救助犬としてあるいは警察犬として山村の行方不明者、遭難者の捜索に出動し、山村のレジリエンスに少しでも寄与していくつもりでいる。そして、未来に向けて山村の暮らしがまたこれからどのように変貌を遂げていくのか、見守っていきたい。

索　引

凡　例

1. 事項を中心に収載し、人名・書名・地名は重要なものに限った。
2. 各項目の収載頁はほぼ全てを収載したが、注については重要なものに限った。
3. 植物・動物・民俗語彙は、紙数の許す範囲でなるべく多く収載した。
4. (　) 内の頁は注 (215 頁以降) からの収載を意味する。
5. [　] 内は地名の県名・市町村名だが、平成の大合併以前の調査時点のものである。

【あ行】

【か行】

【さ行】

【た行】

【な行】

【は行】

【ま行】

【や行】

【ら行】

【わ行】

［著者略歴］

岡 惠介（おか・けいすけ）

1957年　東京都生まれ。

1981年　東邦大学理学部生物学科卒業。

1983年　筑波大学大学院環境科学研究科修士課程修了。

1985年　岩手県岩泉町立権現小中学校臨時講師、岩泉町教育委員会社会教育指導員、アレン国際短期大学教授を歴任。修士論文以来の調査地である岩泉町安家地区へ単身で移り棲み、住民と生活をともにしながら研究を継続する。その後、安家の人びとの協力により地元材を用いて家を建て、妻子と暮らす。この間、ネパールとザンビアにおいて、農牧制度や焼畑についての現地調査に従事。

2004年　東北文化学園大学教授（「文化人類学」「東北文化論」などを担当）となり、現在に至る。また、岩泉町歴史民俗資料館の調査・展示指導を続けてきた。

博士（文学）。災害救助犬、嘱託警察犬指導手。

単著に『山棲みの生き方—木の実食・焼畑・短角牛・ストック型社会—』（初版、大河書房、2016年）、『視えざる森の暮らし—北上山地・村の民俗生態史—』（大河書房、2008年）、共著に『やま・かわ・うみの知をつなぐ—東北における在来知と環境教育の現在—』（東海大学出版部、2018年）、『山と森の環境史』（文一総合出版、2011年）、『焼畑の環境学—いま焼畑とは—』（思文閣出版、2011年）、『森の生態史—北上山地の景観とその成り立ち—』（古今書院、2005年）など。

［増補改訂版］

山棲《やまず》みの生《い》き方《かた》——木《こ》の実食《みしょく》・焼畑《やきはた》・狩猟獣《しゅりょうじゅう》・レジリエンス

2021年4月26日　増補改訂版第1刷発行

著　者……………………岡 惠介

発行者……………………西村 篤

発行所……………………株式会社七月社

〒182-0015　東京都調布市八雲台2-24-6

電話・FAX　042-455-1385

印刷・製本……………株式会社厚徳社

Printed in Japan　ISBN 978-4-909544-20-9　C0039